快慢之间有中读

了不起的文明现场

跟着一线考古队长穿越历史

总　　序

李鸿谷

杂志的极限何在？

这不是有标准答案的问题，而是杂志需要不断拓展的边界。

中国媒体快速发展20余年之后，网络尤其智能手机的出现与普及，媒体有了新旧之别，也有了转型与融合。这个时候，传统媒体《三联生活周刊》需要检视自己的核心竞争力，同时还要研究它如何持续。

这本杂志的极限，其实也是“他”的日常，是记者完成了90%以上的内容生产。这有多不易，我们的同行，现在与未来，都可各自掂量。

这些日益成熟的创造力，下一个有待突破的边界在哪里？

新的方向，在两个方面展开：

其一，作为杂志，能够对自己所处的时代提出什么样的真问题。

有文化属性与思想含量的杂志，重要的价值，是“他”的时代感与问题意识。在此导向之下，记者以他们各自寻找的答案，创造出一篇一篇文章，刊发于杂志。

其二，设立什么样的标准，来选择记者创造的内容。

杂志刊发，是一个结果，这个过程的指向，《三联生活周刊》期待那些被生产出来的内容，能够称为知识。以此而论，在杂志上发表不是终点，这些文章，能否发展成一本一本的书籍，才是检验。新的极限在此！挑战在此！

书籍才是杂志记者内容生产的归属，源自《三联生活周刊》一次自我发现。2005 年，周刊的抗战胜利系列封面报道获得广泛关注，我们发现，《三联生活周刊》所擅不是速度，而是深度。这本杂志的基因是学术与出版，而非传媒。速度与深度，是两条不同的赛道，深度追求，最终必将导向知识的生产。当然，这不是一个自发的结果，而是意识与使命的自我建构，以及持之以恒的努力。

生产知识，对于一本有着学术基因，同时内容主要由自己记者创造的杂志来说，似乎自然。我们需要的，是建立一套有效率的杂志内容选择、编辑的出版转换系统。但是，新媒体来临，杂志正在发生的蜕变与升级，能够持续，并匹配这个新时代吗？

我们的“中读”APP，选择在内容升级的轨道上，研发出第一款音频产品——“我们为什么爱宋朝”。这是一条由杂志封面故事、图书、音频节目，再结集成书、视频的系列产品链，也是一条艰难的创新道路，所幸，我们走通了。此后，我们的音频课，基本遵循音频－图书联合产品的生产之道。很显然，所谓新媒体，不会也不应当拒绝升级的内容。由此，杂志自身的发展与演化，自然而协调地延伸至新媒体产品生产。这一过程结出的果实，便是我们的“三联生活周刊”与“中读”文丛。

杂志还有“中读”的内容，变成了一本一本图书，它们是否就等同创造了知识？

这需要时间，以及更多的人来验证，答案在未来……

目　录

引　言
从“文明”二字想到的

李　零　北京大学中文系教授

文明的概念

“文明”是个文化概念。

英语的“civilization”跟归化有关：词头“civil”，意思是公民的、本国的、有礼貌的、有教养的；词尾“zation”，表示“化”，化成本国人、开化人。公民是本国人、开化人，与它相对，是刚刚归化的移民和尚未归化的外国人。比如在机场通关，拿本国护照的公民、持绿卡者和外国人要分开排队。移民局（Immigration Office），有人就译为“归化局”。

希罗多德（Herodotus）把不说本国语言的人，一律叫作“野蛮人”，如希腊人把波斯人叫成野蛮人。希腊语的野蛮人，英语作“barbarian”，“barbarian”的本义是外国人、不说本国语言的人。北非有柏柏尔人（Berbers），柏柏尔也是这个意思，它要强调的是，我是我（我者），他是他（他者），我是文明人，他是野蛮人，内外有别。

现代汉语受日语影响，有所谓“讲文明”。讲文明是讲外国礼貌，有绅士风度，甚至把绅士手中的拐棍叫作“文明棍”。日本人用“文明”翻译“civilization”，然“文明”二字本借自汉籍，先秦古书原来就有这个词。

古之所谓“文明”，文指文采，对野而言；明指光明，对暗而言。野虽粗鄙，却有质朴的一面；暗是阴影，却与光明相伴相随。这个词跟“启蒙”（enlightenment）有关。启蒙之义，一是把愚昧变成聪明，二是把黑暗变成光明。

中国古代有“人文”一词。“人文”指人类发明，有别于天地万物、自然界固有的东西。“人文初祖”指人类发明的集大成者，比如黄帝君臣就是这样一种符号。现在，我们把“文史哲”通称为“人文”，西方即称为“humanity”。

西方以“文明人”与“野蛮人”相对，在我国则为“夷夏之别”。夏人住在中心（即所谓中国），是文明人；夷人或蛮夷戎狄住在周边（即所谓四裔），是野蛮人。孟子骂许行，说他是“南蛮鴃舌之人”，意思与希罗多德说的“野蛮人”一样，首先看重的是语言的不同。

“化”分两种。古人认为，“以夷变夏”是野蛮化，“以夏变夷”是文明化。如汉晋印章有“率善归义”一词，即指羌胡等族认同和归附汉文化。

语言是文化之一种，衣冠穿戴和饮食习惯也是。文明是文化概念，不是种族概念。

老派的人类学家以欧洲为中心，把地球上的人群分成野蛮、文明两大类，仍然保持着古典时代的基本分类法。摩尔根（Lewis Henry Morgan）则分为蒙昧、野蛮、文明三大类。马克思、恩格斯受19世纪历史学和黑格尔影响，也使用这类词。

文明的标准

小时候，我们都听说过四大文明：埃及、巴比伦、印度、中国。

其实，文明何止四种。欧洲有希腊文明和罗马文明，西亚有两河流域文明（包括亚述和巴比伦）和波斯文明，南亚有印度文明，东亚有中国文明，中美有玛雅文明和阿兹特克文明，南美有印加文明，加起来至少也有十大文明。

这些文明，很多都是失落的文明，失落是常态，不失落是意外。像我们中国，至今在很多方面还保持着与古代的连续性，太不容易了。

20世纪80年代，有人以“超稳定结构”称之。“超稳定结构”是那个年代主流思潮的评价，这样的评价当然是负面的。其实，失落有失落的原因，连续也有连续的原因，无所谓好坏。

什么叫“文明”？这通常有两套标准。

一套是技术发明的标准，如金属、城市、文字等。研究此类东西，当然离不开考古。文化历史考古学以考古文化为研究目标，文明在考古文化之上，比考古文化大，比考古文化长。这类要素，在有些文明那里是有缺失的，但中国文明是三大要素齐全的文明，在十大文明中，传播范围最广，连续性最强。

另一套是社会组织的标准，如私有制、贫富分化、社会分工、社会分层，以及是否形成复杂社会，特别是有无国家的出现。中国的新石器文化，黄河流域有三大块，长江流域有三大块，外加南北方各有一个大后方，至少分八大块。龙山时代以来，冶金技术出现，普遍有城，各种符号系统也在各地被发现。

过去，中国考古学家还小心翼翼，模仿柴尔德（Childe, Vere Gordon），称之为“文明曙光”。现在，有人主张，良渚文化已经是文明，文明上限不断上推，宋儒和辛亥革命家说的黄帝纪年（中华五千年）已经打不住了。

研究“国家”，西方把前现代国家叫“state”，现代国家叫“nation”。塞维斯（Elman Service）的“游团—部落—酋邦—国家”（band-tribe-chiefdom-state），四阶段说，其实只是讲国家（state）的起源，即州县规模的小城小国的出现。前面有游团、部落、酋邦三阶段。欧洲有小国寡民的自治传统。希腊的国只是一城一邦，所谓雅典帝国，只是城邦联盟，没多大。

历史上的大帝国多在东方。欧洲大帝国只有马其顿帝国和罗马帝国。马其顿帝国接收了波斯帝国，昙花一现。罗马帝国幅员广大，分崩离析。中世纪以来，欧洲一盘散沙，全是小国。即使现代国家，靠战争打乱重组，也大不到哪儿去。最大的是横跨欧亚的俄国。而今天的申根26国，仍叫“Schengen States”。真正另起炉灶的大国全是地理大发现后的殖民地，如美国、加拿大、澳大利亚。所以本尼迪克特·安德森（Benedict R. O. Anderson）说，最早的“nation”，不在欧洲，而在美洲，“nation”是“想象的共同体”。

中国的国家，从起源到发展，苏秉琦有“古国—王国—帝国”三部曲。很多人都以为，龙山只有酋邦（chiefdom），三代只有王国（kingdom），秦汉才是帝国（empire）。我理解的所谓三代，其实是夏人、商人和周人居住活动的三大地理板块。夏、商、周三分归一统，由西周建立的天下，规模同东周列国差不多大。这样的大脚根本就塞不进state的小鞋。硬塞，只能“削足适履”。

西周有天下共主，不是城邦国家。我们从西周封建的范围、从西周铜器出土的地点、从西周铜器铭文的内容看，西周绝不是“kingdom”，至少也是“united kingdom”。现在的英国（不列颠王国），就叫“United Kingdom”。西周再小，也比英国大。

秦汉帝国以西周疆域为铺垫。西方使用“empire”，如亚述帝国、波斯帝国，比较大，但无严格标准（如雅典帝国就很小），我们把西周叫成帝国也未尝不可（美国汉学家贝格立有二里岗帝国的说法）。

现代中国是西方所谓的“nation”。美国教科书把中国近代史统统归为民族主义史，民族主义的民族就是“nation”。周锡瑞（Joseph W. Esherick）编过一本书，叫《从帝国到民族国家》（*Empire to Nation*），主题就是帝国解体转变为现代国家。我理解，即使是现代中国，也不是按欧洲模式或美国模式重组，更不是按照奥斯曼帝国解体的模式，大卸八块，彻底缩水。现代中国，除了推翻帝制、走向共和，无论国土规模，还是民族构成、政区结构，都是继承古代中国，特别是大清帝国。现代中国是历史形成的中国，并不完全是人为建构。

中国考古的重要性

1949年后，中国的考古发现，年年大丰收，不仅我们自豪，世界上的考古学家也刮目相看。

于是，中国考古界便有了“中国学派”崛起的呼声。什么叫“中国学派”？主要是两条，一条是马克思主义指导，一条是中国特色。20世纪下半叶，美国考古学独步天下，无论“过程考古学”，还是“后过程考古学”，都是非马克思主义指导、带有美国特色的考古学。* 后过程考古学虽有马克思主义考古学的一支，但美国的马克思主义并非中国的马克思主义。

美国考古学的特色有二：

第一，美国远离欧亚大陆，跟古典学、艺术史、近东考古扯不上，它以美洲印第安文化为对象。美洲考古是在地理大发现和殖民主义背景下发展起来，它与非洲、大洋洲的考古更接近。它的参考书，不是历史文献、铭刻材料，而是民族调查、民族志，考古属于人类学。

第二，美洲考古以史前为主，而史前考古，无书可读。考古学家更热衷于大胆假设、小心求证，玩理论、玩方法。认为考古不光是挖、不光是记录、不光是编年排序，重在思考，重在阐释，重在人类行为和社会生活的复原。这种风气是在美国特有的环境下被逼出来的。

丹尼尔（Glyn Danie）《考古学一百五十年》一书提到，这一百五十年是从1800年到1950年。第二次世界大战后的1945～1970

---

* 过程考古学，又称“新考古学”，其主要观点认为考古学最终要解决“如何”与“为什么”的问题，而不只是“是什么、何时、何地”，其基本目标应该是理解不同自然条件与文化环境下文化变化的原因。后过程考古学是对范围广泛的、不同种类的考古学理论的一种概括性描述，涵盖了女权主义、马克思主义、文化遗产以及本土考古等各种各样的视角。——编者

年是后来补写的。西方考古学家说中国考古“落后”，主要是指1949~1979年，他们不来，我们不去，没有沾上美国考古学的“仙气”。但这一时期恰好是中国考古的黄金时代，他们也同样错失了研究中国考古的机会。

我们到底落后了西方多少年，有人说是100年，这未免有些夸大。我国的考古，从1926年李济发掘西阴村算起，到今年为止，总共只有92年。落后100年，岂不等于零？

他们说我们落后，其实不在于田野技术，甚至也不在于科技手段，更主要是说，我们没有理论。

我国的考古学以马克思主义唯物史观为指导。唯物史观之长在于宏观大视野和社会史研究。20世纪的考古学，上半叶是以柴尔德为代表的文化历史考古学，下半叶是以宾福德为代表的过程考古学和后过程考古学。柴尔德就深受马克思主义启发，他的两个革命说（农业革命、城市革命），至今颠扑不破。新考古学未必全新，旧考古学也未必一无是处。

至于民族主义，老一代的中国学者要重修国史、续写家谱，恐怕也不能按美国的政治正确性一概来从负面理解。1949年以前，中国备受欺凌，任人宰割，反抗一下有什么不对？被压迫民族以斗争求解放，反抗殖民统治，反抗帝国主义，有十足的正当性。中国，地上史料那么多，地下史料那么多，不想求外国人帮我们修古史，像埃及、伊拉克、伊朗那样，打算自己动手动脚找材料，何足怪哉？1949年以后，中国被列强围堵制裁，民族主义也是必然反应。我们对中国近百年来的民族主义应抱“了解之同情”。

研究世界文明，欧亚大陆是“重头戏”。欧亚大陆，亚大欧小。欧洲面积只有亚洲的四分之一。古典作家说的亚洲，包括两河流域、埃及、小亚细亚、伊朗高原。殖民时代，亚洲的概念东扩，进一步分为西亚、中亚、南亚、东南亚、东亚、北亚六大块，每一块都很重要。

欧洲人对亚洲的认识是由近及远的，西亚考古、中亚考古、南亚考古、东南亚考古，他们很熟悉；但东亚考古、北亚考古却在中、蒙、俄三国外加韩、日两国的范围内，这一范围占了亚洲的一半多，他们对此领域相对隔膜。

罗森（Jessica Rawson）教授经常跟西方学者讲，中国太重要。这个重要是对世界重要。我们要知道，欧亚大陆东半，中国是文明气旋搅动天下的风暴眼。张光直说，中国考古的重要性在于，它对改写世界史有举足轻重的作用，它应该对世界历史做出贡献，也能够对世界历史做贡献。我非常赞同他对中国考古的历史定位。

中国考古是世界考古的一部分。我们做中国考古，其实也是在做世界考古。用中国眼光看世界，用世界眼光看中国，一定前途无量。

推荐阅读

◎李零《我们的中国》，生活·读书·新知三联书店，2016年
◎张光直《考古学专题六讲》，生活·读书·新知三联书店，2013年
◎金观涛、刘青峰《兴盛与危机：论中国社会超稳定结构》，法律出版社，2011年
◎格林·丹尼尔《考古学一百五十年》，黄其煦译，文物出版社，2009年
◎黑格尔《历史哲学》，王造时译，上海书店出版社，2006年

中华文明的进程

良渚 新石器时代晚期 距今约 5300 ~ 4300 年

二里头 夏商时期 距今约 3800 ~ 3500 年

殷墟 商朝 约公元前 14 世纪 ~ 前 1046 年

三星堆 夏商时期 距今约 4500 ~ 2900 年

小河墓地 青铜时代 距今约 4000 ~ 3500 年

秦始皇陵 秦朝 公元前 208 年修成

海昏侯墓 西汉时期 公元前 59 年修成

汉唐长安城 汉代遗址：公元前 200 ~ 196 年 唐代遗址：公元 583 ~ 904 年

南海 I 号 南宋初年 距今约 800 年

敦煌莫高窟 前秦至元代以后 公元 366 ~ 1400 年

敦煌莫高窟 / 甘肃敦煌

小河墓地 / 新疆罗布泊

三星堆 / 四川广汉

海昏侯墓 / 江西南昌

中国地图

1 : 32 000 000

审图号：GS(2016)1569号

自然资源部 监制

秦始皇陵 / 陕西咸阳

汉唐长安城 / 陕西西安

二里头 / 河南洛阳

良渚 / 浙江杭州

殷墟 / 河南安阳

北京

南海Ⅰ号 / 广东阳江

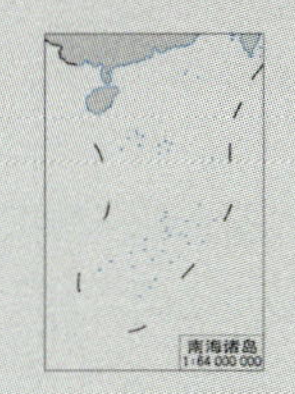

刘斌

良渚古城的发现者
良渚古城考古主持人
浙江省文物考古研究所所长

生活在良渚古城里的人，他们的形象是非常精致的，如神话一般，我们的发现可以证明这种“精致”，如人们都佩戴玉饰，用非常高级的漆器，其生活的精致程度比我们现在很多地方都还要高。

中国历史和文化是不曾断灭过的，良渚文化经过几千年的发展演变，最终融入了大的中华文化之中，我们从良渚文化的研究中，看到了中华文明从多元走向一体的过程。

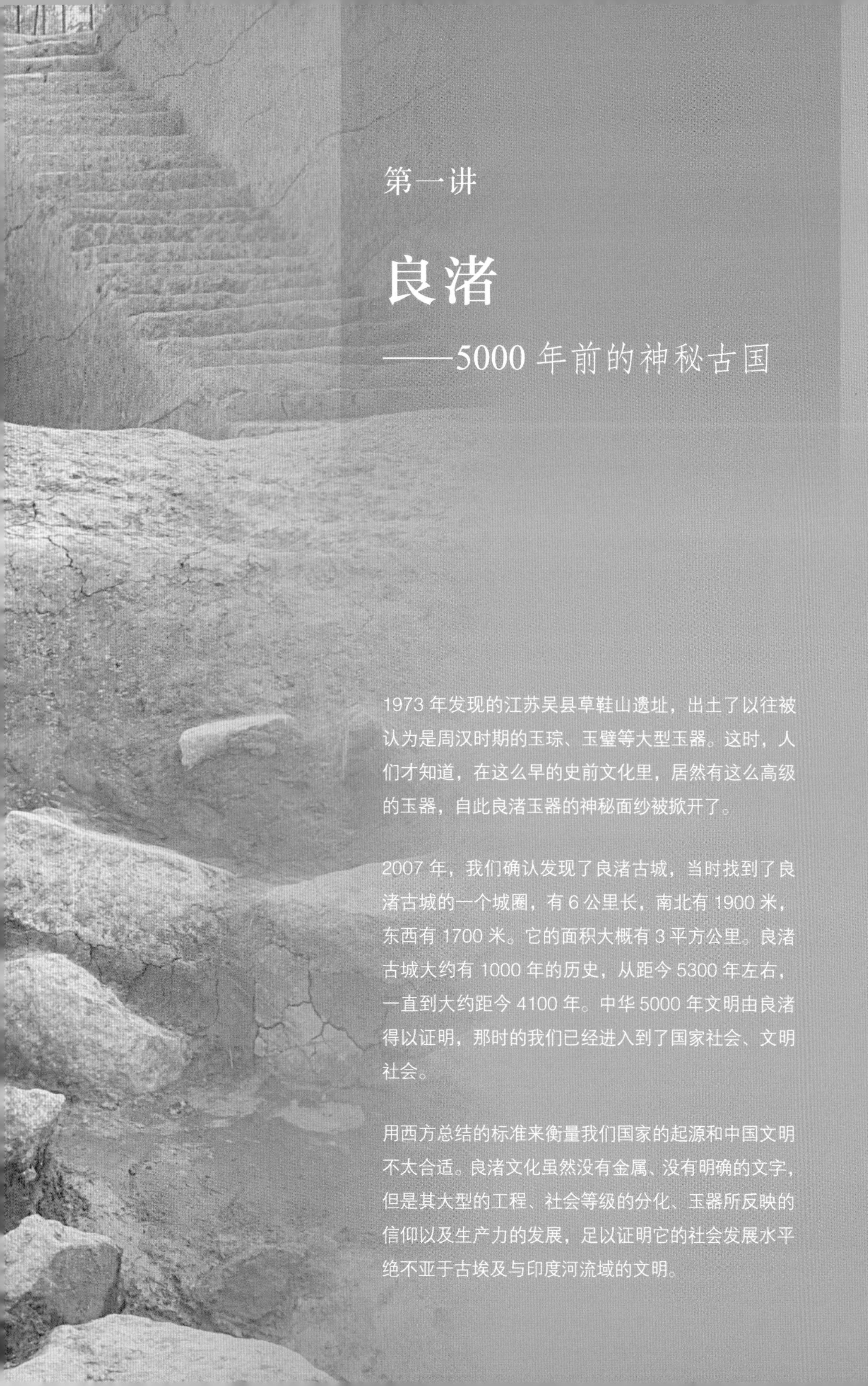

第一讲

良渚

——5000 年前的神秘古国

1973 年发现的江苏吴县草鞋山遗址，出土了以往被认为是周汉时期的玉琮、玉璧等大型玉器。这时，人们才知道，在这么早的史前文化里，居然有这么高级的玉器，自此良渚玉器的神秘面纱被掀开了。

2007 年，我们确认发现了良渚古城，当时找到了良渚古城的一个城圈，有 6 公里长，南北有 1900 米，东西有 1700 米。它的面积大概有 3 平方公里。良渚古城大约有 1000 年的历史，从距今 5300 年左右，一直到大约距今 4100 年。中华 5000 年文明由良渚得以证明，那时的我们已经进入到了国家社会、文明社会。

用西方总结的标准来衡量我们国家的起源和中国文明不太合适。良渚文化虽然没有金属、没有明确的文字，但是其大型的工程、社会等级的分化、玉器所反映的信仰以及生产力的发展，足以证明它的社会发展水平绝不亚于古埃及与印度河流域的文明。

1 长江流域文明的摇篮

中华 5000 年文明的源头

我们常常说中华 5000 年文明，但大部分人可能不了解什么是文明。在考古的概念里，文明实际上是指国家起源。实际上，中国史书的记载从夏代的纪年开始到现在只有 4100 年，而国际上认可的、有实证的中华文明，大概只被承认到 3600 多年前的商代殷墟。

人类的发展在全球具有共性和同时性。人类发展的起源到今天有 300 多万年的历史，在距今 1 万年左右的时候，进入到了新石器时代，定居与农业产生。在此之前的 299 万年，人类社会与黑猩猩的世界或者我们知道的大猩猩世界有点类似，是一个纯粹的原始社会，在考古上称为旧石器时代。进入新石器时代的 1 万年，人类迈入了一个高速发展的时期。在距今 5000 年左右的时候，进入了文明社会，例如我们知道的埃及、西亚、印度等都是在这一时期进入了国家社会。

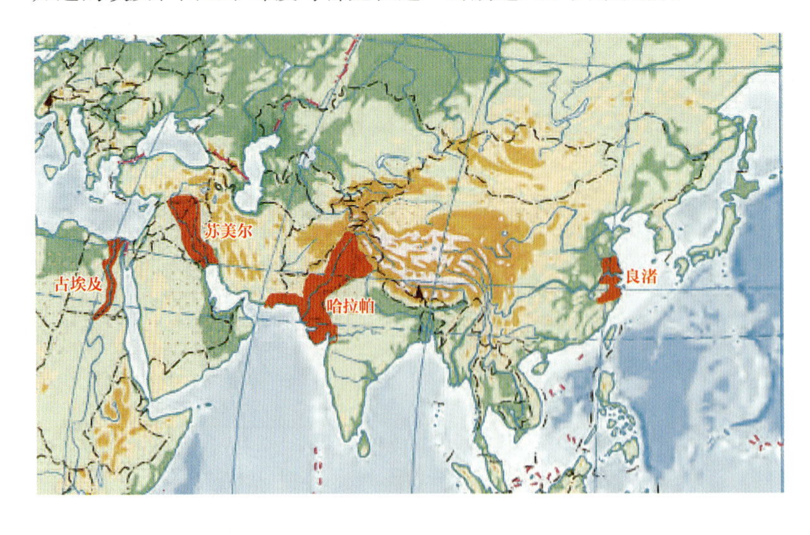

旧大陆四处早期文明分布示意图

良渚有文字吗？

据不完全统计，良渚已经有六七百种示意符号了。在陶器、石器上有很多不同的符号，这样的符号到现在还不能被证明是文字，因为文字有读音，也要有一个连贯的表达。我们只能称其为刻画符号，但很多符号已经具备表意的作用，它应该是文字的一个初级阶段或是文字的前身。有的陶罐上刻了一圈的符号，符号又是象形的，画了一只动物和一个网，由此我们能够知道它在表达狩猎的事情。

刻有表意符号的陶罐

中国号称5000年文明古国，那怎样才能证明我们的国家也在距今5000年左右进入了国家社会？只有考古的实证才能得到国际学术界的认可。

良渚是中国到目前为止发现的最具说服力的文明之一。从规模、社会等级、生产力的发展，到农业和城市的规划等方面，都能证明其社会发展程度已不亚于古埃及，不亚于西亚以及印度河流域的文明。这些年的考古，已经证明良渚已进入了一个国家社会、文明社会。

良渚文化主要分布于长江下游的太湖流域，它的年代距今有5300年到4100年，是新石器晚期一个非常重要的考古学文化。我们在考古表述上常讲良渚文化是中国新石器晚期非常重要、非常发达的考古学文化，这容易给人造成一个误解——新石器时代是一个比较落后、原始的社会。所以我现在给别人讲解时，常会说良渚文化的时期与古埃及是同期，首先告诉他一个时间概念，古埃及是一个参照系，这是大多数人知道的一个很发达的文明，它存在的年代与良渚文化基本上是同一时期，处于距今5000多年到4000多年的这1000年间。

以前，随着考古的发展，根据西方总结的标准，国家的产生以及文明的产生有几大要素，比方说城市的出现、文字的出现、金属的出现。这些标准用来衡量我们国家的起源和中国文明，不太合适。因为标准是人制定的，目的是为了证明社会的发达程度已经达到具有国家组织形态的水平。良渚文化虽然没有金属、没有明确的文字，但是其大型的工程、社会等级的分化、生产力的发展水平以及玉器反映

1 良渚文化的陶器以鼎、豆、双鼻壶、圈足罐、尊、簋、袋足鬶、大口缸等为主要组合

2 良渚古城美人地遗址河岸

出的统一信仰，足以证明它的社会发展水平绝不亚于古埃及、两河流域及印度河流域的文明。

良渚的发现：长江流域文明的摇篮

中国的金石学是从宋代开始的，但是真正意义上的考古学，即所谓近代考古学是100年前传入中国的，自此中国探索古人类文明的历程便开始了。良渚文化的发现和研究是中国整个考古学的一个代表案例，它在1936年由西湖博物馆的施昕更先生首次发现，当年的发现受到黄河流域仰韶文化和龙山文化发现的影响。

因为在良渚发现了与龙山文化相似的黑陶和磨光石器，所以当时就把它归入山东龙山文化向南传播的一支。中国的史学界早期一直认为黄河流域是中华文明的摇篮，长江流域则是蛮荒之地，所以在良渚发现这样的早期史前文化很令人兴奋。

良渚人的精致生活

良渚古城大约存在了 1000 年，从距今 5300 年左右，一直到大约距今 4100 年。其最初的设计是一个 3 平方公里的内城，中心位置是宫殿区，宫殿区的高台相对较高，而外围则是工匠居住的区域。他们基本的生活模式是：一条三四十米宽堆筑而成的高地，上面住人，临河而居，类似于江南水乡，非常像现在的乌镇。起初，大部分城内城外的河有 40~60 米宽，住在河边的人常往河里倒生活垃圾，有的河被填平了，有的只剩下 10~20 米宽。现在我们在良渚的河里可以发现大量的生活用品，如陶器、木器、骨器，还包括加工残剩的玉料等。

城内的 3 平方公里，随着人口的增加不断外扩，到良渚晚期，已经开始修建外郭城了。外郭城的模式和城内差不多，都是一条高地、一条河这种模式。城墙外有好几百米宽的水面，有的甚至有上千米宽的水面。

在良渚城墙东面，发现了美人地遗址，这里的河边护岸是用木板做的，这种河边护岸现在也有，但是是用石头做的。良渚时期，木头

比石头更容易加工，所以都用木头，现在保留下来的木板高度达1.7米多。当时的护岸做得非常考究、非常漂亮，我们挖到很多良渚时期的河，河边上的护岸都是先用竹篱笆、竹编，然后再用木桩固定，木桩的粗细与木桩的间距几乎是一样的，可见当时的良渚有着一个非常考究、标准化的生产和生活场景，不像我们想象中5000年前，人们的生产生活是比较落后或比较原始的状态。

我认为在那个时期，生活在良渚古城里的人，他们的形象是非常精致的，如神话一般。我们的发现可以证明这种“精致”，如人们都佩戴玉饰，用非常高级的漆器，我们看到了涂红油漆的杯子，很多陶器上也刻有非常精美的花纹，当时人生活的精致程度比我们现在很多地方都还要高。

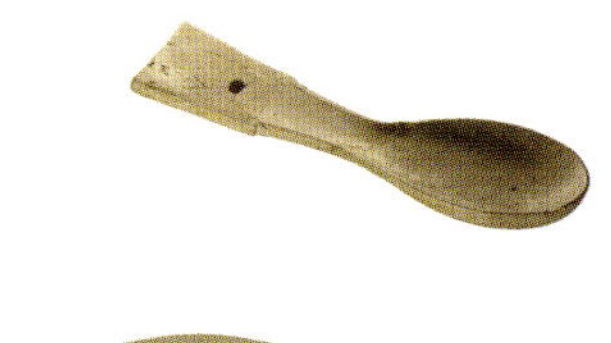

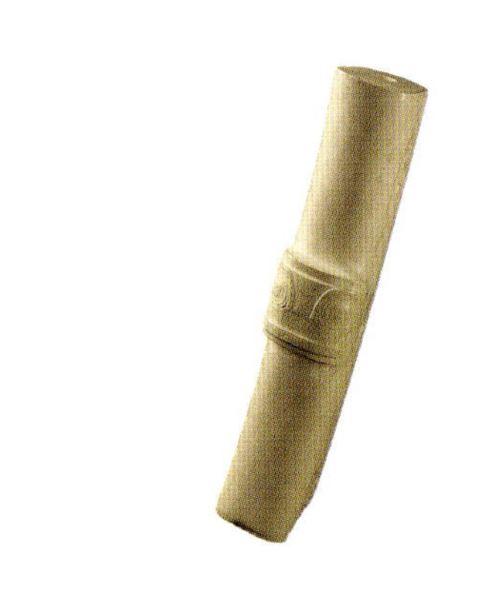

良渚时期的文化交融圈

良渚文化之后，在长江下游地区，出现了钱山漾文化和广富林文化，相当于山东龙山文化，现在考古界将龙山文化称作“龙山时代”。夏代之前的200年，社会大概就进入了这个阶段。然而这个阶段比较短暂，从考古发现来讲，它的生产生活、玉器加工、石器加工比良渚文化有进步；在文化面貌上，与北方有更多的交流，所以它的文化范围更大。

大约在良渚末期或者良渚后，浙江一带出现了好川文化，好川文化遗址位于遂昌县城西12公里的

1 玉匙

2 玉手镯

3 玉把手

4 与象牙梳连在一起的玉冠状饰，周家浜出土

《山海经·海内经》

洪水滔天，鲧窃帝之息壤以堙洪水，不待帝命。帝令祝融杀鲧于羽郊。鲧复生禹，帝乃命禹卒布土以定九州。

好川村，它上接良渚文化，下接马桥文化。好川文化发现的玉器中，有一种台形的玉片，在山东莒县陵阳河遗址也有发现。这告诉我们，良渚文化的核心圈是长三角地区，而之后好川文化的文化圈则从浙江的南部，延到山东的南部。再后来就有中国的百越，包含广东、福建、江西一直到江浙这样一个范围。

有了前面文化交融的过程，才有后面的大禹治水，大禹治水之后就有了所谓的“定九州”，我相信有大禹治水这件事，它的发生促使大半个中国走向一体。所以这是中国历史上一件比较有意思的事情。大禹治水之后，中国一直存在一个“中华正宗正统”的概念，之后的改朝换代，大禹也始终以一种类似国家起源之始祖的形象存在着。

良渚是中华5000年文明的代表

为什么说良渚文化是中华5000年文明的一个代表？现在考古界认为中国的文明是从多元到一体的。虽然中国的版图有欧洲那么大，但我们有一统和一体的概念。这个一体并不是强权造成的一统，而是文化交流融合的结果。从考古研究看，中国版图的自然条件极为复杂，不像欧洲那么风调雨顺：中国的北方常遭遇干旱与寒冷，而南方则会有洪水台风。这样的自然条件决定了生活在这个区域的人要联合互补。

从考古的发现看，大概从七八千年前开始，从东北到广东，在整个中国的大部分地区——相当于后来“大禹定九州”的范围——一直存在交流与互动。今天我们已经建立起中国每个区域的文化谱系和文化圈，知道哪个东西在哪个地方先有，并一直发展下来。我们可以说，中国的文化在很大程度上是通过交流互动发展起来的，这一过程大概从七八千年前就开始了。

以玉器来讲，玉玦从东北的兴隆洼文化到长江下游的马家浜文化、河姆渡文化里都有出土，后来出现的玉璜使用范围更广。良渚文化的玉琮，从最北面的陕北榆林到最南面的广东也都有出土。在这么大的版图里，它们是互动的，所以叫多元一体。我们不光长得一样，我们的文化相同，语言也相通，所以才有认同感。通过考古，可以知道中国是怎样一步步发展来的，尤其是近些年我们通过对玉器的研究，能够将这一漫长的历史串联起来。

讲到中华 5000 年文明，实际上在距今 5500 年这个阶段就已经存在文明的萌芽了。早在 20 世纪 80 年代末，苏秉琦先生提出过“满天星斗”的说法，认为中华文明的起源应该是“满天星斗”，每一个区域都有自身发展起来的文明。只不过今天，我们对良渚的认识比较完整，良渚文化作为中华 5000 年文明的一个代表，与后代文明是有关联的。

苏秉琦先生的“满天星斗”说

苏秉琦先生的“满天星斗”说，把我国新石器时代的遗址分为 6 类：一是以仰韶文化为代表的中原文化，即黄河文化中心；二是以泰山地区大汶口文化为代表的山东、苏北、豫东地区文化，其突出特点是不同于仰韶文化红陶的黑陶文化；三是湖北及其相邻地区，以巴蜀文化和楚文化为代表；四是长江下游地区，如浙江余姚的河姆渡文化；五是西南地区，从江西的鄱阳湖到广东的珠江三角洲；六是从陇东到河套再到辽西的长城以北地区，内蒙古赤峰的红山文化和甘肃的大地湾文化都属此类。

2 良渚古城，5000 年前的“超级工程”

良渚古城和水坝工程的发现

2007 年，我们确认发现了良渚古城，古城南北约有 1900 米，东西有 1700 米，它的面积大概有 3 平方公里。大型工程的背后是社会的发达。2007 年发现良渚古城之后，十多年来，我们的考古工作从未间断。对良渚区域内的 100 平方公里，都做了比较详细的调查，并对这 100 平方公里有了比较清楚的认识。从 2009 年发现第一条良渚水坝（距离良渚古城外围大概有 8 公里），一直到 2015 年，总共确认了 11 条水坝，这 11 条水坝在良渚古城的西北部，最远的水坝离良渚古城有十几公里远。这个大型水利工程比传说中的大禹治水还要早 1000 年，也是目前为止世界上最早、规模最大的水利系统。

11 条水坝，组成了大约 14 平方公里的一个库区——一个湖。另有一条 5 公里长的堤坝，将水引到良渚古城的北边。这说明了当时强大而且周密的规划能力，以及对城市建设严谨的规划设计。

现在，良渚古城的总工程量已经比较清楚了。它的城市布局非常符合中国古代都城的形制，就像后代的北京城。其建筑的核心地区是一个高台，也就是良渚的宫殿所在地。主要宫殿区的范围是一个 630 × 450 米、面积约 30 万平方米、十几米高的人工堆筑高台。随着不断地发现，我们也知道上面的宫殿应该非常大，并在边上发现了当年留下来的、长度 14~17 米的大木头，所以良渚的宫殿一定也非常大。宫殿区的外围是它的内城，内城有 3 平方公里。3 平方公里的概念是多少？以故宫来做比较，3 平方公里就是 4 个故宫那么大，在远古时期，这是个非常了不起的工程。

古城东侧高坝现状、老虎岭水坝全景

古城西侧低坝现状

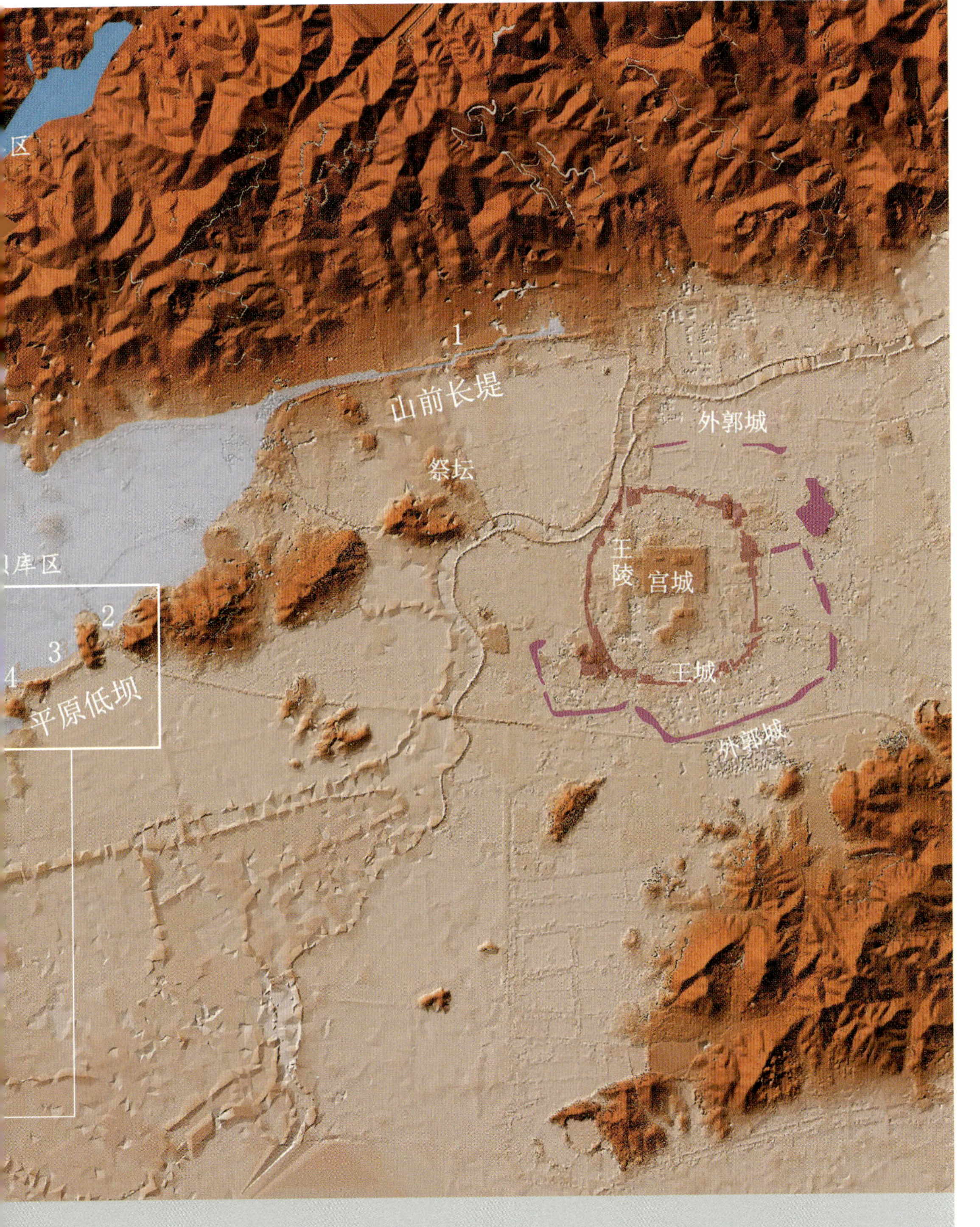

良渚古城及外围水利系统结构图

1 塘山	5 梧桐弄	9 秋坞
2 狮子山	6 岗公岭	10 石坞
3 鲤鱼山	7 老虎岭	11 蜜蜂弄
4 官山	8 周家畈	

良渚古城城墙的宽度在20~150米之间，现在保留下来的高度有4米左右。城墙的一圈约7公里长，由此可以非常精确地算出它的土方量。整个城修建在一个沼泽地上面，先在沼泽地上铺石头，石头都是从远处山上开采来的，然后在石头上堆筑山上的黄色黏土，土也是从山上运来的，所以现在对良渚整个修城的工程量以及修城的过程是比较清楚的。

到2010年，又在它的外围发现了外郭城。良渚古城发展到晚期，城内可能就住不下了，所以逐渐往外发展，于是就在外面圈了一个城圈。外郭城加上内城的面积大约有8平方公里，这是一个非常大的城，在当时世界上来看也非常大。如果到现场看，可以清楚感受到，当年将城址选在这个地方，应该是有理念的：正处于两山之间非常居中的位置，从城的中心往南北西三面的山大概都是3公里的样子。

《吕氏春秋》中有明确的记载，建都的理念是“择天下之中而立国，择国中之中而立宫”。所以中国后代比较重要的都城、城市，都有一个“以山为郭”的理念，在一个地理单元的中心位置体现“以山为郭”。今天，站在良渚古城的宫殿上，我们仍然可以感受到“以山为郭”的理念，一圈都是山，这样一种居中的感觉。当年，城外有好几百米宽的水面，人进来都要经过一个很宽的湖面——想象一下，这里就像水泊梁山，是不是非常有画面感呢？

作为考古者，我们要理解为什么良渚人要选这个地方。良渚的整个文化，就是我们今天理解的一个族群。他们有共同的信仰、共同的器物。良渚文化的核心区在长江三角洲、太湖流域。如果另外一种文化对它来讲是外族，那么北面山东地区的大汶口文化，西面的安徽、江西地区，南面的福建地区，都是另外的文化。杭州余杭这片区域，处于苕溪上游和中游的交接位置，而且在太湖水源主要干流的上面。相对其他族群的地理位置，良渚处在一个大后方，所以没有战争的威胁。

杭州是一个半封闭的盆地，大概有1000平方公里，是非常适宜

1 良渚古城城墙由内外城河夹抱着，内部水系略呈工字形，并发现有通向莫角山的数个码头。内外城河靠水门连通

2 良渚古城北段城墙基址。北城墙保存的高度距石头面约有 4 米，墙顶发现良渚晚期的房基，显示其仍基本保持了原有高度。城墙底部铺筑块石，上部堆筑纯净黄土

3 良渚古城石料

种植水稻的平原、沼泽地。选择一个地方立都，除了要有交通的条件，也要有自然的条件。从良渚古城沿着苕溪乘船或是竹排到达太湖，大概只有 60 多公里，可能需要半天或者一天的时间。太湖相当于今天的一个交通枢纽，可以四通八达。太湖的北岸是苏州、无锡地区，也是良渚的核心区，东面是嘉兴、上海地区，所以是一个交通便利的地方。而自然条件在于，它有一个发展农业的平原，又有很大的山地可以提供矿物、木材、动植物的资源。同时距离其他外族比较远，具有一定安全性。

今天认识良渚文化，不仅仅是对其文化面貌的认识，还要认识整个区域性的架构。在良渚古城的外围，水利系统距它的上游有十几公里。整个水利系统与古城的范围，我们在地图上算有 100 多平方公里。当年在规划城市的时候，对这 100 多平方公里进行了统一的规划设计，这在 5000 年前是一个非常了不起的工程。

从古城一直到水坝，所有大型土台、大型工程的总土石方量经过测算大概有 1000 多万立方。1000 多万立方是一个非常浩大的工程，埃及最大金字塔——胡夫金字塔大概是 300 万立方。对于 1000 多万立方，假设三个人一天能够完成 1 方土石方，那么就需要 3000 多万个工。在古代，一个人从远距离把土和石头搬过来，一天可能完不成 1 方。如果设想三个人可以完成，那么我们可以算出这 1000 多万方大概需要多少天。这样的一个大型工程，再加之城市规划设计、墓葬等级、农业的发达程度，才能得到世界考古界学术界的公认——它已经达到成熟的国家阶段、国家文明阶段了。

人类社会的发展很有意思。5000 年前，人类社会处在一个半神话状态，古人做着现在看起来很傻但又十分超级的工程——金字塔、良渚古城、水坝都是在那个年代出现的。那个年代，人类还生活在一种“神化”状态中，会把王当作神一样来敬奉。

良渚古城的修建材料——草裹泥

现在我们很难计算宫殿所用木头的工量，光是土石方量就非常大了。土石方的组织修建，如果没有一个强大的社会组织，是做不成的。从城来讲，在中国考古中被叫作“城”的有很多，最早到七八千年前，如一个小村庄的围墙。但良渚的城已经达到了国家级，一般小规模的社会组织完不成这么大的工程量。

良渚堆筑的大型土台、水坝，都用了一种非常巧妙的方式，就是草裹泥。原先我们一直不明白如何做这么大的工程。现在我们挖土都是雇老乡，用土箕挑土，非常慢，后来发现老乡用了一种草裹泥，我们突然就明白良渚人是如何做工程的了。草裹泥首先解决了工作流程的问题，就像后来的土坯和砖，可以分工协作；如果用土箕挑，你就要现挖，但通过现挖来做特大工程肯定不行。

对于草裹泥，现在知道的是，有一些人专门加工做草包，大概三四十厘米长、十几厘米厚。他们会先用木锹切一块泥，然后用从沼泽地里割来的茅草芦苇等，把它捆扎起来。整个的分工协作是，一部分人在各地或是很远的地方加工草包，一部分人负责运输，运到后，一部分人往上摞。这样来讲，主要是人海战术，工程进展会非常快。例如“大跃进”时期修水库、挖河，从老照片上看都是上万人的大会战，不用挑而是用人来传递。

1 草裹泥分区情况
2 草裹泥现场保护

良渚古城堆筑的草裹泥往往是一个大的区块，就像现在的写字台，大概两三个立方的一部分。弄开后呈现出泥的颜色是不一样的，这证明它是取自不同地方的泥。我们还可以推断大概是一个船运过来的，这能够帮忙理解这样大型工程的运输与垒筑是如何组织实施的。

现在的考古不是推测性或猜测性的，要做到比较科学的理解。很多人猜测这么大的工程可能要做好多年，但挖出的城墙和水坝等虽都堆了几十米高，却没有经过很长时间，中间没有间隔——在考古上，如果堆到一定的高度，然后停掉，隔两个月或一年再堆，那么中间会有一个间隔层，并且能够看出来。通过考古的剖面，可以知道良渚的城墙水坝是一次性堆上来的，这肯定是用了人海战术，组织了大量的人。而为保障大量人群的生活，背后必然有更多的人来做保障工作。即使没有金属、没有文字，由此也可以知道，良渚社会已经具备了国家形态的组织能力，不然怎么可能实施如此规模宏大的工程！

良渚农业的发展——碳化稻米

良渚的农业非常发达，石犁、石镰刀与现在没什么区别。在此之前，我们曾对长江下游的稻作农业马家浜文化进行考察，发现大约7000年前时，有非常小块的稻田。2010年，在临平的茅山遗址发现了面积比较大的稻田，经过考古发掘才知道大概有今天80亩地这么大。还发现了好多条田埂，它的田埂做得非常考究，是用红土铺的，每一条田埂之间的宽度大概有20米，田埂长约100米。

2010年，在良渚古城宫殿区的东坡，发现了一个灰坑。考古学上的灰坑，就是倒垃圾的坑，坑里面都是被烧过的稻米，不同于一般的碳化，应该是没烧透就变炭了，坑里边的稻米大概有2万~3万斤这么多。现在的考古借用了很多科技手段，给这些稻米做同位素分析，发

1 石破土器 宽 30.5 厘米、长 37.8 厘米、厚 1.3 厘米。青灰色，器身扁平，平面呈三角形状，前锋夹角为 45 度，单面刃

2 良渚文化石犁 长 33.6 厘米、宽 28.5 厘米、厚 0.8 厘米、孔径 1.6 厘米。灰白色，石质，整器呈等腰三角形

3 洪水淤积层下稻田区的发掘现场

4 碳化的稻米

现它们的来源应该不是一个地方。2017 年，在宫殿区南面的一个高地上又发现了被烧过的、碳化的稻米，这个区域的周边都是水面，也符合古代粮仓的设计。它的范围大概有 5000 多平方米，底下被烧过的稻米堆积厚度有 60 厘米左右。

经过测算，我们用千粒重——就是 1000 粒稻米的重量——来定量分析。通过钻探每立方厘米或立方米并测算稻米数，推算得出这个区域内被烧毁的稻米大概有 20 万公斤。除了烧过的稻米，还有稻草、木头、捆绑绳子的痕迹，所以它应该是一个粮仓。一个文明的发展肯定要有经济基础，这里的粮仓证明了良渚已拥有非常发达的农业。

另外，在良渚古城内的河里发现了大量的猪骨头，当时人主要养猪，吃猪肉。再之前的河姆渡人可能主要吃鹿一类的动物。除了水稻，我们还知道了当时的环境和植被，与现在差不了太多。还有水果，比方说桃子、李子、杏、菱角等，有很多可以吃的东西，但在良渚就是没有发现小米。

整个长江流域以及长江以南，都以水稻为农业基础。黄河流域及黄河以北，包括今天的辽河流域、红山文化等都是以小米和黍（中国古代的五谷）为主。江南地区主要以稻米、水稻为主要的农业支撑。

良渚古城消失之谜

2010 年，我们在距离良渚古城东面大概 30 公里、现余杭区所在的茅山遗址发现了小山边上的村庄，村庄前面有良渚的稻田。良渚后期，距今 4100 年左右，确实有像史书上记载的洪水发生，整个杭州地区都被淹没了。洪水的发生有可能是厄尔尼诺现象引发的。

在那个时候，厄尔尼诺现象可能影响了整个北半球，这也是为什么很多民族都有关于洪水的传说。除了暴雨成灾，还有钱塘潮，钱塘潮涌进来之后，水出不去。因此杭州这个 1000 平方公里的盆地在当时

岗公岭被取土破坏的剖面

就被洪水淹掉了，中间一两千年都没有人居住。这也是直到今天良渚古城、良渚遗址能够保存完好的原因之一。

在现在的稻田挖下去，大概有 1~2 米都是洪泛层。洪泛层里面的沙子是从上游的山沟里来的，还是钱塘潮涌一并带进来的呢？我们和南京大学地质系合作对沙子进行了测验，然后对比分析，发现大部分沙子来自于长江口，也就是长江三角洲长江口带下来的泥沙，经过钱塘潮涌进来，然后淹没了整个地区。这也是后来良渚古城消失，而史书上没有记载的一个原因。一个这么发达的文明突然就消失了。

3 玉琮上的神人面孔

发达的良渚玉器

良渚玉器是中国史前时期玉器的一个顶峰。突然发达起来的良渚玉器与之前有非常大的区别：良渚之前的如红山文化、崧泽文化、凌家滩文化等，都是以自然崇拜和装饰性为特点的玉器。到了良渚，玉器的种类一下子丰富开来，仔细研究可以发现，良渚玉器主要表现了一种神像。

良渚文化是中国古代唯一一种创造了神话和神像的文明，它有一个半人半兽的神像形象。这个形象在良渚早期就已产生，虽然有不同的表现形式，但在长江下游地区这个形象是非常统一而且一致的——头戴羽冠，底下是鸟身。

《山海经》里讲了很多的神话故事，比如我们熟知的伏羲女娲，都是人面蛇身；埃及也有类似的形象，如人面狮身像。造神不能完全与人一样，一般都是半人半兽的形象。神的信仰产生之后，围绕着神的信仰也就产生了一整套的玉制礼器。在良渚文化中比较有特点的是一种冠状饰，像个梳子插在头上的样子，就是神像上帽子的形象。1986年，发掘反山12号墓，出土的玉琮上面就有完整的神像，由此我们才知道良渚文化中的神大概长什么样。它头戴一羽冠，这个在玉器的设计里是用来标识身份的，贵族下葬时必须要戴上一个梳子插在头上的冠状饰。良渚时期，宗教处于类似萨满教的状态，巫师是神的代言人，也是神的扮演者，他要把自己打扮得与神类似。每一个首领、每一个巫师头上都要戴一个玉神像的帽子。

良渚的玉琮非常有特点，中国琮的造型从良渚起源，经历了一个由圆变方的过程，从上边看像手镯，但整体是柱形的，四面刻上良渚神徽。随着它的变化，逐渐把鼻子部分加高，就变成一个立体的方形，纹饰也逐渐简化。

玉琮是良渚神权的象征与代表。所谓的神权，实际上是对通神的垄断，老百姓是不能通神的，这样一来，统治者就变成了神的全权代言人。如古埃及法老，既是国家最高统治者，也是神的代表。几乎所有的早期文明都是这种模式。玉琮就是良渚人发明的一种神像的载体，类似于今天的佛像。你将它供在那里，就好像知道了神之所在，能够把神请过来。

玉琮可以说是神权的代表，冠状饰是神的扮演、神的象征。另外，良渚还有玉璜。玉璜是半圆形，即所谓半璧为璜。良渚文化之前，在崧泽文化、马家浜文化晚期就有玉璜了，但那时候的玉璜没有良渚做得规范。从一些墓葬的出土器物来看，可知玉璜是女性贵族佩戴在胸前的装饰品。良渚时期的玉璜也是女性贵族佩戴的饰品，但冠状饰是神像帽子的象征，不分男女都有。

另外，良渚有非常好的权杖设计，就是玉钺。良渚玉钺的把大概有七八十厘米长，把的顶端与底端都安有玉的装饰。从侧面看，像一个小船的模型。原来不认识的时候，也有考古发现过玉钺。考古对器物的命名有两种模式，一种是这件东西从古至今一直都有，并且明确知道叫什么，例如鼎和豆，还有玉琮、玉璧这些，都有明确记载。另一种是根据形态命名，比如冠状饰。良渚玉钺顶端的装饰最早被叫作舰形器，因为它非常像一个小船的剪影。后来研究才知道，它是神像帽子对折起来侧面一半的样子，即把神像的帽子装在一个权杖的上面。钺的顶端装一个东西，底端装一个东西，然后中间有一个把，这种形态恰好就是钺字象形字的样子。

国王的王字是由钺的象形转化而来的。当初古人创造文字时，是从象形、会意这些角度来考虑，怎样的字形才能体现“王”？如果只画一个人，肯定不行，要与王的形象直接相关，要体现王的权力。

反山墓地出土的玉器与王权象征

玉礼器与统一的神灵崇拜是良渚社会政权组织的主要手段和纽带。玉器造型的设计与纹饰的雕琢，也反映了良渚文化最高的艺术成就。良渚玉器的发展伴随着王权的兴起。围绕着神权、王权和军权，良渚人设计了一整套标志身份的玉礼器。主要有琮、冠状饰、钺、三叉形器、璜、锥形器等，很多器物上刻有精致的神人兽面纹，是象征神权的王徽。莫角山宫殿西北角的反山墓地，被誉为良渚文化的王陵，居中的M12号墓出土单件玉器达647件，为理解良渚文化的社会等级和玉器生产提供了绝佳实例。

玉琮上的神人兽面像 这样完整的神徽形象仅见于良渚古城地区，由神人和兽面两部分组成。神人头戴羽冠，上身张臂，兽面双眼圆瞪，尖牙利爪，身体呈蹲伏状。玉工用浅浮雕和阴刻细线两种技法相结合雕刻而成

玉琮 通高8.9厘米，是已发现的良渚玉琮中最大、最重、做工最精美的一件。玉琮四面刻有神人兽面像，每幅高约3厘米

玉璧

反山墓地外景及墓地M12的发掘工作现场，右侧中间为本文作者

嵌玉漆杯

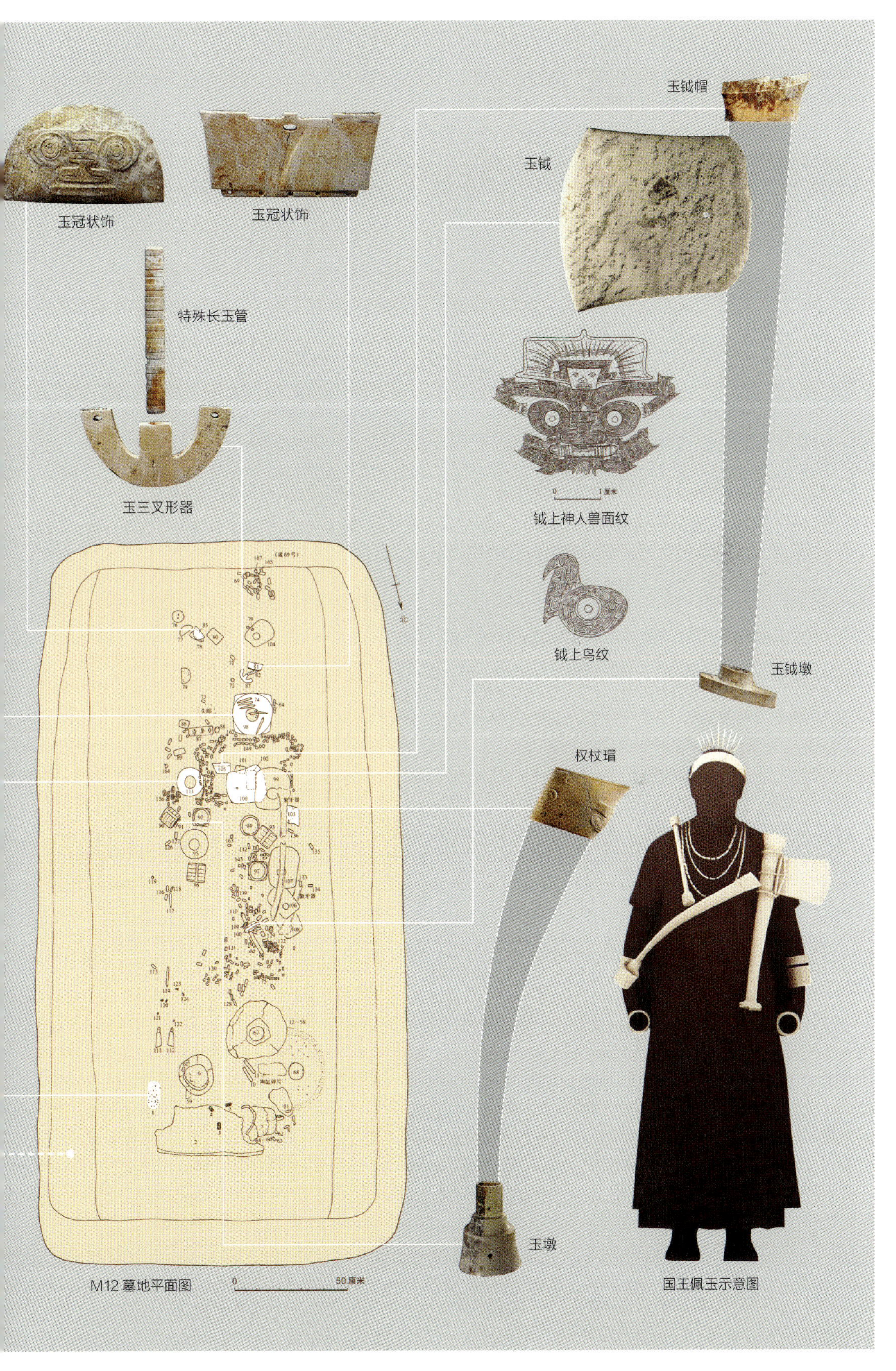
玉冠状饰
玉冠状饰
特殊长玉管
玉三叉形器
玉钺帽
玉钺
钺上神人兽面纹
钺上鸟纹
玉钺墩
权杖瑁
玉墩
M12 墓地平面图
国王佩玉示意图

一般来说，当人们看到王时，他手里应该拿着一把钺。我们读《史记》时，知道武王伐纣时是“左杖黄钺，右秉白旄”的形象。所以，早期王字类似一个指挥权杖，后来在上面，也就是王权杖的设计上加了一个神像的帽子，这就是君权神授或者王权神授的意思，即王权——这个生杀予夺的权力是与神有关的。这一设计非常巧妙又好看，也就形成了“王”这个字。在反山12号墓的玉钺上，我们发现了唯一一件在两面直接刻神像的玉钺，它也表示了王权神授。

另外，良渚比较大件的玉器是玉璧，玉璧是良渚人发明的一种中间带孔的圆形玉器。玉璧在良渚文化里是比较大件的玉礼器，用来祭祀，但并不直接象征某物，可能在一开始并不是特别重要的器物。但是玉器后来到了商周时期，却变得比较重要了，《礼记》里记载有“六瑞”，明确标志等级差别。商周时期进入青铜文明，大多数祭祀是以青铜器作为主要礼器的。然而青铜器之外，玉器仍然是从商周墓葬一直到汉代墓葬都有的重要礼器。在服饰上，中国传统非常讲究玉的佩戴，《周礼》：“以玉作六器，以礼天地四方。以苍璧礼天，以黄琮礼地，以青圭礼东方，以赤璋礼南方，以白琥礼西方，以玄璜礼北方。”春秋战国时期产生的概念是“天圆地方”。从旷野上望，天好像是圆的，而地是方的。《周礼》规范了玉的使用，以玉琮来祭地，而璧是圆形，所以用苍璧礼天。玉琮、玉璧都是良渚人发明的。经过了千年，玉琮上面的纹饰就由具象逐渐抽象、简化，商周时期的玉琮上已经没有了纹饰，只留下内圆外方的形态，被用在“天圆地方”的祭祀里。

六瑞

古代以玉作瑞信之物，用于朝聘，共有六种，称“六瑞”。《周礼·春官》：“周制王执镇圭，公执桓圭，侯执信圭，伯执躬圭，子执谷璧，男执蒲璧。”六瑞形制大小各异，以示爵位等级差。

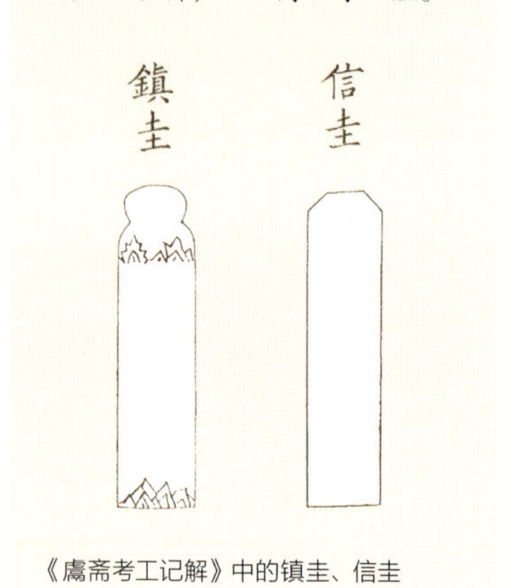

《鬳斋考工记解》中的镇圭、信圭

他山之石，可以攻玉

良渚虽然没有金属，也没有成熟的文字，但是玉器非常发达，而玉器的加工难度并不亚于金属的生产。

玉和金属一样，不是到处都有，不是每个村庄都可以自行加工。它要经过远距离的、贸易的、互相合作的模式，才能产生出来。

玉非常少见，它的硬度又非常高，加工也需要不同人的合作，最后才能够生产出成品。良渚玉器上雕刻的纹饰几乎达到了一种微雕的程度，这令无论国内还是国外的考古学者都非常震惊。因为玉的硬度可达到 6.5 度左右，一般的金属小刀只有 5 度，根本刻不动。一直到清代，琢玉的工艺都不能用铁器来完成，铁的硬度没有玉高。那该怎么加工玉器呢？首先要做解玉砂，解玉砂也就是石英砂，一种黑色的石英。在良渚加工玉料的地方出土了很多石英、黑石英的片，黑石英可以打成非常尖锐的小工具，一般石英的硬度是 7 度，可以雕刻玉器。就良渚玉的加工来讲，还需要用绳子或者其他工具，来带动解玉砂切割、加工、打磨玉石，这是一个非常精细的过程。玉上精细的纹饰也应该是用黑石英加工雕刻出的。所以，中国有句古话叫：“他山之石，可以攻玉。”

另外，我们不知道良渚玉料的来源，虽然发现了大量的玉器和玉器加工厂，但还是不能确切知道这些玉从哪个地方来。现在在江苏的溧阳发现了一个玉矿，玉矿的成分与良渚玉是一致的，虽然它从来没有被古人开采过，但可以证明天目山脉具备产生玉的条件。此外，良渚文化的玉与红山文化的玉有点相似，与后来西北地区的玉差别则比较大。

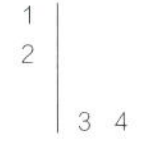

1 钺 甲骨文

2 王 甲骨文

3 良渚玉器的加工工具：黑石英

4 带线切割痕的玉料

良渚玉器的影响

良渚玉器的发现和利用很早就开始了。在宋代，应该就有良渚的玉琮出土，被人收藏欣赏，并且照着玉器的样子做了复古造型的瓷器。良渚文化发现后，于1959年命名，但良渚玉器最早被认识却是在1973年发现的江苏吴县草鞋山遗址。在随葬良渚陶器的墓葬里，出土了以往被认为是周汉时期的玉琮、玉璧等大型玉器。这时，人们才知道，在这么早的史前文化里，居然已经有这么高级的玉器了。从1973年开始，考古界对良渚文化的等级开始产生关注与兴趣。

真正认知良渚文化是在20世纪80年代中期，随着江苏吴县草鞋山、武进寺墩，上海的福泉山，以及浙江省余杭反山、瑶山的发现，逐渐证明良渚文化有着非常发达的社会、非常严密的等级，以及统一的信仰。良渚的墓葬等级可以分为三四等，高等级的墓随葬有上千件玉器，里边有后世一直在用的玉琮、玉璧、玉璜等。在分类上，良渚玉器可以标志身份、标志信仰、标志权力等各个方面，体现了森严的等级分化现象。这是20世纪80年代末一直到21世纪初对良渚文化的一个基本认识。

良渚文化发明的玉琮、玉璧一直沿用到明清，皇帝在祭祀的时候仍在使用，它发明的很多东西都具有很强的历史继承性，这与很多文明不太一样，有些文明被外族完全消灭，文化就断绝了，后来的文明与之前的不再具有继承性。所以说，中华5000年文明是一脉相承的，在大中华区域内，文明互相交替、互相流动、互相吸收，一直没有断根！通过玉器来讲，后来殷商时期的殷墟也发现了很多的玉琮，一看，也受到了良渚玉琮的影响；四川成都发现的金沙遗址，非常著名，里面也有一件良渚风格的玉琮。就时间来说，金沙遗址相当于殷墟时期，商人收藏有良渚玉琮，然后照着模仿，做了很多他们当代的玉琮，与良渚其实不太一样，但一看便知是模仿的。从对良渚玉器的研究，我们也能知晓良渚文化对中华文明的影响。

我觉得，考古能让我们走向一个不断被认知、明晰的历史。随着考古的发展，或者说今天科技的发展，一方面展望未来，另一方面回到过去，这两个方向都在不断地将探索往更深远、更客观推进。以前的文献记载，夏以前是传说时代，现在通过考古逐渐地证实了这个时代，从距今 5000 年到距今 10000 年，再到远去的近几百万年，我们逐渐了解了人类和地球真实的发展过程，包括对整个地球环境的变化，乃至对整个宇宙的了解，也都逐渐清晰起来，这就是考古不断进行探索的动力。

发现史

◎ 1936 年，施昕更在杭州良渚镇附近通过“黑色陶片”发现了良渚遗址。

◎ 1959 年，夏鼐先生命名了良渚文化。

◎ 1973 年，第一次在典型良渚文化墓葬中出土了玉琮、玉璧等玉礼器，掀开了良渚玉器的神秘面纱。

◎ 1986 年，良渚反山墓地被发现，发掘出 11 座大型墓。至 90 年代末，在良渚和瓶窑约 50 平方公里的范围内共发现良渚文化遗址 130 多处。

◎ 2006~2007 年，位于杭州余杭瓶窑镇的良渚古城被发现，确立了良渚文明。

推荐阅读

◎ 浙江省文物考古研究所《良渚遗址群：良渚遗址群考古报告》，文物出版社，2005 年

◎ 浙江省文物考古研究所《反山：良渚遗址群考古报告之二》，文物出版社，2005 年

◎ 周膺《良渚文化与中国文明的起源》，浙江大学出版社，2010 年

◎ 浙江省文物考古研究所《良渚古城遗址 2006~2007 年的发掘》，《考古》2008 年第 7 期

◎ 刘斌、王宁远《2006~2013 年良渚古城考古的主要收获》，《东南文化》2014 年第 2 期

◎ 刘斌、王宁远、陈明辉《从考古遗址到世界文化遗产：良渚古城的价值认定与保护利用》，《东南文化》2019 年第 1 期

◎ 苏秉琦《中国文明起源新探》，生活 · 读书 · 新知三联书店，2019 年

透雕冠状玉饰

反山出土 长 7.1 厘米

良渚文化以精美的玉器著称，玉器多出于墓葬，考古学家把这类墓葬称为“玉敛葬”。这件玉饰制作精致，代表了当时玉器工艺的最高水平。

神像纹冠状玉饰

反山出土 长 10.3 厘米

此件玉饰上有清晰的良渚典型神像的纹样，展现了当时良渚人的信仰。

锥形玉饰

瑶山出土 长 3.3~12 厘米

出土于良渚瑶山 7 号墓，这组锥形玉饰是新石器时代晚期常见的人体装饰品，可垂挂在头上，也可佩戴在腰间。

山形玉饰

瑶山出土 高 4.8 厘米，宽 8.5 厘米

出土于良渚瑶山 7 号墓，位置在死者的头部，且与成组的锥形玉饰相邻或叠压。有三个叉，左右两叉刻有头戴羽冠的神人像。7 号墓的主人拥有玉钺和玉琮，是一位集军事权力和宗教权力于一身的显贵人物。

黑陶尊

杭州市出土 高 12.3 厘米

良渚文化的陶器，以夹细砂的灰黑陶和泥制灰胎黑皮陶为主，这件黑陶尊是典型的良渚器物。有人根据良渚文化和山东龙山文化陶器都普遍采用轮制、黑陶均占有一定地位的现象，推测良渚文化与山东一带的大汶口文化和龙山文化存在着紧密的关系。

扁足陶鼎

钱山漾出土 高 31.6 厘米，口径 23.2 厘米

夹砂黄褐色，口沿外折，斜鼓腹，浅圜底，鱼鳍形扁足，器表残留炭黑，是良渚文化钱山漾类型的典型器物。

位于吴兴城南的钱山漾遗址分为早晚两期，晚期属青铜时代的马桥文化，早期处于新石器时代末期，是由良渚文化晚期发展而来的新的文化类型。

石耘田器

钱山漾出土

石头磨制而成的耘田器，背部正中有一圆孔，表明使用时需安装木柄或竹柄。耘田器是用来除草的工具，类似的农具在台湾一些史前遗址中也有发现。

莫角山宫殿区想象复原图

良渚文化玉琮

瑶山出土 高4.2厘米，孔径6.4厘米

南瓜黄，矮方柱体，内孔较大。上刻有非常简化的良渚神兽图纹。

良渚文化斜边玉璧

后杨村出土 直径23.2厘米，孔径4.7厘米

白色夹杂灰色斑纹，整器最具特色的就是器身边缘都是呈现斜边，形成一面大，一面小的效果。

良渚文化镂空兽面纹玉牌饰

瑶山出土 宽7厘米，高3.9厘米，厚0.42厘米

器形平面如倒置三角形，底角圆钝呈弧形，器体扁薄。全器用透雕和阴线刻技法琢出神兽图纹。

良渚文化简化神人纹玉琮式管

瑶山出土 高10.2厘米，孔径1~1.1厘米

白色，方柱体，有四个凸面，上琢刻有神人纹。

良渚文化龙首纹玉镯

瑶山出土 高2.65厘米，孔径6.1厘米

白色，外壁雕琢四组顺向环镯外壁的龙首纹。出土时高出墓底约20厘米，原先应放置在葬具盖上。

良渚文化玉鸟

反山出土 长4.36厘米，两翼宽5.33厘米，厚0.93厘米

鸟形平展，尖喙短尾，两翼外张，作振翅奋飞状。良渚的玉坠件器形很多，有半圆形、月牙形、三角形、鸟形、龟形等，体量小、制作精致，一般与玉管、玉珠等组成组佩件，为项饰、手腕饰品或脚饰等。

良渚文化玉龟

反山出土 长3.2厘米，宽2.22厘米，厚0.55厘米

南瓜黄，偏黄褐色。头颈前伸，四爪短小，作爬行状。

1959～2019，六十年一甲子，“最早的中国”二里头，是几代考古人一铲一铲挖出来的。聊以自慰的是，站在前人的肩膀上，我们在田野上又迈出了一小步，让二里头从田野走向学术圈、从学术圈走向公众。
都城发掘，犹如愚公移山，“子子孙孙，无穷匮也”。相信后人比我们更聪慧，相信二里头考古还会揭示出早期中国更大的辉煌。
许宏
中国社会科学院考古研究所研究员
二里头考古队第三任队长

第二讲

二里头

——何以堪称“最早的中国”?

由新石器时代步入青铜时代，由城邑林立步入“大都无城”，由多元古国步入一体化王朝，从满天星斗到月明星稀，大都二里头正处于中国文明史的第一大节点上。

我把早期中国定义为广域王权国家，用最早的跨地域的、独大的政治实体的形成来界定，只能上溯到二里头，从二里头开始，一个排他的、体量庞大的、向四周强势辐射的广域王权国家才开始出现。这相当于婴儿的呱呱坠地，而良渚、陶寺、石峁等，都是前中国时代并存共立的邦国，只能算是早期中国的孕育期。

作为中原王朝文明的先导，二里头文化承前启后的重要作用，由龙形象也可以略见一斑。随着早期王朝的整合，社会文化逐渐臻于全盛，本来具有多源性特征的龙形象也规范划一，逐渐抽象化和神秘化，作为兽面纹固定下来，成为最重要的装饰主题。而以绿松石龙形器和嵌绿松石铜牌饰为代表的二里头兽面纹，开创了商周青铜器上兽面母题的先河。

1 洛阳盆地，“最早中国”的诞生地

“中国”是从哪里诞生的？如果在大街上做一次随机采访，人们会如何回答这个问题，答案也许是五花八门的。如果要我给出一个答案，我认为中国诞生于二里头所处的洛阳盆地，而洛阳盆地就是“最早中国”的诞生地。

何为“中国”？

古代中国的文化传统，到现在已经遗失得太多了，从人生理念、教育制度到衣食住行的方方面面，我们都已经不是“古代中国”的了，更不可能是“早期中国”的。但是，我们的骨血里面仍然留下了深深浅浅的印记，就好比大年三十回家过年，无论路上怎样艰难，大家一定都得回去，这就是一种文化记忆和文化基因。

那么，到底何为“中国”呢？我们应该如何定义呢？

要追根溯源，首先可以来说说“国”。“国”是社会复杂化之后的政治实体，但这也是后起的概念了。在中国古代文献中，最初的“国”经常被用来指称国都，国都及周边的那块土地都叫“国”，“国人”和“野人”是相对应的，郑玄注《论语》有“国外为野人”之说，可见“国”与“野”的分界。最初的国特别多，《左传》中说，“禹合诸侯于涂山，执玉帛者万国”；武王伐纣时有三千诸侯，等到西周时期就只剩下八百了；然后到战国七雄，秦汉一统，基本上是这样一个社会组织由多变少，最后一体化的过程。

“中国”这个概念出现得比较晚，传世文献最早提到“中国”的有

《尚书》《诗经》等，基本上都是战国时期成书的。在出土文物中，“中国”一词最早见于西周初年的青铜器何尊的铭文。何尊是1963年在陕西宝鸡出土的，它的铭文上就出现了“中域（国）”这两个字，那句话写作“宅兹中国。”也就是要在洛阳这个被认为是“中国”的地方建立东都。显然，周人也感觉，他们发家起事的关中还是稍偏了一点，位于中原腹地的洛阳一带才是天下之中，比较便于统治人民。

何尊上的“中国”相当于中土，也就是世界中心的意思。这肯定是一种文化本位主义的概念，任何一个国家，哪怕版图再小，大概都会把自己放在世界的中心来看待。在这之前，商朝人自称的“大邑商”“中商”,都有我是最大而居天下之中的意思。“国”之前加了“中”这个定语，就具有了排他性和唯一性。实际上，这个“中国”基本上是“中央之城”和“中央之邦”的概念。

何尊

何尊铭文：唯王初壅，宅于成周。复禀武王丰福自天。在四月丙戌，王诰宗小子于京室，曰：“昔在尔考公氏，克逨文王，肆文王受兹大命。唯武王既克大邑商，则廷告于天，曰：余其宅兹中国，自之乂民。呜呼！尔有虽小子无识，视于公氏，有勋于天，彻命。敬享哉！”叀王恭德裕天，训我不敏。王咸诰。何赐贝卅朋，用作庾公宝尊彝。唯王五祀。

解释：周成王五年四月，周王开始在成周（今河南洛阳）营建都城，适逢对武王进行丰福之祭，周王于丙戌日在京宫大室中对宗族小子何进行训诰，内容讲到何的先父公氏追随文王，文王受上天大命统治天下。武王灭商后则告祭于天说，余入住到天下的中心，由此统治民众。周王赏赐何贝三十朋，何因此做尊，以作纪念。

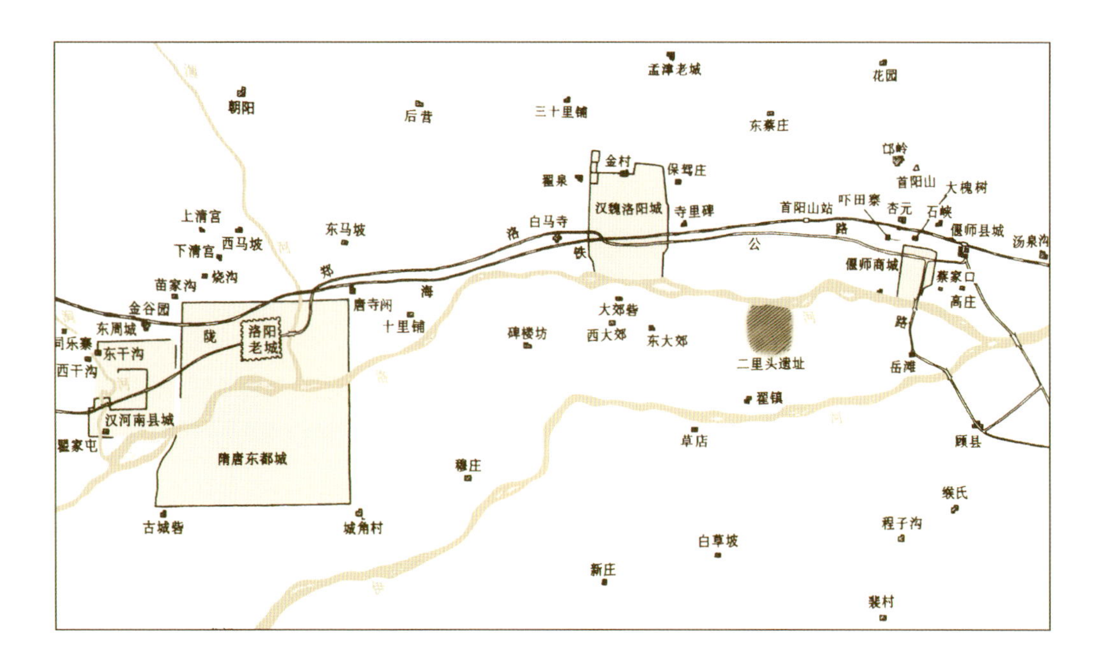

二里头遗址位置图

为西周王朝所青睐，被认为是“天下之中”而营建东都的洛阳盆地，在长达2000余年的时间里，先后有十余个王朝建都于此。三代之后，又有东汉、曹魏、西晋、北魏、隋、唐等朝代在此营建都邑，但这个盆地适于农耕和居住的中心地带仅有1300多平方公里，这在世界文明史上也是极为罕见的。

二里头遗址就是洛阳盆地这一“最早中国”区域内的、最早的一座大型都邑，它位于洛阳盆地东部的偃师市境内。二里头遗址上最为丰富的文化遗存就是二里头文化，它的时代大约是公元前1800年到公元前1500年，相当于古代文献中的夏、商王朝时期。

由“多元邦国”到“一体王朝”

那么再回到最初的问题，为什么“中国”诞生于二里头文化所处的洛阳盆地？想要更为清晰地解答它，需要我们把视野在时间和空间两个方面放得更远。

我们首先从时间的角度，穿越历史来到“中国”前的中国，回顾一下由“多元邦国”到“一体王朝”的过程，看看二里头文化在这其中起到的巨大作用。在二里头文化诞生的约公元前1800年之前，一个相当长的时间范围内，是所谓的“中国”前的中国。中国版图所在的东亚大陆，跟现在欧洲的面积差不多，政治实体的态势跟现在的欧洲差不多，那是一个没有一元政治中心的区域，众多集团各自独立发展。

我个人认为，作为政治实体的“中国”是不应该做无限制上溯的，最初的东亚大陆就是“满天星斗”的状态，这是一个相对独立的、众多部族或古国并存且相互竞争的阶段，还没有出现跨越广大地域的强势核心文化，所以天下形势可以用“满天星斗”来形容。这个时代，有人称为“邦国时代”，有人称为“古国时代”。这一邦国或古国时代，与王国时代（夏商周三代王朝）和后来的帝国时代（秦汉以至明清），构成了中国古代文明发展史的三个大的阶段。

这三个大的阶段有两个大的节点。第一个节点，就像2018年5月28号国务院新闻办公室召开的“中华文明探源工程”成果发布会所披露的那样，“距今5800年前后，黄河、长江中下游以及西辽河等区域出现了文明起源迹象；距今5300年以来，中华大地各地区陆续进入了文明阶段”,指的就是“满天星斗”的“邦国”或“古国时代”。而“距今3800年前后，中原地区形成了更为成熟的文明形态，并向四方辐射文化影响力，成为中华文明总进程的核心与引领者”，这指的就是二里头文化，也就是中国最早的核心文化。

从“满天星斗”到“月明星稀”，二里头都邑和以其为代表的广域王权国家产生了。当然其他“星斗”也不是没有了,而是暗淡无光了。

在这之前，则可以说是前中国时代。比如良渚就是前中国时代东亚大陆上最亮的一颗巨星，属于早期国家和文明形态。但与其说它是后来某个大的文明的先声或序曲，不如说它走完了其生命史的全过程，也或多或少对后世中原王朝文明产生了影响。其他的文化，比如陶寺、石峁等，都是前中国时代并存共立的邦国。正是从二里头开始，一个排他的、体量庞大的、向四周强势辐射的广域王权国家才屹立于东亚大陆。

因此，作为偏于保守的学者，我把早期中国定义为广域王权国家。用最早跨地域的、独大的政治实体的形成来界定，那只能上溯到二里头，我把二里头这个“最早的中国”的诞生，形容为婴儿的呱呱坠地。当然，非要说一个生命体的诞生可以上溯到精子和卵子碰撞的一刹那也没问题，要说父方和母方任何一方的出生都是这个新生命诞生的前提也没问题，但这样的上溯对于社会组织的探究就没有意义了。

随着二里头都邑与二里头文化的崛起，华夏文明由“多元的邦国”时期进入了“一体的王朝”时期。

当然，这并不是说“满天星斗”般的多中心状况就此宣告终结，二里头文化所处的时代也呈现出多元的文化态势，但是它的社会与文化发达程度，以及前所未有的强势辐射态势，使其当之无愧地成为这一时代的标志性文化。二里头时代的二里头都邑，就是当时的“中央之邦”；二里头文化所处的洛阳盆地乃至中原地区，就是“最早的中国”。

以二里头遗址和二里头文化为代表的“最早的中国”这一文明实体，显现出东亚大陆人类发展史上史无前例的两大特质。这两大特质，可以用一点一面来概括。一点，是指它都邑中心的庞大化与复杂化，堪称“华夏第一王都”；一面，是指它的大范围文化辐射，形成中国乃至东亚地区最早的强势核心文化。

地区 年代（距今）	长江上游	黄河上游	黄河中游	黄河下游	长江中游	长江下游	西辽河
6000	?	仰韶文化早期	仰韶文化早期	北辛文化	汤家岗文化	马家浜文化	赵宝沟文化
5800	?	仰韶文化庙底沟类型	仰韶文化庙底沟类型	大汶口文化早期	大溪文化	崧泽文化	红山文化
5300	马家窑文化	马家窑文化	仰韶文化晚期	大汶口文化中晚期	屈家岭-石家河文化	良渚文化	小河沿文化
4700	马家窑文化	马家窑文化	庙底沟二期文化	大汶口文化中晚期	屈家岭-石家河文化	良渚文化	小河沿文化
4300	宝墩文化	齐家文化	中原龙山文化	山东龙山文化	后石家河文化	钱山漾-广富林类型	雪山二期文化
3800	宝墩文化	齐家文化	二里头文化	岳石文化	?	马桥文化	夏家店下层文化
3500	三星堆文化	寺洼文化	二里岗文化	岳石文化	?	马桥文化	夏家店下层文化
3300							

中华文明探源工程长江、黄河与西辽河考古学文化年表

以二里头为先导的中国文明

上一节从时间的维度，纵向阐释了二里头文化在中国文明史中的开创性和强势辐射态势，这里再从空间的维度，横向介绍以二里头文化为先导的中国文明在同时期的世界文明中的特殊地位。

按考古学家格林·丹尼尔教授的观点，北非埃及文明、西亚美索不达米亚文明、南亚印度河文明、东亚中国文明、美洲中美洲文明和安第斯文明，是全球范围内的六大原生文明发祥地。有西方学者认为，上述六大文明又可归纳为三个大的文明系统，也就是以西亚为中心的近东文明、以中国为代表的东亚文明，以及美洲文明。

由于西亚两河流域周围并没有难以逾越的地理障碍，所以那里以种植小麦为主的旱地农业体系形成后，很快就向东西两个方向传播到了纬度相近、地形和气候条件相似的尼罗河流域和印度河流域。这三个地区在农业充分发展的基础上，分别产生了美索不达米亚文明、埃及文明和印度河文明。其中，埃及文明受地理条件的限制，始终以尼罗河及其邻近的沙漠边缘区为中心，相对孤立；印度河文明（也就是哈拉帕文明）仅仅延续了1000年左右即告消亡。因此，美索不达米亚文明和中国文明可以称得上是人类历史上最具影响力的两大文明系统。

就社会复杂化和文明兴起的时间而言，美索不达米亚文明和埃及文明在公元前3500年左右就已经出现了文字、作为权力中心的城市，以及复杂的社会结构乃至国家等大多数后世文明所具备的特征。受美索不达米亚文明影响的印度河文明大约兴起于公元前2700年或者稍晚。

约公元前3000年左右，在黄河和长江流域已经出现了若干社会复杂化程度较高的、可以被称为“邦国”的政治实体，比如大汶口文化的中晚期、良渚文化等。这种“万邦”林立的状况持续了1000多年，直到公元前1800年前后，才出现了相当于美索不达米亚文明的苏美尔早王朝、埃及文明的早王朝和印度河文明的哈拉帕文明那样较大规模的王权国家——以二里头文化为先导的中原王朝文明，这是可以和以上几个文明相提并论的。

这个中原王朝文明出现较晚，它以青铜冶铸这一当时的高科技产业为基础，在诞生前后广泛吸收了外来文明的影响。源自西亚中亚的小麦栽培技术、黄牛和绵羊等家畜饲养技术以及青铜冶炼技术逐步融入中华文明之中，并改造生发出崭新的面貌，这也是“中华文明探源工程”新闻发布会上的一个总结。

读世界文明史，常常会感觉良渚文明与埃及文明非常相似：单一的经济，相对封闭的地理环境，极少的对外交往，内部封闭而高度发达的祭祀政治。有学者认为，埃及文明的悲剧就在于它的纯洁性，正是这种纯洁性使得埃及文明很早就丧失了发展的动力，正是因为缺乏“文化杂交”，它才成为了文明进化道路上的“木乃伊”。

从这一点上看，二里头文明颇像美索不达米亚的两河文明，接受四方冲击的洗礼，在血与火中涅槃升华；同时也得四方之赐，东西南北文化因素的融合，成就了它的高度发展和政治上的成熟（这个政治指的是处理共同体内外人与人之间的关系）。

只有具备了这种“杂交”之利，经历冲突，接受磨合，不断阵痛，才能够达致文明的新高度。

洛阳盆地的优越性

以二里头为先导的中原王朝文明给世人留下了深刻的印象，我也时常被它的突然崛起和高度繁荣所打动。文化的繁荣离不开当地地形地貌、气候因素和生计条件的影响，所以我们一定要了解，作为中原核心区域的洛阳盆地，它的优越性究竟何在？为什么“最早的中国”崛起于此？

洛阳盆地四面环山，北面的邙山是黄河与洛河的分水岭，南面的嵩山是洛河与汝河、颍河等淮河水系的分水岭。盆地内又有伊河、洛河、瀍河、涧河等河流纵横其间。这个位于中原地区腹地的盆地既相对独立，又四通八达，地理形势相当优越，因此，洛阳盆地历来是兵家必争之地，帝王建都之所。

民以食为天，早期文明都以农业立国。这些地域性文明，往往为了适应单一的环境而建立在单一的农业基础之上，比如，长江下游地区的良渚文化就是建基于稻作农业之上的。有学者指出，这类文化适应当地生态环境和进化的程度越深，就越容易走入进化的死胡同。假如环境变迁或其他原因导致其基础发生动摇，就极有可能因其脆弱性而走向衰退甚至崩溃。

二里头的崛起与飞速发展，与这种模式恰好形成鲜明的对比。中原是东亚大陆东西、南北生态地理条件各异的诸地域的交叉区，二里头文化的社会就建立在以粟作农耕和稻作农耕为主的多元农业基础上。旱了，可以种谷子吃小米；涝了，可以种稻子吃大米。植物考古研究的结果表明，二里头都邑人群的粮食结构已经是五谷齐备，可以在更大程度上适应自然环境的变化，从而具有相对稳定的生活基础，大大增强了生命力。这就是二里头文化崛起的最重要的动因。

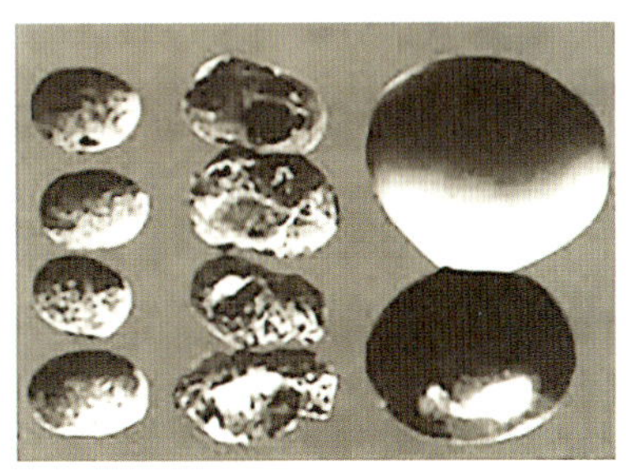

二里头遗址出土的农作物种子，图中分别为稻、大麦、大豆、碳化大豆与现代野大豆和现代栽培大豆的比较

2 二里头的“中国之最”

1959年，徐旭生先生在豫西地区开展“夏墟”调查时，首次踏查了二里头遗址，当时就推测它“为商汤都城的可能性不小”。1959年秋，二里头遗址的试掘揭开了二里头文化研究的序幕。1961~1978年的考古工作主要集中在发掘1号、2号宫殿基址，初步确认了二里头的都邑性质。90年代后期，二里头的四期演变分期得到了普遍认可，大量青铜器、玉器、绿松石器等的出土也进一步证明了二里头是迄今可以确认的中国最早的广域王权国家都城。1999年以来，二里头遗址的整体范围、结构布局、交通网络等，都在考古工作中获得了明晰的呈现。

作为“最早的中国”的二里头，从被发现至今，不断给我们带来惊喜。不少朋友认为，在二里头这么多的发现中，最令我激动的，肯定应该是那条绿松石龙，因为实在是太特别了。但当队长这么多年，实际上最让我得意的，是在二里头发现的中国最早的城市主干道网和中国最早的宫城。

惊喜当然不止这些，还有众多的中国乃至东亚之最在这里揭晓。我们的考古前辈发现了迄今所知中国最早的大型宫殿建筑群、最早的青铜礼器群和最早的铸铜作坊等，而通过我们这个团队的努力，又证明了二里头遗址还是迄今所知中国最早的经过缜密规划、严谨布局的超大型都邑。正是这些“中国之最”的发现，让二里头成为了“最早的中国”。

中国最早的大十字路口和城市主干道网

读博士时，我专攻的是城市考古，这也是我个人兴趣点所在。在考古界，我一直笑称自己是做“不动产”的。所以，对于琢磨道路网络系统、城墙、宫殿建筑这些东西，我总是乐此不疲。一直以来，我最想要做的一件事，就是搞清楚二里头都邑这个大不动产的布局。

有一次，我在以往的记录中发现了一个比较重要的线索，说 1976 年在二里头宫殿区东侧的一条 200 米长的大路已经被前辈勘探出来了，遗憾的是，后来因为冬季麦田需要浇水就被搁置了。二十多年之后，我预感，这条大路很有可能就是打开二里头都邑宫殿区布局之谜的一把钥匙。于是，我把它重新捡了起来，开始一点点地顺藤摸瓜。

2001 年秋季，按照前辈记录中提供的线索，我们继续往前追探，结果发现了中国最早的井字形大道的第一条。再往下，还有更有意思的发现，在宫殿区勘探和发掘的过程中，有一天，当地的老乡跟我聊天说，他家地里的小麦长得不好，希望我派人去看看怎么回事。我一听，觉得这可能有戏。因为庄稼长得不好，常常是因为地下的排水不畅，很有可能是地下有质地致密的夯土建筑或城墙遗迹，导致土壤结构产生异常。

1 发现二里头的徐旭生

2 玉米地之下，就是3000 多年前的二里头都邑遗址

我赶紧派人去钻探，结果令人大喜过望。阻碍地下水下渗的遗迹不是夯土建筑，而是坚实得像千层饼一样的路土。我们顺藤摸瓜向前追探，发现这居然是一条东西向的大路，向东一直延伸，和宫殿区东侧的南北向大路垂直交叉。主干道的十字路口找到了，这是迄今所知中国最早的大十字路口！

伴随着兴奋，我们接着追探最早发现的那条南北向的大道，最终探出了 700 米长。这条路平均有 10 多米宽，最宽的地方竟然达到 20 米，放到今天来说，也都达到了四车道的标准。就这样，在很短的时间内，我们就搞清楚了这个井字形大道的布局。

有了路就会想到交通工具，东亚最早的马车是在殷墟发现的，而在这之前，中原地区是没有家马的。我们在二里头宫城南墙外的大路上，发现了双轮车车辙的痕迹，至于是人力车还是畜力车尚不清楚，但无论如何，这也是东亚大陆最早的用车证据。

宫殿区大路上的车辙

中国最早的宫城

我在第一本面向公众的小书《最早的中国》里，讲到过“想出来的宫城”，追溯了著名考古学家苏秉琦教授的一段话。他说，在考古工作中，你只有想到什么，才能挖到什么。当时我还不太理解，感觉是唯心主义，但在之后的工作实践中，我深感这句话的分量实在太重。

我刚接手二里头时，二里头遗址已经发掘四十年了。众多前辈一直想找到城墙，但都没有找到。最后，二里头宫城的城墙在我手里被发现，所以有朋友就说“许宏太幸运了”，实际上我有着一整套思考和学术准备。在做博士论文时，我就梳理过中国早期城市的资料，逐渐形成了这样的认识——具有权力中心功能的早期城市，其外围城垣的有无，在东周以前还没有形成定式，但是作为统治中枢，王室禁地的宫殿区却不应是开放的。因此，我相信二里头都邑宫殿区应该有防御设施存在。而就目前的线索看，我们当时正在工作的宫殿区东部 2 号宫殿一带，最有可能搞清有没有防御设施。

于是我们就从 2 号宫殿东墙开始向外横向钻探，发现它外侧紧邻大路，大路以外只见有中小型的夯土基址，因此可以肯定 2 号宫殿的东墙及它外侧的大路就是宫殿区东部的边界，而且两者之间不可能再有城墙或壕沟之类的防御设施存在。这样，我就做了如下的推测——如果宫殿区围着围墙，那么 2 号宫殿基址的东墙有可能就是宫城城墙，验证这一设想的方案同时也已成竹在胸。

2003 年初，在向社科院考古所和国家文物局递交年度发掘计划时，我就把对宫殿区防御设施的探寻作为重要项目提了出来，并立下军令状，通过最小限度的发掘确认防御设施的有无。在二里头遗址这样延续数百年且遭到后世严重破坏的大聚落上，钻探仅能提供些许的线索，无法解决全部问题。鉴于二里头遗址发掘四十多年来的多次钻探都没有发现宫城城墙的线索，我推测即便有宫城城墙存在，它的夯筑质量、保存状况肯定比 1 号宫殿、2 号宫殿要差，以至于难以辨识，那么要

验证 2 号宫殿基址东墙是否就是宫城东墙最简单的方法，就是先揭开 2 号宫殿的东北角，看看 2 米宽的东墙夯土是否继续向北延伸。

2003 年春天，发掘工作就按照这一思路开始实施，当我在新开的探方里边看到了与 2 号宫殿东墙完全一致的条状夯土，果然像上述推想那样，向北笔直延伸时，你可以想见一个考古人的暗喜，为什么只能暗喜呢？因为这还不能排除它是 2 号基址以北又一处院落的围墙，接下来要看它在 2 号宫殿的东南角是否也向南延伸。于是，我又安排揭开 2 号基址东南角及其以南的区域，在 2 号基址东墙向南的延长线上开了解剖沟，一来了解宫殿区东侧大路的结构与年代，二来在此拦截可能南伸的夯土墙。

在肆虐全国的“非典”到来前夕，也就是 2003 年“考古十大发现”揭晓之际，我临时有事回北京，在与老同学举杯同庆他们项目入选“考古十大发现”的时候，我按捺住了被撩拨起的兴奋心情，只向他透露了发现宫城的可能性。不顾越来越重的“非典”阴霾，我急切地返回工地，得知 2 米宽的夯土墙继续向南延伸，欣喜之情溢于言表。突发事件带来的复杂心灵感受，与面临突破性发现的兴奋心情交织在一起，构成了 2003 年春季我的心路历程。

我甚至要感谢“非典”，当时中国农村的严防死守让我减掉了许多惯常应酬，可以更专心于扩大战果。于是向北向南一路追探，以钻探为先导，每隔 30~50 米开探沟，解剖确认。到了 5 月下旬，这道夯土墙可确认的长度已经接近 300 米，可以肯定属于宫城城墙，而 2 号宫殿基址就是依托宫城东墙建成的。

“非典”过去了，中国最早的宫城遗存重见天日，这是当年夏季，我四十岁生日来临之际，最值得庆贺的事。中国最早的城市主干道网的发现，以及刚才说的中国最早的大十字路口的发现，都是二里头的“中国之最”。在这个基础上，我们又乘胜追击，确认了这个井字形大道围起来的区域，就是中国最早的宫城，也就是“紫禁城”之所在。

就这样，一座总面积达 10.8 万平方米的宫城被我们揭示出来了。最终确认宫城东墙长 300 多米，北墙残长有 250 多米，西墙和南墙分别残长 100 多米。这座始建于距今约 3700 年以前的宫城，呈纵长方形，形制方正规整，虽然面积仅为明清紫禁城的七分之一左右，却是后世中国宫城建筑的鼻祖。

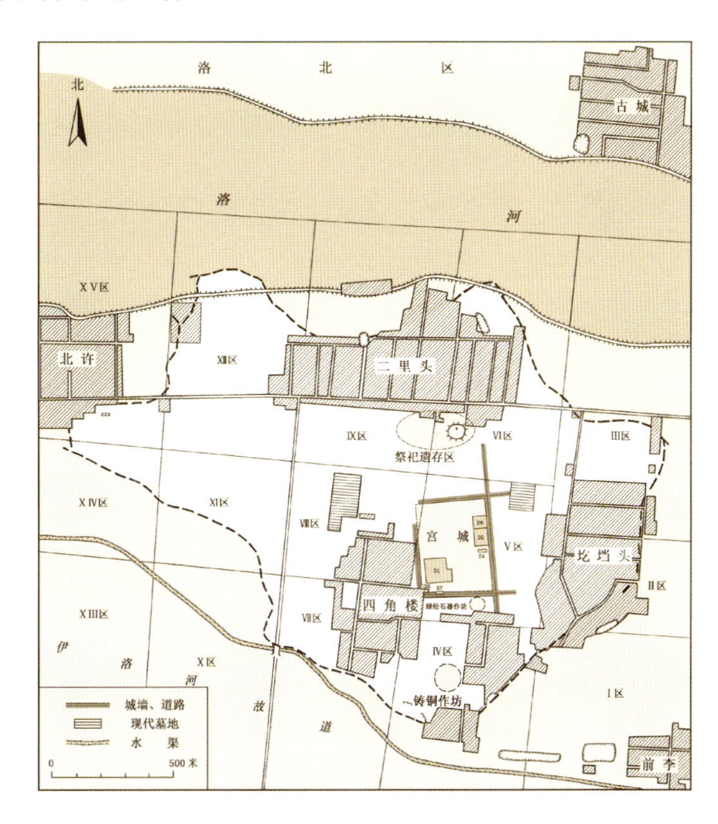

1 二里头宫殿区发掘现场

2 二里头遗址平面图

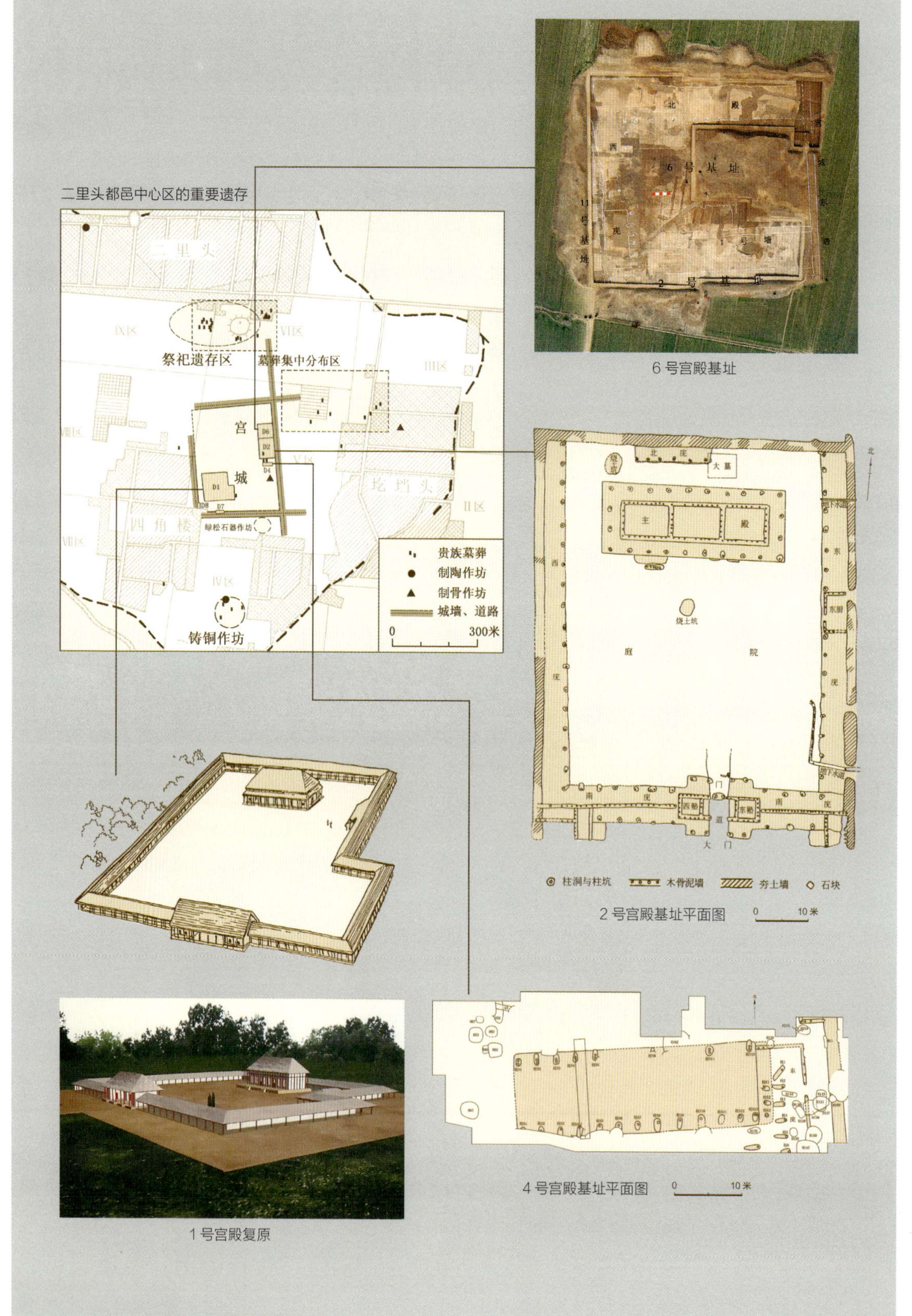

6号宫殿基址

2号宫殿基址平面图

4号宫殿基址平面图

1号宫殿复原

中国最早的中轴线布局宫殿建筑群

到目前为止，我们已探明二里头遗址宫殿区内存在着数十座大中型夯土建筑基址。其中，在晚期的宫城内已经确认了两组大型建筑基址群，它们分别以 1 号宫殿和 2 号宫殿基址为核心纵向分布，都有明确的中轴线。我们不妨把它们称为西路建筑群和东路建筑群。

坐落在宫城西南部的 1 号宫殿基址，和位于它前边南大门正前方的 7 号基址（可能是宫城正门的门塾），两座建筑基址共享同一个中轴线，构成了宫城西路建筑群。坐落于宫城东部的 2 号宫殿基址，和位于它南大门正前方的 4 号基址，以及后来扩建的、位于它北面的 6 号基址，构成宫城东路建筑群。这两组南北有序排列的宫殿建筑群的长度都接近 200 米。

这是迄今所知中国最早的以中轴线规划的大型宫室建筑群，也是二里头的另一个“中国之最”。《吕氏春秋・慎势篇》中有这样的记载，说古代国家“择天下之中而立国，择国之中而立宫，择宫之中而立庙”。看来，这一理念，伴随着最早“中国”王朝的崛起，在二里头时代已经出现。中国古代宫室建筑发展到明清紫禁城时已达到了极致，而它的源头可以一直上推到二里头。

我们常说“建中立极”、中庸文化等，都是最具中国特色的东西。这些显现于二里头宫室建筑和礼制上的理念，最后在东周时代被我们的祖先写入典籍，通过言传身教、耳濡目染浸润到中国人的骨血里，这是中国文明一以贯之的东西。

中国最早的青铜礼器群

随着二里头文化在中原的崛起，这支唯一使用复杂合范技术生产青铜礼器的先进文明成为跃入中国青铜时代的第一匹黑马。值得注意的是，这些青铜礼器只随葬于二里头都邑社会上层的墓葬，在这个金字塔式的等级社会中，青铜礼器的使用成为统治阶层身份地位的标志。这些祭祀与宫廷礼仪用的青铜酒器、乐器，还有仪仗用的青铜武器，以及传统的玉礼器，构成了独具中国特色的青铜礼乐文明。它不同于以工具、武器和装饰品为主的其他青铜文明，显现了以礼制立国的中原王朝的特质。

作为统治阶层身份的象征，以酒器为中心的礼器群成为中国最早的青铜礼器群。实际上，在这个礼器群里，几乎每件东西都可以说是中国最早的。从这里，我们可以看出中国古代文明主要是建立在社会关系，也就是人与人之间关系的巨变上，而不是建立在人与自然关系巨变的基础上。《左传》中有“国之大事，在祀与戎”的记述，礼器是用来祭祀的，而兵器代表了绝对的打压能力，两手抓，两手都要硬。

作为二里头兵器群中的重要成员，青铜钺的发现非常有意思。这件青铜钺也是中国最早的，但很可惜它不是我们亲手发掘出来的。

那是我刚去二里头的第二年，大家用洛阳铲在遗址上钻探。一天晚上，有老乡到考古队来，拿着一件用破报纸包着的东西，说队长你看看这两个破铜片，是不是对你们有什么用。我打开之后一看，按捺不住惊喜，中国最早的青铜钺重见天日了！我就问他这是哪儿来的。

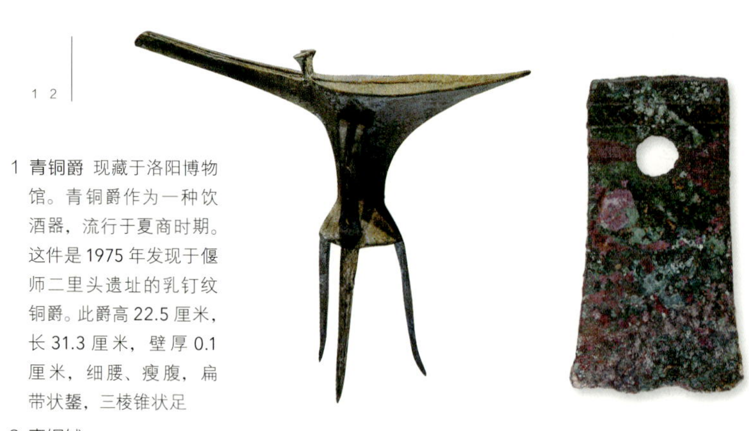

1 2

1 青铜爵 现藏于洛阳博物馆。青铜爵作为一种饮酒器，流行于夏商时期。这件是1975年发现于偃师二里头遗址的乳钉纹铜爵。此爵高22.5厘米，长31.3厘米，壁厚0.1厘米，细腰、瘦腹，扁带状鋬，三棱锥状足

2 青铜钺

他说，是帮别人家盖房子挑地基挖槽子发现的，挖出来就扔一边去了，后来想这个东西是不是值两个钱，所以就回过去一看，居然还在那。收废品的来了说也就值个五六块钱吧，还不到一盒烟钱，他说那还不如给考古队。这下我心里就有底了，我奖励给他 30 块钱，他很高兴地走了。

第二天，我们带着技师到这位老乡指认的青铜钺出土处，记录了出土位置、环境情况等。接着我派助手带着这件国宝级的文物，特意坐软卧到西安。那时只有西安的一家科研机构可以用意大利 X 光机给文物拍片子。后来，我们在《考古》杂志上发了一篇简报，报道这件青铜钺的出土情况。

在二里头出土的近战兵器群里，还有中国最早的青铜戈和北方式战斧，后者透露出二里头人与北方草原地区远程交流的信息。遗址出土的大量箭头，不是仪仗用的近战兵器，而是用于战争的、不可回收的消耗品，箭头这种东西如果批量出现，就说明当时的青铜生产已经达到了相当的规模。

中国最早的青铜器铸造作坊

有了青铜器就必然要有铸造它的地方，最早铸造青铜礼器的地方往往在都邑里，二里头就是最早发现青铜器铸造作坊的都邑。二里头的铸铜作坊，位于临近古伊洛河的高地上，在这里考古前辈发现并发掘了一处大型青铜器铸造作坊。

这个作坊遗址的面积达到 1 万多平方米，使用时间从二里头文化早期一直延续到最末期，是迄今所知中国最早的青铜器铸造作坊，也是二里头的又一个“中国之最”。有学者推测，统治者把铸铜作坊安排在都邑中心区的最南部，一来因为这里靠近伊洛河故道，可以为青铜器生产提供充足的水源；二来也可以避免冶铸行为对宫殿区造成污染。

二里头遗址的铸铜作坊规模庞大、结构复杂而且使用期长。综合已有的资料，在二里头时代能够铸造青铜礼器的作坊仅此一处，这反映了早期王朝对关涉国家命脉的“高科技产业”的垄断。

中国最早的绿松石器作坊

除了青铜礼器，绿松石器也作为文化意义上的玉器受到关注。在二里头时代，它与玉器一样，作为高端消费品为贵族阶层所使用。近年来在宫殿区以南又发现了一处绿松石器制造作坊，这又是一处“中国之最”——中国最早的绿松石器制造作坊。在这个作坊里，发现了大量包括原料、毛坯、破损品和废料在内的绿松石料。这批材料，提供了分析绿松石器工艺的绝好标本。

值得注意的是，这处绿松石器作坊紧邻宫殿区，在它南边还有铸铜作坊。宫城内某些区域也发现有小件绿松石成品、半成品、石料和废料等，说明可能还存在其他的绿松石器作坊。这些情况都表明，绿松石器的生产可能也是在王室直接控制下进行的。

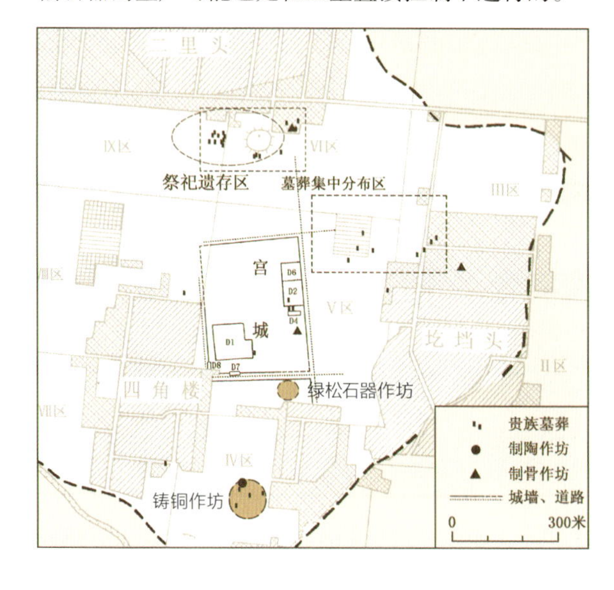

1 中国最早的“高科技产业基地”——围垣作坊区的位置示意。铸铜作坊、绿松石器作坊均在其中

2 绿松石器作坊出土的石料

官营手工业作坊最直接的证据是，我们在与宫殿区一路之隔的遗址南部，发现了一处始建于二里头文化早期的大型围垣设施，就是圈起了院墙的这么一处设施，它的东墙和宫城东墙处在一条直线上，北墙和宫城南墙隔路相望。这一围垣设施规模巨大，宽度与宫城一致，因此已经不能用院落来形容它了。

制造绿松石器的作坊就在它的北墙以内，再向南又分布着铸铜作坊。这一区域紧邻宫殿区，它的产品及其生产都应该为王室贵族所垄断，它的性质应当属于官营作坊区。这可以说是中国最早的“国家高科技产业基地”。所以，有学者把它称为与二里头宫城并列的二里头“工城”，一个是政治区，一个是官营经济区，这确实是言简意赅。

“中国之最”的意义

从这些“中国之最”不难看出，二里头都邑的中心区分布着宫城和大型宫殿建筑群，它的外围又有主干道网连接交通，同时分割出不同的功能区，制造贵族奢侈品的官营手工业作坊区位于宫殿区的近旁，祭祀区、贵族聚居区都拱卫在宫殿区周围。上述种种，无不显示出王都特有的气派。

由这些发现我们也可以得知，二里头遗址是一处经过缜密规划、严整布局的大型都邑。规划性是中国古代城市，尤其是都邑的一个重要特征，二里头遗址在华夏文明形成过程中，承前启后。二里头都邑规划性的判明，对于探索中国文明源流具有重要的标尺性意义。

就目前的认识而言，延续了3000多年的中国古代王朝都城的营建规制，是发端于二里头遗址的，也就是说，二里头是最早的、具有明确城市规划的大型都邑。

3 二里头的龙形象为何“最中国”？

“许老师，出铜器了”

田野考古的日常工作其实是单调和枯燥的，因为它必须按照规范去做。但不经意间，也会有始料不及的意外收获，给我们的工作增添点色彩。正因为这种难以预测，所以考古总给人以神秘而惊喜的感觉。2002 年春天，像往常一样，二里头遗址宫殿区的发掘工作在紧张有序地进行着，没想到的是，一件小铜器的出土会使我们“遭遇”前所未有的大发现。

那年 4 月的一天，一位年轻的队友走过来，压低声音跟我说：“许老师，出铜器了！”我赶快来到他负责的探方，我们仔细剥去表面的覆土，一件饰有凸弦纹的铜铃露出一角，阳光下青铜所特有的绿锈惹人心动，近旁还有人骨露头。

宫殿建筑院内的贵族墓中，绿松石龙形器的出土位置示意

这应该是一座身份比较高的贵族墓，我马上让他盖好，随后对墓葬进行了“一级守护”。后来的发掘结果证明，这座墓葬在二里头时代，属于迄今已发现的最高等级的墓葬。墓内出土的随葬品除了铜器之外，还有玉器、漆器、海贝项链等100多件器物，我们将之编为3号墓。

最惊喜的发现还在后面。当时我手下有3名队友、4名技师，还有9位来考古队实习的硕士生和本科生，可谓兵强马壮。同学们听说要为了这一重要发现通宵值班，都非常兴奋，主动请战，连女生也不甘示弱，跃跃欲试。我们安排“两班倒”，上半夜一拨，包括女生，下半夜则全为男性，还从邻村借来一条大狼狗，然后把我们的“大屁股”北京吉普2020开去，车头对着黑魆魆的墓穴，隔一会儿用车灯扫一下。上半夜还好，下半夜则比较遭罪，4月中旬的夜晚，昼夜温差很大，在野地里要穿大衣。大家戏称是在为二里头贵族“守夜”。

3号墓的清理工作有条不紊。在墓主人的骨骼显露之前，已经有一些上层的器物开始露头，其中就包括细小的绿松石片。绿松石片的出土并没有让我们感到惊奇，根据之前的经验，它应该是以往发现过的嵌绿松石铜牌饰的组件。但随着揭露面积的扩大，我们才意识到这将是个前所未有的发现。

绿松石片从墓主人的肩部开始直到胯部断续分布，总长超过70厘米。要知道，迄今为止在二里头遗址以及中原周边地区发掘出土或收集到的，以及藏于世界各大博物馆或私人收藏家手中的镶嵌铜牌饰仅10余件，绝大部分长度都在15厘米左右，最大的一件异形器长度也只有20多厘米，而且它们一般都有铜质背托。

而3号墓发现的绿松石片则分布面积大，没有铜质背托。墓主人肩部一带的绿松石片位置比较高，较为零散，我们推测应该是棺木腐朽塌落时崩溅所致，因而对其保存状况并不抱有十分乐观的态度。位于墓主人腰部以及胯部一带的绿松石片则相对保存较好，有一些还能看出由不同形状的绿松石片拼合而成的图案。

在龙山时代到二里头时代的贵族墓葬中，曾经有大量的绿松石片集中出土，这些绿松石片原来都应该是粘嵌在木头、皮革或是织物等有机物上的，但出土时大多散乱而无法复原全貌。散乱的原因除了棺木朽坏被墓葬填土压塌以外，也不排除清理者缺乏整器概念，导致其“只见树木不见森林”，一片片分别取出以致完全无法复原。

因此，3 号墓的这一发现弥足珍贵。那么，这长达 70 厘米的绿松石片表现的到底是什么呢？

重见天日的绿松石龙

因为绿松石片极为细小，每片的大小仅有数毫米，厚度仅有 1 毫米左右。清理起来极为困难，稍不留意，都可能使绿松石片移位。一旦有较大面积的移位，就不可能实现对原器的复原。

在这种情况下，清理得越细越不利于今后的保护和复原。于是我紧急向中国社会科学院考古研究所科技中心求援，负责文物修复和保护的技师建议，先整体起取，运回北京室内，再按部就班地清理。于是我们改变战略，停止了对大型绿松石器的细部清理。

按照田野操作规程获取了墓葬的基本数据材料后，我们开始整体起取大型绿松石器。最为理想的是将整座墓全部起取，但是依照当时发掘现场的条件是不可能的。起取体积越大，它松动的可能性就越大，何况偌大体积的土方重量也是我们无法解决的问题。

最后，我们把墓主人颈部的海贝串饰纳入了整体起取的范围。好在墓以下就是生土（没有经过人类活动扰动过的土），这样就可以将它的下部和周围掏空，塞上木板，周围再套上已钉好的木框，再往木框与土之间填上石膏浆，上部精心加膜封盖。最后用钢丝捆好木箱，送回到位于二里头村内的考古队住地。

到了住地，放在哪里又成了问题。害怕会有窃贼，于是想抬到二楼，但这太困难了，而一楼除了我的卧室兼办公室还有值班室外都无人居住，于是有技师建议先放到我的屋里，就这样，这个二里头贵族和他的绿松石器与我“同居”了一个多月，直至被运到北京。

大木箱被运到了北京，然而考古所科技中心的工作千头万绪，虽然文保技师答应尽快处理我们的宝贝，但随后的“非典”，导致盛装绿松石器的大木箱一直静静躺在那里等待着。

2004年的夏天，大型绿松石器终于开始揭箱清理。从小心翼翼地剔凿去石膏，一直到总体轮廓出来，都颇为不易。但看到我们为之付出了艰辛努力而保下来的这件宝贝，居然是一条保存相当完好的大龙，顿感此前一切丰富的想象与推断都是那么的黯然失色。

这件绿松石龙形体又长又大，巨头蜷尾，龙身曲伏有致，形象生动、色彩绚丽。龙身长64.5厘米，中部最宽处有4厘米。龙头放在由绿松石片粘嵌而成的近梯形托座上。托座表面由绿松石拼合出有层次的图案，还有多条从龙头伸出的弧线，似乎是在表现什么，另有拼嵌出圆孔的弧形纹样。龙身略呈波状曲伏，中部出脊线，向两侧下斜。由绿松石片组成的菱形主纹象征鳞纹，连续分布于全体，由颈部到尾部至少有12个单元。

距离绿松石龙尾端3厘米处，还有一件绿松石条形饰，与龙体近于垂直。两者之间有红色漆痕相连，我们推测这件东西应该与龙身上所依附的有机质物体原为一体。条形饰由几何形和连续的似勾云纹的图案组合而成，由龙首到条形饰总长70.2厘米。

龙形器放置在墓主人的身上，由肩部至胯部，与骨架相比略为倾斜，头朝西北，尾向东南。它由2000多片各种形状的绿松石片组合而成，每片绿松石的大小仅有0.2~0.9厘米，厚度仅0.1厘米左右。

绿松石原来应该是粘嵌在木头、皮革之类的有机物上，它所依托的有机物已经腐朽，所以完整清理出来相当不易。所幸全器整体保存较好，图案清晰可辨，只是局部的绿松石片有所松动散乱。设想一下，如果没受过考古训练，到考古工地去发掘，没有老师在身边，一看到绿松石片，兴奋得见一片抠一片，等老师回来后你只能给他看装满一

绿松石龙

这件绿松石龙身长64.5厘米，中部最宽处有4厘米。龙头放在由绿松石片粘嵌而成的近梯形托座上。托座表面由绿松石拼合出有层次的图案，还有多条从龙头伸出的弧线，似乎是在表现什么，另有拼嵌出圆孔的弧形纹样。龙身略呈波状曲伏，中部出脊线，向两侧下斜。由绿松石片组成的菱形主纹象征鳞纹，连续分布于全体，由颈部到尾部至少有12个单元。

龙形器放置在墓主人的身上，由肩部至胯部，与骨架相比略为倾斜，头朝西北，尾向东南。它由2000多片各种形状的绿松石片组合而成，每片绿松石的大小仅有0.2～0.9厘米，厚度仅0.1厘米左右。

距离绿松石龙尾端3厘米处，还有一件绿松石条形饰，与龙体近于垂直。两者之间有红色漆痕相连，我们推测这件东西应该与龙身上所依附的有机质物体原为一体。条形饰由几何形和连续的似勾云纹的图案组合而成，由龙首到条形饰总长70.2厘米。

1 斗笠形器
2 斗笠形器
3 斗笠形器
4 绿松石珠
5 绿松石 龙形器
6 豆
7 平底盆
8 盉
9 盉
10 高领尊
11 螺壳
12 鼎
13 玉鸟形器
14 圆陶片
15 圆形圜底漆器

漆
15
7
7
7
7
16
14
0 20厘米

16 漆匣
17 器盖
18 高领尊
19 高领尊
20 圆陶片
21 圆陶片
22 铜铃
23 铃舌
24 爵
25 平底盆
26 豆
27 螺壳
28 海贝串饰
29 豆
30 绿松石珠
31 绿松石珠
32 漆觚
33 绿松石片
34 漆勺

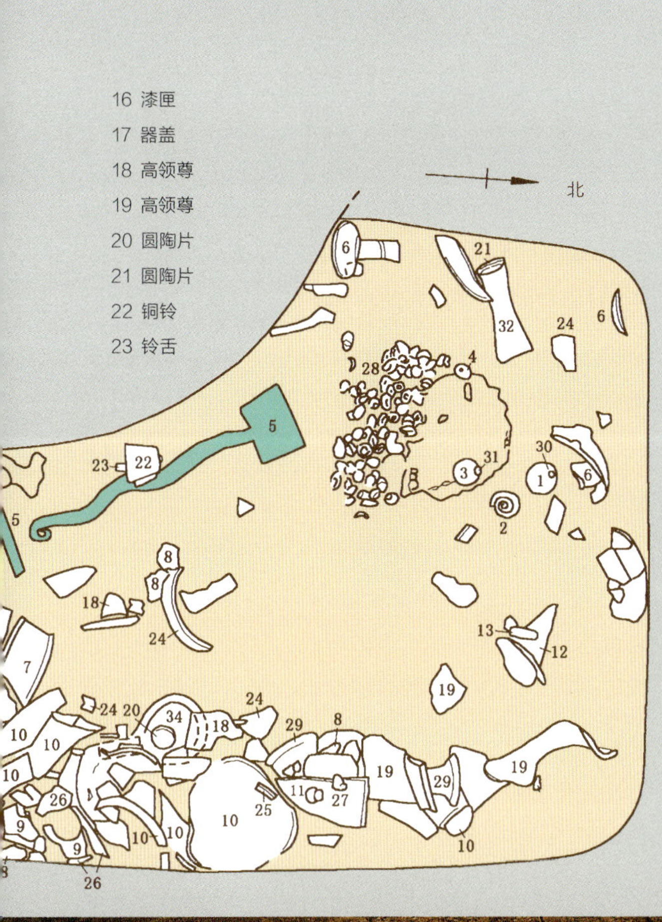

塑料袋的绿松石片，虽然一片不少，可是龙呢？这就是科学的考古发掘与单件文物收藏鉴赏最本质的区别。考古学是研究“物”的，但与其说它研究的是“物”，不如说它更关注“物”背后的背景关系。

这一大型绿松石龙形器，其用工之巨、制作之精、体量之大，在中国早期龙形象文物中都是十分罕见的，具有极高的历史、艺术与科学价值。当你从上面俯视这条龙时，感觉它分明正在游动；当你贴近它硕大的头与其对视时，那嵌以白玉的双眼分明也在瞪着你，仿佛在催你读出它的身份。

就这样，一件大型绿松石龙形器逐渐“浮出水面”，学者们将其誉为“超级国宝”。

二里头龙形象的源流

那么这件“超级国宝”是做什么用的，又是什么样的人能使用它呢？

有学者认为，这应该是一件在红漆木板上粘嵌绿松石片而形成的“龙牌”，它色彩艳丽，对比强烈，富有视觉冲击效果。龙牌上的图案，表现的是龙的俯视图。而随葬绿松石龙形器的高级贵族，应该是宗庙管理人员，“龙牌”应该是祭祀场合使用的仪仗器具。

日本《朝日新闻》的记者和日本学者则直接把它称为“龙杖”“龙形杖”，一种特殊的权杖。的确，在此后的殷墟和西周时期，用绿松石镶嵌龙图案的器具都是罕见的珍品，绝非一般人可以享用的普通器物。

有学者则认为这是早期的旌旗，上面装饰的是升龙形象，以死者生前所用旌旗覆盖于尸体之上，应该是早期旌旗制度的反映。

《诗经》中记述周王祭祀于宗庙，有“龙旂阳阳，和铃央央”的描写，其中“龙旂”（即“龙旗”）与“铃”并列对举，与3号墓里这件“龙牌”与铜铃共存的情况，颇为契合。墓主人应该是供职于王朝的巫师，他所佩的龙旌或具有引领亡灵升天的宗教意义。

还有学者认为，绿松石龙的出土，为中华民族的龙图腾找到了最直接、最正统的根源。这一出土于“最早的中国”“华夏第一王都”的碧龙，才是真正的“中国龙”。

但实际上，这条绿松石龙是有祖型的，而且还让我们找到了。绿松石龙头部清理出来后，我们就对龙头部为何有一个略呈矩形的托座百思不得其解。2004年秋，二里头遗址持续发掘，在工余时间，我又开始端详绿松石龙的照片。正如之前说的那样，绿松石龙形器在出土前就有多处石片松动或散乱，龙头处因有些石片错位而导致图案不清，所以托座上的图案究竟表现了什么含义，这一问题一直萦绕于我的脑际。

我翻检相关的材料，试图能够找到某些启示。有一天，我凭印象查找曾看过的一件出土于河南新密市新砦遗址陶器盖上的刻划兽面纹，这在一篇论文中提到过。当我再一次看到这兽面纹，不禁连连感叹它与绿松石龙头的相似！

河南新密市新砦遗址
陶器盖上的兽面纹

那面部的轮廓线、梭形眼、蒜头鼻子，甚至连鼻梁都是相同的三节，简直如出一辙！最具启发性的是从新砦兽面伸出的卷曲的须鬓，让我茅塞顿开。托座上那一条条由龙头伸出的下凹弧线，展现的不正是用绿松石难以表现的龙须或龙鬓吗？

新砦陶器盖上的兽面纹与绿松石龙的相似性，还有更深一层意义。目前学术界普遍认为以新砦遗址为代表的遗存，是由中原龙山文化向二里头文化演进的过渡期文化，可以看作是二里头文化的前身。当然，这一认识主要是来源于以陶器为主的文化因素比较。而陶器盖上的兽面纹与绿松石龙表现手法的高度一致，则从宗教信仰和意识形态上彰显了二者间密切的亲缘关系，也可以说，是给绿松石龙找到了最直接的渊源与祖型。

至于以往出土的二里头文化时期或稍晚的嵌绿松石铜牌饰上的图案，大部分应该是龙形象，尤其是其头部的简化或抽象表现。因此，绿松石龙又成为解读嵌绿松石铜牌饰这一国之瑰宝的一把钥匙。

绿松石兽面铜牌饰

除了绿松石龙，龙形象的文物在二里头遗址中多有发现，比如嵌绿松石兽面纹铜牌饰、陶塑的龙或蛇的形象、刻划在陶器上的龙图像，以及陶器上图案化的龙纹装饰等。显然，二里头文化所见以龙为主的神秘动物形象，要比此前的龙山时代各考古文化发现的同类器复杂得多，龙的形象也被增添了更多虚拟部分，呈现出多个系统文化因素整合的态势。这类由其他区域引进的信仰与祭祀方式，可能暗示了那些与史前文化相同的神权崇拜理念被吸纳了进来，成为二里头贵族精神世界的一部分。

显然，二里头处在龙形象由多元走向一体的奠基与转折的关键期。二里头龙形象的诸多要素，比如龙的整体面部特征、梭形目、额上菱形装饰、龙身的连续鳞纹和菱形纹，乃至一首双身的形体特征等，都为二里岗直到殷墟时期的商文化所继承，并进一步发展。也就是说，以青铜器为主的商朝贵族用器纹样，有许多可以在二里头文化的龙形象中找到祖型。

我们所熟知的盛行于商周时代青铜器上的主题纹样，长期以来被称为“饕餮纹”。但也有不少学者质疑，这种铸于国家重要祭器上的纹样，是否一定是以狞厉贪婪著称的怪兽饕餮？因而试图用比较平实的“兽面纹”来替代“饕餮纹”的说法。更有不少学者指出，大部分此类主题的纹样应该就是龙纹。

作为中原王朝文明的先导，二里头文化承前启后的重要作用，由龙形象也可以略见一斑。随着早期王朝的整合，社会文化逐渐臻于全盛，本来具有多源性特征的龙形象也规范划一，逐渐抽象化和神秘化，作为兽面纹固定下来，成为最重要的装饰主题。而以绿松石龙形器和嵌绿松石铜牌饰为代表的二里头兽面纹，开创了商周青铜器上兽面母题的先河。

发现史

◎ 1959 年，徐旭生在豫西开展“夏墟”调查时，踏查到了二里头遗址，推测它为“商汤都城的可能性不小”。

◎ 1959~1998 年，发现并发掘了 1 号、2 号宫殿基址，铸铜作坊及与居葬、祭祀、制骨、制陶有关的重要遗存。确立了以陶器为中心的文化分期框架，确认了二里头遗址的都邑性质。

◎ 1999 年至今，廓清都邑布局与演变大势，发现中心区井干道路网、多进院落和中轴线布局的宫室建筑群及宫城、大型围垣作坊区和绿松石器作坊及与祭祀有关的巨型坑等重要遗存。

推荐阅读

◎ 中国社会科学院考古研究所《偃师二里头：1959 ~ 1978 年考古发掘报告》，中国大百科全书出版社，1999 年

◎ 中国社会科学院考古研究所《二里头（1999 ~ 2006）》，文物出版社，2014 年

◎ 许宏《最早的中国》，科学出版社，2009 年

◎ 许宏《何以中国：公元前 2000 年的中原图景》，生活 · 读书 · 新知三联书店，2016 年

◎ 许宏《大都无城：中国古都的动态解读》，生活 · 读书 · 新知三联书店，2016 年

◎ 许宏《二里头 M3 及随葬绿松石龙形器的考古背景分析》，载《古代文明》（第 12 卷），上海古籍出版社，2016 年

◎ 孙庆伟《追迹三代》，上海古籍出版社，2015 年

中国国家博物馆

玉钺

长 11.3 厘米，刃宽 7 厘米

器呈长方形，弧刃，两侧装饰齿牙。钺象征着军事统帅权，西周时期的重器之一“虢季子白”青铜盘，器内壁就铸有铭文“赐用钺，用征蛮方”；河北战国中山王墓出土的青铜钺上也铸有铭文，“作兹军斧，以警厥众”，可见直至战国时期，钺一直用以象征军事统帅权。

在商代甲骨文中的“王”作“[illegible]”“[illegible]”等形，即是钺的象形。商王不仅是当时最高行政长官，也是最高军事统帅。“王”字的演变可以帮助理解“钺”的象征意义。

铜爵

通长 14.5 厘米，高 13.5 厘米，重 0.75 千克

这件铜爵是采用复合范铸造而成的青铜酒器。器壁单薄，纹饰简单，有着明显的早期铜器的特点，是目前所知中国历史上出现最早的青铜容器。

陶鼎

高 20.5 厘米，口径 20 厘米，重 1.72 千克

此陶鼎由褐色夹砂陶制成，腹部饰有方格纹，三足外侧有戳印的附加堆纹。方格纹是二里头文化的陶器纹饰之一。

陶盉

高 20 厘米，腹宽 15.5 厘米，重 0.6 千克

浅灰色泥质陶制成，浅灰色是二里头文化晚期的典型陶色。三个袋状空足，朝天流，侧有一柄，也是二里头文化典型的陶盉形制。整个器物，造型均衡，表面光滑，制作精良。

卜骨

早在新石器时代晚期，人们就开始运用卜骨来判断吉凶。这片卜骨为一块羊肩胛骨，在钻凿和烧灼后，反面出现了一些裂纹，巫师便根据这些纹路来判断祸福。相比商代的甲骨，夏代的卜骨大多没有经过整治和钻凿。

河南博物馆

带翼铜铃

高 9 厘米

铜铃形制简单质朴，带有早期青铜器的特点，是目前中国最早的有舌青铜乐器，继承了中原地区古乐器陶铃的椭圆体，作为中国合瓦形铜钟形制的源头，它奠定了商周青铜乐器造型的基础，在中国音乐艺术史上具有划时代的意义。

玉璋

夏代，1974 年偃师二里头遗址出土

乳钉纹铜爵

高 22.5 厘米

被誉为“华夏第一爵”的夏代乳钉纹铜爵。形体古拙，虽貌不惊人，却是夏代铜爵中的出类拔萃者，堪称国之瑰宝。

方格纹铜鼎

通高 20 厘米，口径 15.3 厘米

方格纹铜鼎是迄今为止已知的、我国最早的青铜鼎，被誉为“华夏第一鼎”。其造型和纹饰风格与中原龙山文化晚期的陶鼎几乎完全一致，但材质却是当时罕见的贵金属——青铜。

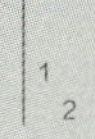

1 1978 年 2 号基址发掘时进行的拍照，从地面到头顶高 11 米

2 2015 年春季宫殿区发掘时进行的无人机航拍

唐际根
原中国社会科学院考古研究所研究员
原安阳殷墟考古队队长
南方科技大学讲席教授
妇好墓是我的老师郑振香先生发现的。她发现了妇好，还“认出”了妇好。这对于一个考古学家来说，是最幸福的时刻，我天天盼着这个时刻的到来。如果是我的话，肯定要大醉三天！
我主持殷墟考古25年。殷墟的存在，证实了商王朝的历史，也催生了现代考古学在中国的发展。没有殷墟就没有中国考古学。

第三讲

殷墟

——埋藏着一个真实的商王朝

在殷墟地底下埋藏了极为丰富的文物，殷墟的发现很多，但是最令人难忘的有三项：一是甲骨文，一是青铜器，还有就是那位让考古学家魂牵梦绕、痴迷不已的妇好。

随着以商王朝青铜器为核心的礼器制度的扩散，青铜器铸造技术以及它所代表的文明内涵影响到了其他地方；长江流域后来也接受了商代青铜文明以及青铜文明所代表的礼器制度，并将自己的文化传统与信仰融入其中，开始进入自己的青铜时代。

唐际根自 1996 年起负责社科院考古所的安阳工作站。1998 年提出“中商”概念，构建起商王朝考古学编年框架新说；1999 年率考古队发现面积达 4.7 平方公里的商王朝中期都邑，由其提议命名为洹北商城，随后对洹北商城进行一系列考古发掘，发现包括洹北商城 1 号大型建筑基址在内的诸多重要遗存；2005 年筹建殷墟博物馆，促成后母戊鼎回归安阳展出，并对殷墟作为人类共同文化遗产的价值认知，以及保护、展示与利用做出了科学论断，为 2006 年殷墟列入世界文化遗产名录做出了贡献。

位于河南省安阳市西北郊洹河两岸的殷墟，是出土甲骨文的地方。自3300年前商王盘庚迁都于此，至西周武王伐商、纣王亡国，殷墟作为商王朝后期都邑，一共经历了八代十二王，时间长达273年。今天的殷墟是个遗址，但3000年前的商朝人不像我们今天那样称它为“殷墟”，而是把它叫作“大邑商”。“邑”表示村落或居住区，“大邑”就是大的居住区。商朝人喊“大邑商”，就如同今天我们喊“首都北京”的效果一样。

殷墟发掘始于20世纪初，它是中国考古史上规模最大、持续时间最长的考古发掘。1928年，董作宾先生先来到安阳小屯村试掘，同年的12月，中央研究院历史语言研究所成立考古组，专门负责殷墟遗址的发掘与研究。当年先后主持殷墟工作的有董作宾、李济、梁思永、郭宝钧等。自1928年到1937年抗日战争全面爆发，对殷墟的发掘一共进行了15次，发现有宫殿基址、大小墓地和祭祀坑，以及大量甲骨和青铜礼器、武器，当时殷墟发掘的成果震惊了整个世界。新中国成立后，由于战争而中断的殷墟发掘很快便恢复了，同样取得了丰硕成果。发现了武官村大墓、后冈祭祀坑、苗圃北地铸铜作坊、妇好墓等。出土文物也很丰富，比如1973年小屯南地出土的刻辞甲骨多达4000余片，1991年殷墟花园庄东地单独的一个甲骨坑便出土甲骨1583片，其中有文字的689片，包括300余版完整刻辞卜甲……

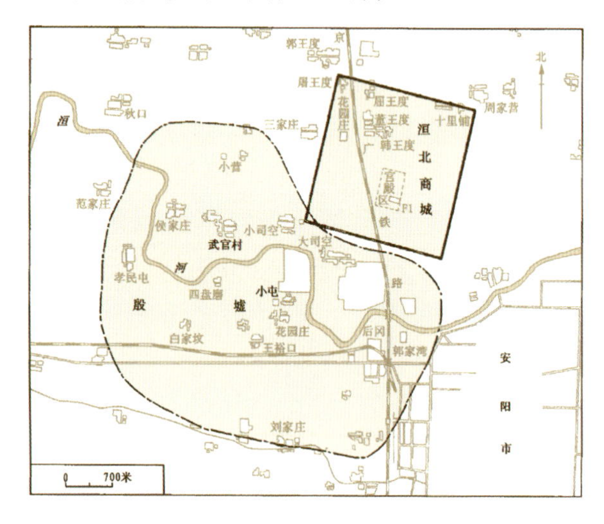

殷墟地底下埋藏了极为丰富的文物，殷墟的发现很多，但是最令人忘不了的有三项：一是甲骨文，一是青铜器，还有就是那位让考古学家魂牵梦绕、痴迷不已的妇好。

1 殷墟与洹北商城位置图 洹河南岸的小屯村东北地为宫殿区，周围分布手工作坊、居址及墓地。洹河北岸的武官村北为王陵区，区内布满墓道及大量埋葬坑

2 1935 年殷墟王陵区发掘现场

3 殷墟王陵墓葬区俯视图

1 甲骨文到底写了些什么？

一片甲骨惊天下

文字是人类最伟大的发明之一，文字承载了我们的文化传统和知识积累，没有文字的世界是不可想象的。人类历史上有很多原生文明，文字是这些文明最重要的特征。两河流域的楔形文字（丁头字），埃及的象形文字（圣书字），中国的甲骨文，还有古印度的文字，是四大文明的核心成就。

有人说，世界几大文明中只有中华文明没有中断，其实说的就是文字的使用没有中断。以甲骨文为核心的早期中国文明，虽然没有两河流域的文字那么早，也没有古埃及的文明那么早，但确实是延绵不断地传下来了。

2015 年，位于河南安阳的中国文字博物馆向全国发布了一个公告——悬赏！请大家来认甲骨文，认出一个字可以获得 10 万元的奖励！今天如果有人能够成功释读一个从前没有认出来的甲骨文字，应该就能获博士学位了。为什么会这样？因为甲骨文里比较好认的字早就被破译了，留到今天未破译的，都是很难识读的文字。

为什么甲骨文让大家这样感兴趣？

所谓“甲骨文”，是刻写在龟甲或者兽骨上的文字。清朝国子监祭酒王懿荣于 1899 年发现甲骨的故事流传很广：王懿荣差人去北京买“龙骨”——一味中药，买回来后发现“龙骨”上刻有文字。王懿荣是金石学家，认识篆文，他仔细辨认，发现这些字跟大篆很像，自己居然没见过。他隐隐约约觉得这些字没准是更早的文字，于是派人去收购这些甲骨。消息传出后，当时很多有名的学者如罗振玉、王襄也

龟板和胛骨

都跟进收购这些刻有字的骨头片。不过直到 1908 年，他们才获知这些甲骨的原本埋藏地在河南安阳小屯。正是甲骨文的发现，揭开了殷墟的神秘面纱。

我们在博物馆或者图书馆里看到的甲骨，很多都是碎片。实际上大批量的甲骨是一坑一坑出土的。明清时期的农民耕地，造成完整的甲骨被打碎。耕过地后，偶遇雨水冲刷，甲骨碎片就有可能在地表暴露出来，从而被人捡去。但这是很久以前的事，今天的殷墟，地表很难再捡到甲骨片了。我们考古队捡到单片甲骨最晚是在 2003 年，此后再也没有这样的好事了。总之在商朝的时候，甲骨是成坑埋藏的。

龟板通常是乌龟腹部的甲，兽骨通常是牛肩胛骨。所谓甲骨主要是这两类。

1936 年，中央研究院挖到了一坑甲骨，共计 17000 多片，看得出是有意埋藏。1991 年，中国社科院考古研究所在花园庄东地也挖到完整的一坑甲骨，密密麻麻地排着。有的甲骨片还穿有小孔，穿小孔意味着甲骨片原本有可能是用绳子编起来的，跟档案和书类似。2004 年，又挖到若干小坑甲骨。一批一批的发现证明，甲骨在商朝很珍贵，不是随意扔弃的，而是归档保存的。

甲骨文发现以后，人们开始了对它的释读与研究。早期最有名的研究者是“甲骨四堂”——罗振玉（号雪堂）、王国维（号观堂）、郭沫若（字鼎堂）、董作宾（字彦堂），他们在认字、断代和利用甲骨文研究历史和古代社会方面各有所长。据学者估计，殷墟出土甲骨的总

量可能有13万到15万片，发现的单字大概是4500~4600个。经过多代学者的努力，大概有1600多个字被释读出来了，或者更保守地说，至少有1300多个字被成功释读出来。这是因为有一部分文字释读可能还需要更多时间来验证，学术界才能最终认可。反过来推，至少还有3000多个字没有破译，这就是中国文字博物馆为什么要发布甲骨文释读悬赏令的原因。

甲骨文的识读

从造字法则上说，汉代学者所说的"六书"，即象形、指事、会意、形声、转注、假借，在甲骨文中都有所反映。古文字学家唐兰将"六书"综合为象形、会意、形声三种方式，更具概括性。象形字最为简单，甲骨文中的牛、马、鸟等字，都是通过捕捉动物特征创造的文字，与所记录的实物非常相像。象形字还有很多。甲骨文"鱼"字的写法，还有"车"字的写法,都是照葫芦画瓢,分别是一条鱼或一辆车的样子。

虽然甲骨文字中象形字很多，但我们却不能简单地将甲骨文定性为象形文字。

另一类是会意字。会意字在甲骨文里非常常见。会意，就是把两个或两个以上有意义的部件组在一起创造一个新字。比方说牢固、牢房的"牢"，便是典型的会意字。"牢"字的本义是关养牲畜的圈栏，

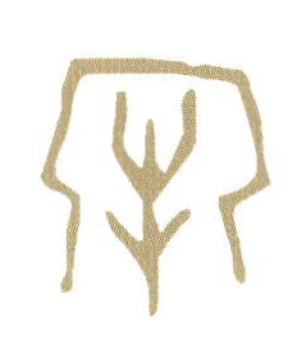

它有两个部分：最外面一圈，象征圈栏，圈栏里面是一头牛或者一只羊。甲骨文中的“牢”虽然整体书写风格与现在的字差异很大，是象形基础上的会意，但字的结构与今天的写法并无太大差异。今天“牢”字的宝盖头和里面的“牛”，就是这样演变来的，栏圈变成了今天的宝盖头。

甲骨文中还有一类字是形声字。形声字到后期越来越多。所谓形声字，通常也由两个以上部件构成，一部分表示意义，一部分提示声音——也就是这个字的读音。形声放到一起，就创造了一个新字，相对象形和会意来说，形声更能表示相对抽象的概念。比如春天的“春”就是形声字，甲骨文中的春，有木、日、屯三个部件，“木”有时不止一个，“木”和“日”象征了春天的万物生长、阳光普照，而“屯”则是专门提示读音用的——“屯”与“春”在语音上是接近的，古音中它们都是“谆”这个韵部下的字。

象形、会意、形声是甲骨文主要的造字方法。有一点可能大家会有误解，认为甲骨文都是象形字，实际上，象形字确实在甲骨文里占了相当大的比例，但越到后期，会意字、形声字越多。今天的汉字里，形声字已经占到了90%多，象形字越来越少，这是汉字发展的规律。严格地说，甲骨文是一种“意音文字”，它既表意也表音。

甲骨卜辞的内容

甲骨是用来占卜凶吉、预知未来，或对重要事情做出决断的。专事占卜的人称为“贞人”。他们通过在甲骨背面凿坑、钻孔、烧灼，使龟甲兽骨的正面产生裂隙，然后观察裂隙的形态、走向等特征，从而对需要卜问的事情做出判断，获得占卜结果。占卜是神圣的事情，贞人会将占卜日期、贞人名号、所求问题、占卜结果，甚至事后验证与否刻写在甲骨上。这些文字便是所谓的“卜辞”。

1 | 5
2 | 6
3
4

1 “甲骨四堂”从左至右为：罗振玉、王国维、郭沫若、董作宾
2 牛 甲骨文
3 鸟 甲骨文
4 鱼 甲骨文
5 牢 甲骨文
6 春 甲骨文

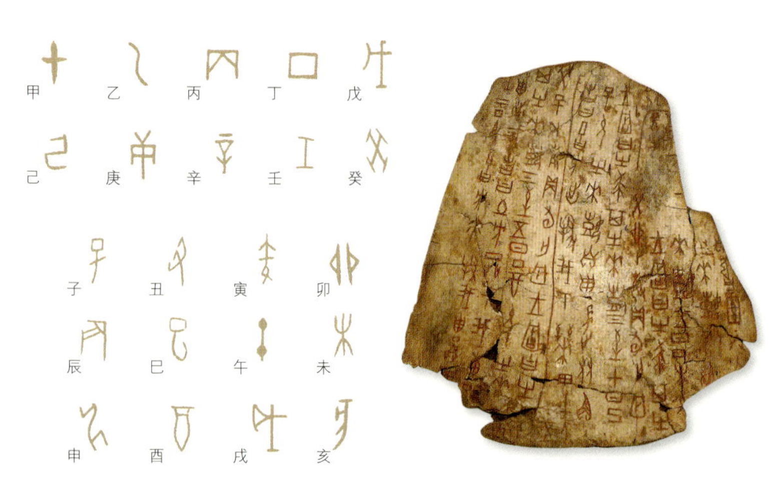

1 天干 甲骨文
2 地支 甲骨文
3 《甲骨文合集》6057 的甲片
4 史 甲骨文
5 典 甲骨文
6 册 甲骨文
7 殷墟出土的玉戈上有用朱砂写的毛笔字

已经发现的十几万片甲骨，到底记录了哪些事情呢？根据整理，殷墟的甲骨文，涉及的内容包括祭祀、战争、狩猎、历法、天象，以及少量与生产、生活相关的内容。比如我国传统纪年、纪月、纪日方式所用到的天干地支，甲乙丙丁戊己庚辛壬癸，子丑寅卯辰巳午未申酉戌亥，在甲骨文里都有了，而且列出了完整的干支表。甲骨文里还有大量与天象相关的记录，比方说下雨、下雹子、日食这样的现象，也都被记录了下来。

甲骨文还记录了当时各种各样的祭祀方式。比如彡（击鼓而祭）、翌（舞羽之祭）、祭（酒肉之祭）、沉（溺牲之祭）等。有的祭祀甚至与割头、肢解人体有关。甲骨文还常常占卜商王去打猎会不会很顺利？会不会有收获？当然还有与征伐、战争相关的占卜记录。比方《甲骨文合集》6057 这片的卜辞，就记录了商王朝时期土方和工方两个方国反叛商王朝的事：土方从东边占领了商王朝的 2 个邑（居民点），工方则侵犯了商王朝西部的 2 个邑，还抓了 75 个人。

甲骨卜辞所记录的内容，对于中国上古历史的研究意义重大。甲骨没有出土之前，我们只能通过传世文献了解商王朝，而甲骨卜辞无可辩驳地证明了《史记·殷本纪》所载商王朝历史的真实性，并大大丰富了有关商王朝的历史内容。

商代是“毛笔字”时代

我们今天所见到的商朝文字，绝大多数是刻在龟甲或兽骨上的，有人可能会误会，以为商朝的文字是所谓的“刀笔文字”。这是不对的。实际上，商朝是“毛笔字”时代。很多证据表明，商朝人的日常书写是写“毛笔字”。

甲骨文里的“史”字，本是手拿笔杆写字的会意；而“惟殷先人，有典有册”的“典”字，描绘的是两只手在扒拉竹简。甲骨文里还真能找到“作册”这个概念。“作册”，被学者们解释为一种掌握了书写能力的官职，“作册”的初义，是指在简册上写字。

事实上，今天我们还能直接看到商朝人书写在玉器或石器上的文字。殷墟出土过一件大理石做的戈，上面就有清晰的毛笔字。近年发现的一把玉戈，上面也留有毛笔蘸着朱砂写的 11 个字。这些都是商人用毛笔书写的直接证据。当然青铜器上还能看到更多与毛笔字相关的铭文。这些铭文是用毛笔先写好，然后照着毛笔痕迹制出铭文范而铸造出来的，所以毛笔字的笔意还在。

这些都证明商代其实是“毛笔字”时代。

几年前，考古队发现过一片残破的骨板。骨板两边都有字，其中一面刻有一道一道的竖条，竖条之间刻有文字，字口有墨的痕迹。这片骨板实际是商人拿来练毛笔字的。我们开玩笑说，这就是中国最早的法帖。

甲骨文无疑是殷墟考古发现中分量最重的文物，因为它是文字，是古人思想的反映，是历史事件的直接记录，它让我们知道中国的书写时代最迟从商代开始，它让我们知道 3000 年前的很多事件和人物，也让我们能够直接面对商代的文明高度。

2 青铜器，“青铜时代”的文明象征

青铜器的发现

青铜器的发现由来已久。早在宋代，吕大临的《考古图》中就已经记录有商代青铜器了。

听到“青铜器”这三个字，也许大家脑子里的第一反应是：铜器是青色或绿色的，这似乎也符合我们在博物馆里看到的青铜器样子。然而，从材料学上讲，青铜是铜和铅或锡的合金。青铜器刚刚铸造出来的时候是金黄色的，所以古人把铜器叫“吉金”或者“金”。这样华贵漂亮、金光闪闪的器物，自然成为了古代权威的象征。

青铜器的发现多半是在这几种场合：第一种是墓葬，商周时期的贵族墓通常会陪葬大量青铜器，其中食器、酒器、乐器最常见；第二种是窖藏，某种情况下，人们会有意识地将青铜器集中起来，埋到一个窖藏里头，考古人通常称之为铜器窖藏，陕西眉县杨家村出土的青

殷墟花园庄54号墓

铜器就是典型的窖藏青铜器；第三种是祭祀坑，商人祭祀祖先或其他神祇时，有时会将铜器连同其他祭品一起埋进去。青铜器主要是在这三种场合挖出来的。

墓葬里青铜器的摆放颇有规律。挖墓的时候，我们通常会在贴近人骨的地方发现玉器。青铜器不穿戴在人身上，通常在棺材入穴时，才会把青铜器放进去。有时放在棺木周边，有时放在棺椁的盖板之上。大多数情况下，鼎、簋一类食器会放在一起，觚、爵、斝、尊等酒器会另外放置，而像矛、戈一类兵器，会堆在另一个地方。

不过，墓葬中偶尔也会发现青铜器按其他的方式放置，比方根据铜器的来源放置。还有的青铜器是墓主死后，由特定人物（如某亲戚）送给他的，可能需要单独放置。

青铜器的种类

国家博物馆存放着一件极贵重的青铜器，叫“女司鼎”或“后母戊鼎”，此前也叫“司母戊鼎”。“女司鼎”早年发现于殷墟。鼎，本是用来向祖先献上肉食的炊器。殷墟出土的青铜器中，除了鼎之外，还有大量其他器物，例如酒器。有首歌唱道“一觚浊酒尽余欢，今宵别梦寒”，又有诗词吟道“人生如梦，一尊还酹江月”。这里的“觚”和“尊”原本都是酒器。我们平时听到的“角”“爵”“卣”等，也都是酒器。

实际上，很多青铜器出土的时候，里边是放着东西的。例如鼎里往往有肉，发现的时候肉肯定已经烂了，只剩下骨头。这也说明古时献祭给祖先的不只是这件铜器，还有里边的食物。可以想象，如果是酒器的话，刚才讲的觚、爵、尊、卣里也应该是装着东西的。某些保存特别好的墓葬，偶然会见到密封很好的铜器，摇晃一下，里面甚至能听到咕咚咕咚的响声，说明里面还存有液体。这种情形我自己就遇到过一次，后来将液体拿去分析，发现是当时酿的酒。除了食器、酒器之外，比较常见的青铜器还有乐器和兵器。

食器、酒器、乐器、兵器这四类只是对商周青铜器的粗略分类。不同的器物，往往有不同的用处。比如食器中的鼎是用来煮的，甗是用来蒸的。甗的腰部安置了一个箅子，箅子底下可以放水。甗的三足之间生火，里面的水温度升高后汽化，里面如果放肉的话，透过箅子的水蒸气就能把肉蒸熟了。簋通常用来盛放食物，比方说把鸡煮好放在簋里。所以我们经常会在簋里面发现骨头。

不同酒器的功能也不一样，比方说尊、卣、壶是储酒器，而觚和爵是饮酒器。觚、爵常常配套使用。觚、爵在商代还有标志身份的作用。在殷墟，如果墓葬出土一觚一爵，墓主人的等级应是中小贵族。如果有两套觚、爵，墓主人的地位就更高一点。如果有三套觚、爵，那地位就相当高了。如果是十套以上觚、爵（或者觚、角）的话，墓主人应是当时的族长一级身份，大致相当于今天的“省部级”吧。如果是国王级别或王室成员一类人物，铜器就更多。妇好作为王的配偶，她的墓葬出土了很多套觚、爵，甚至一套就有觚、爵各 10 件。觚、爵作为身份的标志，影响到后世。古语所说的“加官进爵”，意思就是觚、爵套数越多，地位就越高，“进爵”可以理解为进到一个更高的套数。

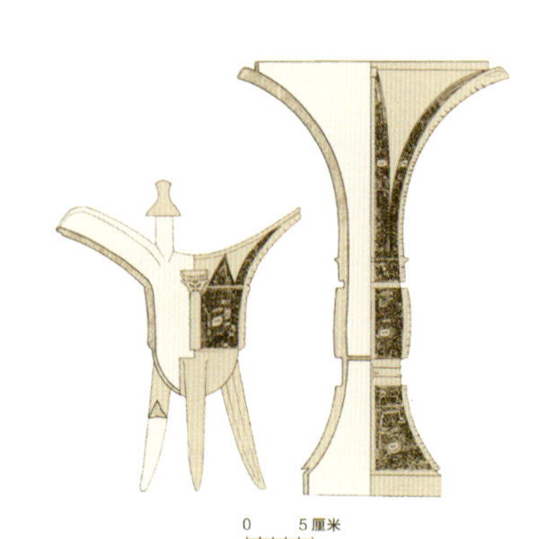

礼制的象征

铜器为什么会成为礼制的象征？这与铜器的物理特性、珍稀程度以及内涵等息息相关。

铜器铸造出来时是金黄色，看上去就高贵；铜器是以铜为主，加上铅或锡的合金，原料属稀缺资源，不易获取，谁掌握了稀缺资源，本身就意味着身份非同凡响。铜器包括食器、酒器、乐器、兵器等。酒器中的酒也是不容易获得的，需要用粮食去酿造，这意味着很多劳动力；食器如果装的是肉食，也不是普通人可以天天吃的，这似乎能够呼应古时所说的“肉食者谋之”的身份特征。至于乐器，也是有身份的人，才会有钱有情调。兵器更是权力的象征。

商周青铜器通常有复杂的花纹。殷墟青铜器纹饰的图案，常常让人眼花缭乱，仅兽面就有多种，比方说虎头兽面、牛头兽面、龙头兽面、鹿头兽面等。不管是虎、牛还是鹿，都是很难获得的动物，所以纹饰表现出来的也是很难得的东西。有一类纹饰，它不作为铜器上的主纹出现，而是用作底纹，所谓底纹就是背景纹。最常见的底纹叫作云雷纹，有人认为云雷纹象征的是天上的云，有了这种天上的云作为背景，浮在云上的各种动物就有了“神性”。这种解读是否成立还需要再研究，但底纹与主题动物一并出场，确实赋予了青铜器一种神性，使之显得非同凡响。

1 分体甗
2 鼓腹簋
3 三足提梁卣
4 子韦爵和子韦觚示意图
5 兽面纹的构成

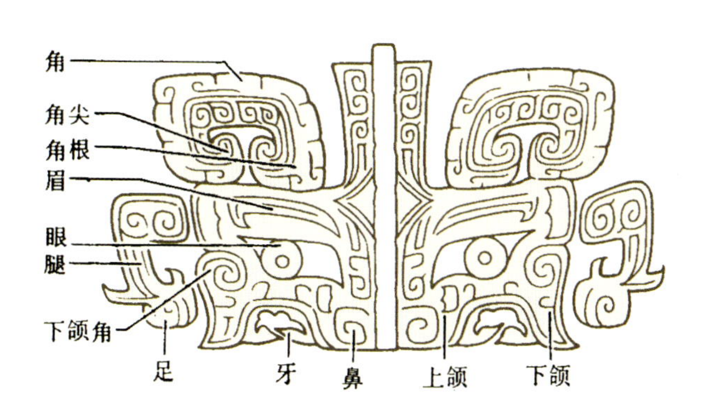

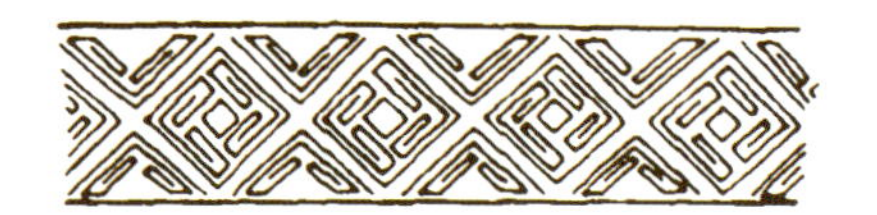

1 2 云雷纹
3 斜方格云雷纹
4 “后母戊”铭文

有些铜器上留下了铭文。铭文就是文字，铸造在铜器上的文字能直接反映时人的思想。有的铭文是族徽或姓名，记录这个器物的使用人，妇好墓出土的很多铜器铭文就是这样。最典型的铭文是“妇好”两个字，表示器物是为妇好铸造的。也有铭文用来记事，比方说国王赏赐给某人海贝多少，海贝就是那时候的钱，被赏赐者因此铸造铜器以示纪念。

无论是材料、纹饰，还是用途，都表明青铜器不只是普通器物，它融入了商朝人的精神内涵，甚至表达了某种政治意愿或宗教信仰，如祖先崇拜、祭祀等。所以青铜器不是单纯的实用器物，它是礼制与文明的象征，这也是为什么我们有时候会用“青铜时代”这一概念来概括早期文明。

青铜器的铸造

考古资料表明，在公元前5000年到公元前3000年之间，中国境内就有铜器出现。仰韶文化和龙山文化的一些遗址都有铜器出土，龙山文化时期甚至出现了铜容器，不排除龙山文化时期已经有了铜礼器的可能。

铜是自然界较易发现的一种金属，它质地比较软，可以锻打。仰韶文化和龙山文化时期的铜器，主要是锻打成的。夏商王朝时期，或者更早一些的龙山文化晚期，人们开始熔化铜、铅、锡来浇铸铜器。通过浇铸，可以获得形制更为复杂的铜器。

浇铸本身有一套复杂的流程。比方说浇铸一件圆鼎，第一步要有一个模型。模型必须具备圆腹、三足、双耳，还要有花纹。模做好后晾干，便进入第二步，制范。模的存在，为制范提供三个东西，一是鼎的形状，二是花纹位置，三是花纹的大概轮廓。有了模，铸工会另外配制一套细泥摁到模上，用榫卯的方法切割下这层细泥，得到的便是范。有了范，便有了鼎的外形、花纹位置和花纹轮廓。

在取下来的范上，花纹未必清晰，需要修整。范块修整后烘干，便得到鼎的铸型，于是进入第三步：铸造。铸造之前，先通过榫卯将范块装配起来，中间另外制配的是泥芯，泥芯与外范之间留出一定空间，这个空间的厚度，便是要铸造的铜器的厚度。这时熔化金属，便可浇铸。铸造铜器的金属，除铜之外，还有铅或锡。加入锡、铅可以降低熔点，增加铸料的流动性。浇铸时，已是合金的熔液通过浇口流入范与泥芯之间的空腔，冷却后可获得预先设计的器形。最后把范砸掉，铜器就铸成了。

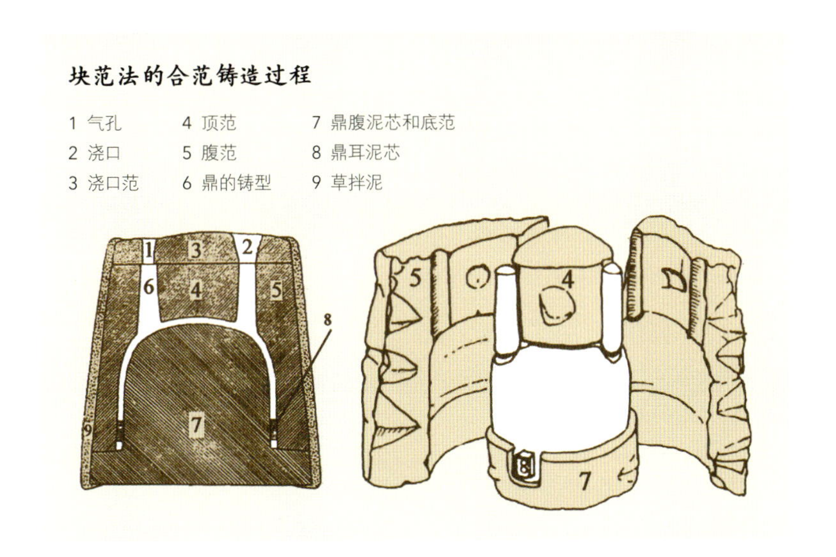

块范法的合范铸造过程

1 气孔　4 顶范　7 鼎腹泥芯和底范
2 浇口　5 腹范　8 鼎耳泥芯
3 浇口范　6 鼎的铸型　9 草拌泥

青铜文明的扩张

商人先进的青铜器铸造技术后来影响到中原以外地区，技术以及技术背后的制度，随着中原青铜文化的扩张而向外辐射。

3000 多年前的商王朝，其势力范围大致以今天的河南为中心，包括陕西、山东、河北以及湖北的部分。随着以铜器为核心的制度和技术的扩散，青铜器所代表的文明程式就影响到了其他地方。比如长江流域就充分吸收和接受了商代青铜文明的影响，于公元前 15 世纪进入到自己的青铜时代。

周边地区接受青铜文化时，有自己的考虑。比方说长江流域的人，在中原青铜文化到来之前，已有自己的文化传统和信仰体系。商朝所代表的青铜文明南下时，长江土著开始接触到商王朝先进的铸铜技术，以及铜器（尤其是酒器）所代表的礼制系统。中原礼制、中原文明让长江土著神往，也想学。可学习的过程中出现一个问题，商人铸造铜器是用来祭祀祖先的，而长江流域的人有不同的信仰系统，通俗地说，他们要敬不同的神。最终的结果，当然是南方长江流域的人在学习中原青铜文化时，把自己的信仰融了进去。今天湖南、江西等地，大量发现一种体量巨大的铙，几百斤一个，便是学习中原技术的过程中，融入本土文化的结果。中原商文明做的铙很小，长江流域发现的大铜铙并非商文明的东西，文化背景不同，功用也不同，这是吸收先进技术过程中的文化选择。但照搬也好，选择也罢，有一点可以确信无疑：商朝以青铜器为核心发展起来的那一套技术和制度，影响了整个中国。殷墟出土的青铜器不是单纯的几件器物，它代表了一个时代，这个时代叫“青铜时代”。

3 妇好究竟是怎样一个女人？

武丁为妇好占卜

记录了武丁为妇好占卜的甲骨，其释文为：甲申卜，㱿贞：妇好娩，㚧。王占曰：其唯丁娩，弘吉。其唯庚娩，引吉。三旬之一日甲寅娩，不嘉，唯女。

正面

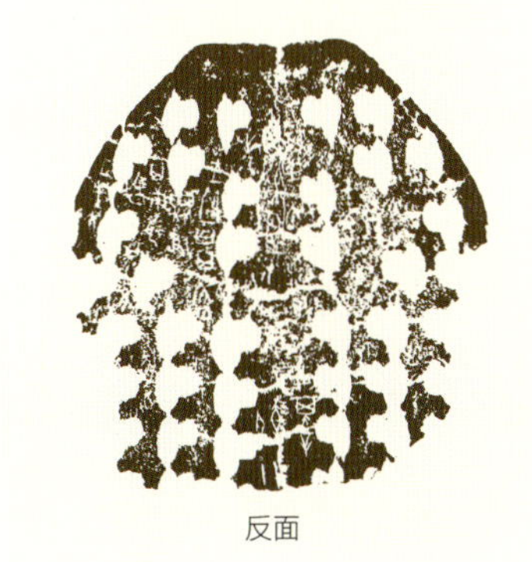
反面

在台湾阿里山山顶上，我曾偶遇过一棵名为“光武桧”的大树，树下标出了它的碳 14 年代：这棵树距今已经有 3300 多年了。看到这棵树枝繁叶茂，当时的我特别触动——我终于见到了 3300 年前的生命。

我研究的时代是 3000 多年前的商王朝，所以我特别希望有一天，自己发现的东西能是“活生生”的。有一次，我跟著名考古学家张光直先生聊天，向他诉说了这一感慨，张先生调侃说：“也许若干年后，我们的考古学家能发明一种药水。发现墓葬后，把药水往墓里的人骨架上一洒，那个人就站起来了。”可见张光直先生跟我一样，都想找到一个“活生生”的古人。

听起来不太可能的心愿，居然随着妇好墓的发现与研究，得到了一定程度的满足。

妇好是商王武丁的配偶。甲骨卜辞曾经记载，妇好给武丁生过孩子，还曾经带兵打仗、狩猎；也曾经考察过地方农业生产，主持过祭祀，接见过当时所谓的“多妇”——“妇”在那时相当于一种爵位或身份，“多妇”就是多位有身份的女性，接见“多妇”，大体类似于今天的“接见各界妇女代表”。

甲骨文里的妇好，是一个有业绩、有地位、有故事的女人。如此生动的一个人，死后埋在哪里，谁也不知道。但现代考古学让我们与她再次相见。

妇好墓的发现

妇好墓的发现，要从20世纪我国的农田水利基本建设说起。1975年农业学大寨，各地修水利、促生产、抓粮食。殷墟所在的小屯村也不例外。村后有一个相对比较高的地块，可以种庄稼，但水供不上去，庄稼总长不好，挖渠和马达抽水都不能很好解决问题。当时的生产队领导一想，不如干脆把高地削平，这样水就可以自流到庄稼地。可是殷墟在1961年已经被划为全国重点文物保护单位，如果要大面积平地，那对不起，要让考古队先对这个地方做勘探。

社科院考古所的郑振香先生接受了勘探任务。1975年，郑振香带着人在这一带先钻探到了一些埋藏在地下的古迹，有古代的房子，也有墓葬。于是郑振香安排了发掘。既定的发掘结束，正打算告诉生产队可以平地时，有位叫何振方的工人，拿着盗墓贼发明的“洛阳铲”，照着原先认为是商代房基的地下最后多打了几铲，突然有一铲打空了。何振方手中的洛阳铲直接消失在地下。地下怎么会是空的呢？于是，何振方换了一把铲，到不远的另一处钻探。这一铲上来，居然带出了一件玉器！

1 妇好墓发掘时情景，椁室以上分为6层

2 殷墟王陵遗址及妇好墓平面示意图

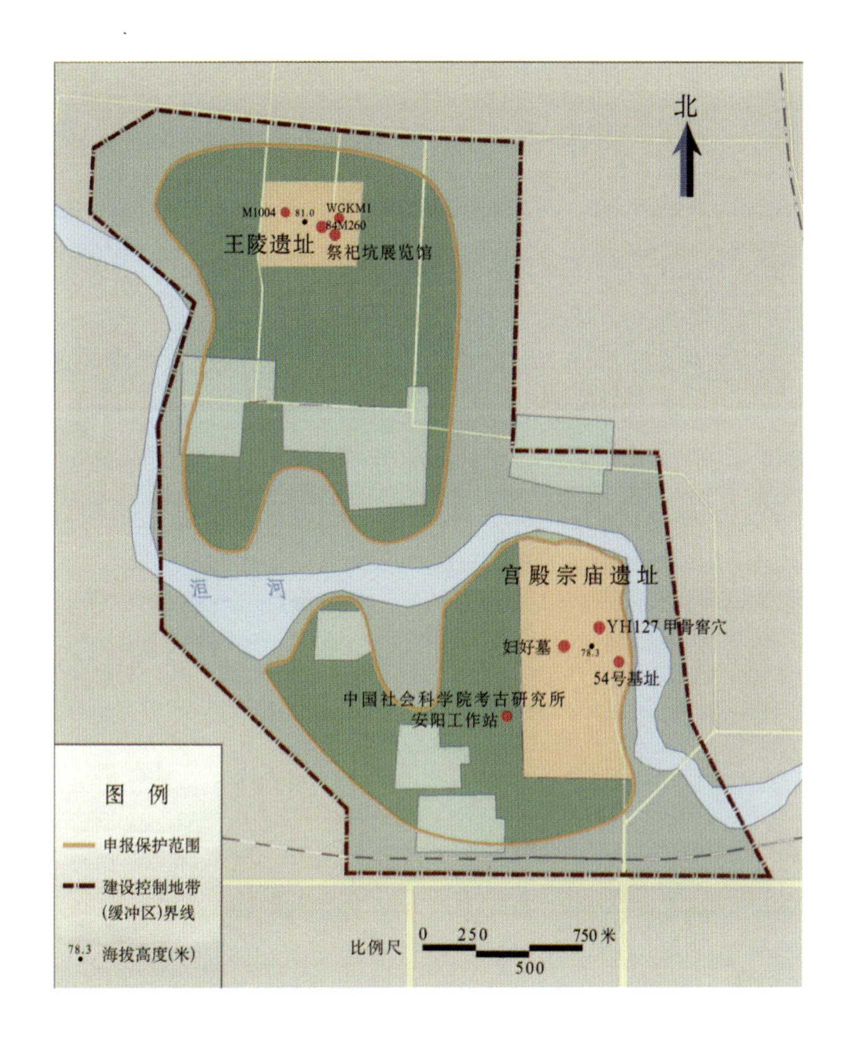

看到手中的玉器，大家才意识到地下埋藏的不是简单的房子，而是一座古墓，这座墓便是后来发现的妇好墓。

由于年关将至，考古队将消息封锁下来，当年并未立即发掘。毕竟打出玉器的墓葬很重要，不能随便挖出，要做好充分准备。正式的发掘到了 1976 年才开始。1976 年，河南安阳的地下水距地表是 6 米，可这座墓葬的墓底深达 7.5 米，也就是说墓葬底部的 1.5 米是在水下泡着的。当时找了好几个马达来抽水，但抽不过来，只好冒水清理墓内的随葬品。

墓里出土的东西很多。虽然由于地下水的原因，当时我们没能留下琳琅满目的青铜器、玉器堆在一起的照片，但挖出来的青铜器、玉器数量令人震撼——青铜器总重量达 1.6 吨，器类几乎涵盖了商代所有种类，仅容器即多达 200 余件，食器中的鼎、甗、簋一样不缺，酒器觚、爵、罍、瓿、尊、壶一样不缺，而且很多还成套成对。另外还出土了大量玉器、骨角器、陶器、象牙器等。

这座墓轰动了考古学界，墓主人是谁很快成为焦点。大家没想到答案如此容易，也如此明晰：墓里挖出的青铜器有 109 件刻有“妇好”或者“好”的铭文。甲骨文显示，妇好活跃于商王武丁在位的年代，这座墓葬出土的青铜器、陶器、玉器刚好也是武丁时期的。学者们很快就确认，原来这座墓的墓主人正是甲骨卜辞中屡屡提及的“妇好”。

妇好墓的发掘

妇好这样一个“活生生”的人物，竟然被挖出来了！对于考古学家来说，这是个非常庆幸的事情。妇好是我的老师郑振香先生发现的，一个考古学家如果一辈子能挖到一个人，并且能“认出”这个人，必然是他最幸福的时刻。如果是我的话，肯定要大醉三天了。

妇好的故事太丰富了，她跟国王相关联，跟国王相关联当然就跟国家大事相关联，她身上所携带的历史信息，正是我们梦寐以求想要知道的。

妇好墓出土的青铜器，多数有“妇好”铭文。但也有一些铜器的铭文写着别人的名字，比方说“亚其”“亚弜”“子束泉”等，这些铜器可能来自别人的馈赠。妇好生前不同来源的铜器汇总到一起，显示了她的社会关系与身份地位。这座墓葬所提供的历史信息之丰富，是我们完全没有预料到的。把墓葬里出土的文物信息和甲骨卜辞结合在一起，几乎就能勾勒出一幅生动的商王朝贵妇生活画卷，或者说是商朝的历史画面。

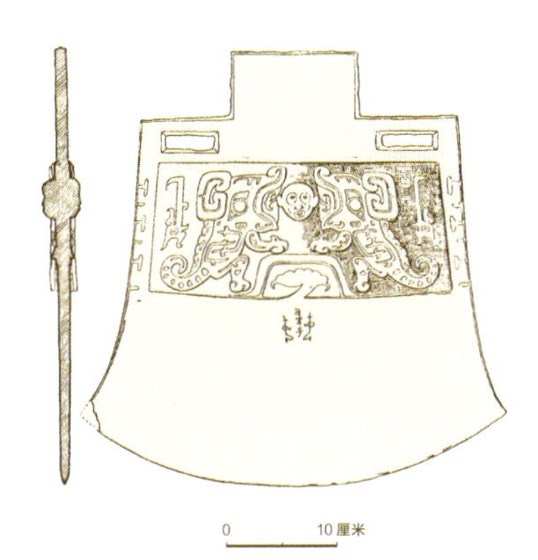

1 妇好大型钺

2 妇好喜爱的小玉象

卜辞显示，妇好是国王的配偶。其实，墓葬出土的文物也把她的身份很清楚地呈现给了我们。例如墓里出土了几把大钺，其中两把特别大，均重达9公斤。我们可以设想一下，即便是今天的成年男子，也只能勉强举起9公斤的东西。妇好一介女子，怎么可能拿得起9公斤的大钺呢？而且是两把？

钺在商代代表权力，甚至是生杀大权的标志。商代青铜器上有一种图像铭文，表现了一个人一手执钺，一手拖着一具尸体，尸体没有脑袋，脑袋被钺砍掉了。这是钺这种特定兵器象征生杀大权的图像表达。妇好墓出土的两把钺，一把正面饰以龙形，另一把正面饰以虎形，龙虎生威，妇好的权力与地位昭然若揭。这跟甲骨卜辞记录的妇好是国王配偶完全吻合。

妇好墓里还有很多有意思的细节，比方说墓里出土一件铜鼎上写着“司母辛”，当然也可以读成“女司辛”或“后母辛”。司母辛鼎很可能是妇好的孩子给她的祭品。这里表达的母子关系，正好契合于甲骨卜辞有关妇好为国王生孩子的记载，而且生的是男孩。

出土文物甚至还呈现出很多甲骨卜辞中没有记录的妇好的细节。仔细研究妇好墓出土的玉器，可以看出有些是她生前特别喜爱的，比如有件小玉象，做得非常精致，可爱极了，它的表面被摸得油光锃亮。玉器古董界有个话叫“盘玩”，玉器如果老被盘玩的话，表皮就变得很光亮，实际上是人的汗渍油脂渗到玉器里了。小玉象表面油光锃亮，说明妇好对它的喜爱。这些妇好生活上的细节，甲骨文中并无记录。

殷墟妇好墓出土的铜器

妇好墓是 1928 年以来殷墟宫殿宗庙区内最重要的考古发现之一，也是殷墟科学发掘以来发现的唯一保存完整的商代王室成员墓葬。该墓南北长 5.6 米，东西宽 4 米，深 7.5 米。墓上建有被甲骨卜辞称为“母辛宗”的享堂。墓室随葬品不仅数量巨大，种类丰富，而且造型新颖，工艺精湛，堪称国之瑰宝，充分反映了商代高度发达的手工业制造水平。其中青铜器 468 件，陈放经过一定规划，带有“妇好”铭文的器物被放在了最显著的位置。

方尊

妇好墓上的房基复原图

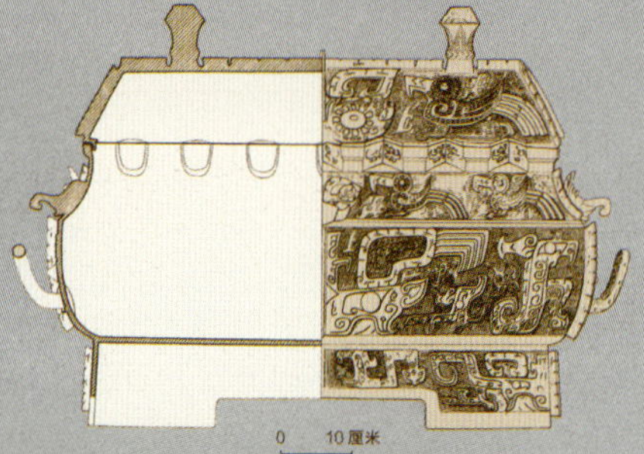

“妇好”的铭文，“妇”即“帚”，像一个扫帚形状

被认为是按照妇好形象雕刻的跽坐玉人

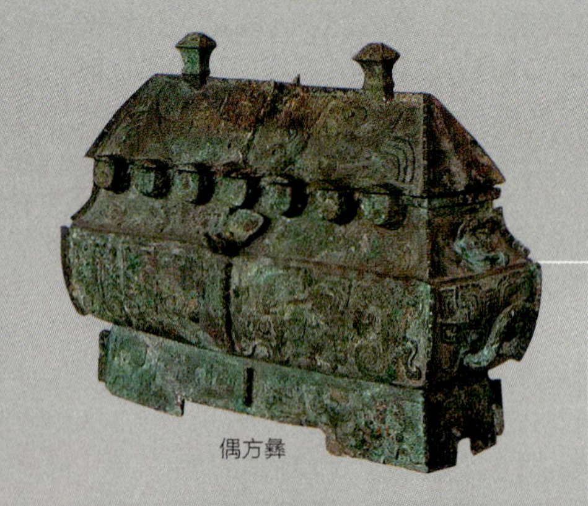

偶方彝

妇好墓第 6 层墓圹复原

圆斝

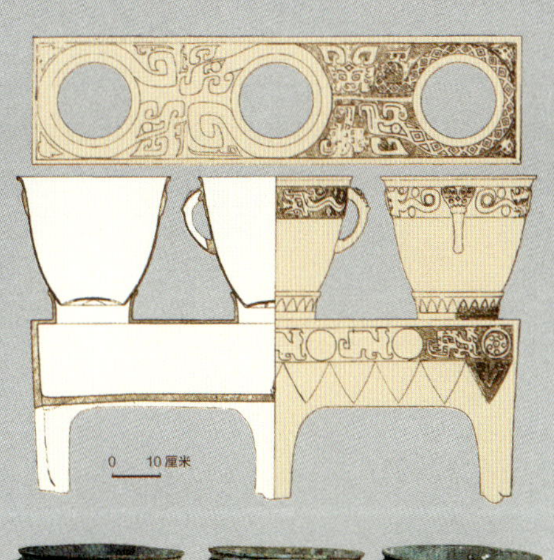

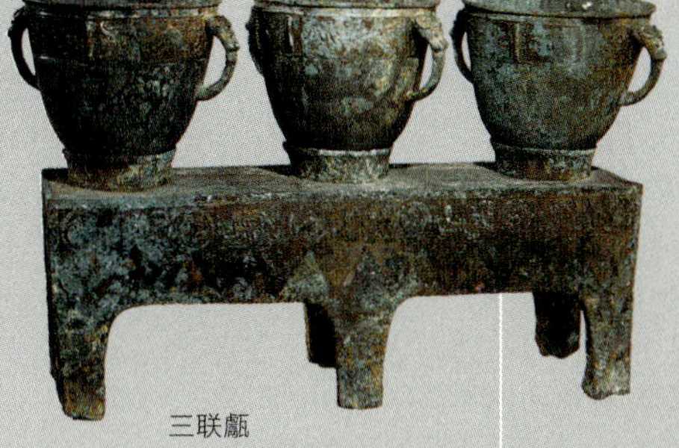

三联甗

司母辛大方鼎

司母辛铭文

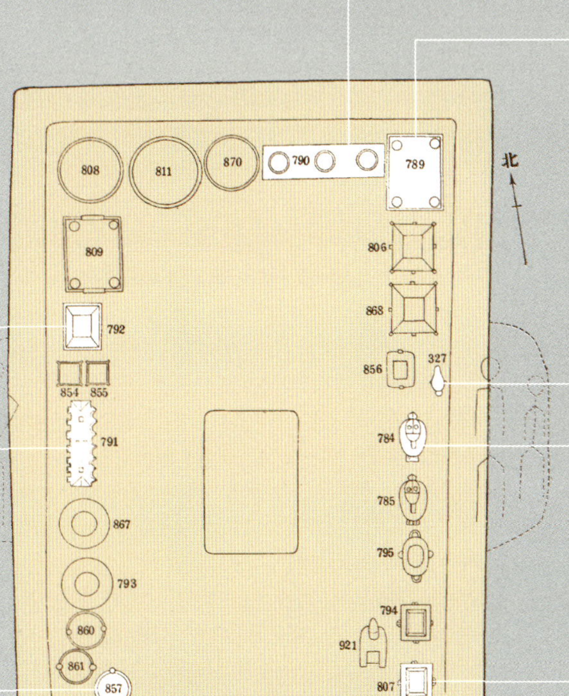

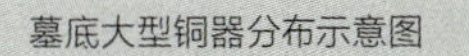

墓底大型铜器分布示意图

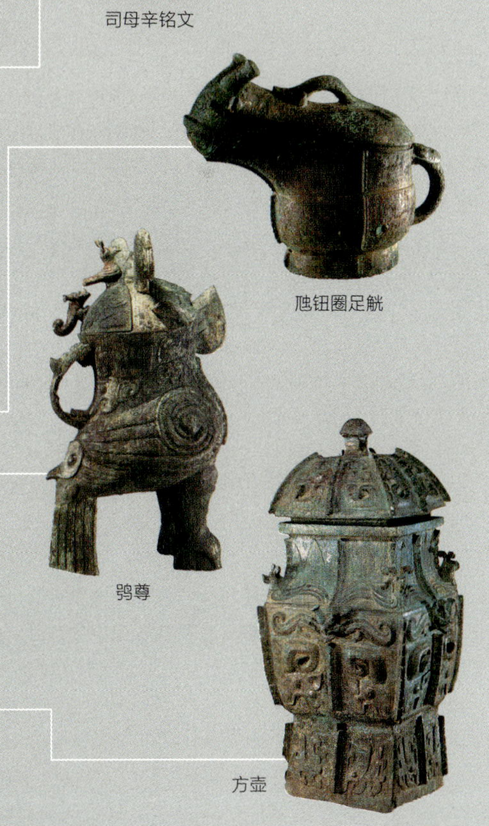

虺钮圈足觥

鸮尊

方壶

1 2 3

1 夔鋬象牙杯
2 高冠鹦鹉
3 玉凤

妇好喜欢古玉。经过整理发现，妇好墓出土的700多件玉器，30%以上是所谓的“遗玉”或“改制玉器”。“遗玉”是年代比妇好更早的老玉，“改制玉器”指妇好时代用年代更早的玉器改制成形的玉器。例如妇好墓玉器里发现有红山文化的勾云形玉佩，红山文化比商代早2000年。墓内还发现有凌家滩文化、大汶口文化、龙山文化等年代远早于商王朝的玉器，这些玉器的出土，足以证明妇好是个爱好古玉的“收藏家”。

甲骨文中有线索显示，妇好死在武丁之前。武丁是商朝非常重要的国王，妇好死前，甲骨文有一些关于她身体状况的记载，比方说她有牙病等。

妇好的身份

妇好是3000年前的人，她是目前我们所知道的年代最早的一位真实存在、经历辉煌、故事丰富的人物。她留下的故事很重要，很有趣，也很温馨。很多人想知道妇好到底是什么人种？身高多少？长相如何？我们不妨做一些推测。

商朝人是蒙古人种东亚类型，所以妇好一定长着一张东亚人的面孔。根据统计，商朝女性平均身高是 1.5 米左右，所以妇好的身高不一定特别高。

我想妇好应该很爱美，为什么呢？因为墓里出土了很多跟化妆相关的文物，铜镜、梳子、挖耳勺等，还有一件调色的用具，里面有颜料，现在还不知道是否与化妆有关。爱美的女人，多半本来就美，何况她嫁给了国王，深得武丁宠爱，所以妇好多半是位美人。

也许有人会问：妇好作为国王的配偶，怎么没有埋进王陵区，反而埋在宫殿宗庙区？武丁的配偶不止一位，妇好只是甲骨卜辞记载的、能够进入商王“祀谱”的、武丁众多妻子中的一位。

妇好进入了祀谱，说明其地位高贵。进祀谱并与武丁相关的，还有一位重量级的女人，她就是后母戊鼎的主人。妇好与后母戊鼎的主人是一同侍奉武丁的“姐妹”。

妇好与后母戊鼎的主人相比，有可能在王室内部地位上略低一些。妇好很重要，她所做的很多事情被甲骨卜辞反复记录，相反甲骨卜辞很少有后母戊鼎主人的记录。关于二者的社会地位，不妨简单比较一下妇好墓中出土的司母辛鼎和后母戊鼎的形制与重量：后母戊鼎重 875 公斤（也有说其他重量的），但司母辛鼎的重量只有 138 公斤，重量上的差别很明显。

在考古学中，墓葬的规模与形制大小，很大程度反映了墓主人的地位。后母戊鼎所在的墓葬有一条墓道，考古学家称其为“甲”字形墓。妇好墓没有墓道。就规模而言，妇好墓的面积只有 20 多平方米，而后母戊鼎所在墓葬，其面积是妇好墓的数十倍。加之埋葬地点一个在王陵区，一个在宫殿宗庙区，也是能体现出地位差别的。

后母戊鼎是 1939 年出土的。1948 年，后母戊鼎被南京中央博物院收藏；1949 年，国民党有意将大鼎运往台湾，但因种种原因被留在了南京博物院；1959 年，中国历史博物馆建成，大鼎被调往北京，成为了中国历史博物馆的镇馆之宝。出土后母戊鼎的墓葬，1984 年被重新挖掘出来，可惜这座墓早年被盗，没有出土什么别的东西。假如当年没有被盗，完全可以相信，墓内的出土文物数量，包括青铜器的总重量和玉器的总件数，应该都会超过妇好墓。

妇好墓呈现了商代文明的冰山一角，但即使是冰山一角，其所展现的青铜文明也已经远远超出很多人的想象。

后母戊鼎与司母辛鼎

后母戊鼎现在藏于中国国家博物馆，其重量有两个数据，一个是875公斤，一个是873公斤，其实还有其他的数据，但差不太多。中国国家博物馆标示鼎重832.84公斤，是目前已知中国古代最重的青铜器。而司母辛鼎比它小很多，重138公斤。

商王武丁有三个配偶，妣戊、妣辛和妣癸，戊、辛、癸是庙号。后母戊鼎的年代跟武丁同时，刚好武丁有配偶妣戊，说明母戊就是妣戊。妇好墓里出的一个鼎叫司母辛鼎，证明妇好就是武丁的配偶妣辛。

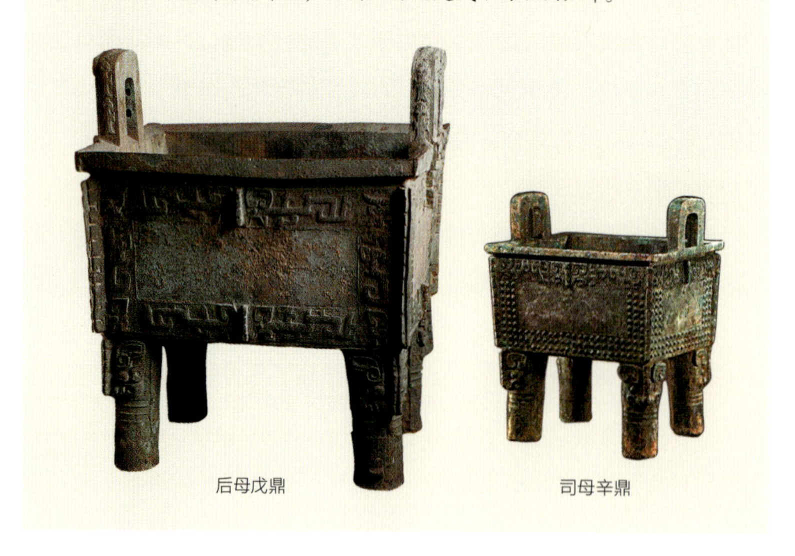

后母戊鼎　　司母辛鼎

发现史

◎ 1928 年，在董作宾主持下，进行了对殷墟的第一次为期 18 天的试掘。

◎ 1929 年春，李济主持了对殷墟的正式发掘。从董作宾 1928 年试掘到 1937 年抗日战争全面爆发，共进行了 15 次发掘，找到了商王朝的宫殿区和王陵区。

◎ 1950 年，新中国恢复了殷墟的发掘，发现了武官村大墓。

◎ 1976 年，小屯西北发现“妇好”之墓。

◎ 1999 年 1 月，在殷墟遗址东北部地下约 2 米深处，发现一总面积达 4.7 平方公里的商代城址，学术界将其命名为“洹北商城”。

推荐阅读

◎ 李济《安阳》，上海人民出版社，2007 年

◎ 李济《殷墟青铜器研究》，上海人民出版社，2008 年

◎ 中国社会科学院考古研究所编著《殷墟青铜器》，文物出版社，1985 年

◎ 中国社会科学院考古研究所编著《殷墟妇好墓》，文物出版社，1980 年

◎ 杨晓能《另一种古史：青铜器纹饰、图形文字与图像铭文的解读》，唐际根、孙亚冰译，生活 · 读书 · 新知三联书店，2017 年

◎ 唐际根、巩文《殷墟九十年考古人与事（1928~2018）》，社会科学文献出版社，2018 年

◎ 唐际根《殷墟：一个王朝的背影》，科学出版社，2009 年

◎ 唐际根、荆志淳《殷墟考古九十年回眸：从“大邑商”到世界文化遗产》，载《考古》2018 年第 10 期

◎ 陈梦家《殷虚卜辞综述》，中华书局，2004 年

后母戊鼎

武官村出土 高133厘米，口长112厘米，口宽79.2厘米

旧称“司母戊鼎”，形制巨大、雄伟庄严，是目前已知中国古代最重的青铜器。器腹部内壁铸铭“后母戊”，是商王母亲的庙号。

后母戊鼎器身与四足为整体铸造，鼎耳则是在鼎身铸成之后再装范浇铸而成。制作如此大型的器物，存在一系列复杂的技术问题，后母戊鼎的铸造，充分说明商代后期的青铜铸造不仅规模宏大，而且组织严密，分工细致，足以代表高度发达的商代青铜文化。

“北单”提梁铜卣

殷墟出土 通高28厘米，口径7.3厘米，足径9.3厘米

青铜铸成，小口、细长颈，鼓腹圆底，矮直圈足。腹部两侧有对称小环钮，其上安有龙头提梁，梁面饰棱格纹，与两端龙头相连，代表龙身。卣附盖，盖面上有一活动环扣，可自由开启。盖、颈、足处分别饰角云纹、兽面纹及雷纹。

虎纹石磬

殷墟出土 长84厘米，宽42厘米，厚2.5厘米

这件虎纹石磬可称为商代磬中之王，正面刻有雄健虎纹，据测定此磬已有五个音阶，可演奏不同乐曲。

阴阳玉人

妇好墓出土 高12.5厘米，肩宽4.4厘米，厚1厘米

玉人为淡灰色，裸体，作站立状，一面为男性，一面为女性，大概是表现了某种神像。从这件玉人上不难看出，商后期的玉雕艺人已达到了较高的技术水平。

“妇好”青铜三联甗

妇好墓出土 通高68厘米，长103.7厘米，宽27厘米

该甗由并列的三个大圆甑和一长方形承甑器组成，三件甗联为一体，故名“三联甗”。上部为甑，用以盛物，下部为鬲，用以盛水，中间有箅以通蒸汽。全器花纹精美，上有夔纹、三角纹、云雷纹等。新石器时代有陶甗，商代早期出现了铜甗，但数量很少，到商代晚期有所增加。商甗多为甑鬲合铸，连为一体。这种甗不仅见于中原，边远地区也有发现。

“王为般卜”龟甲刻辞

传殷墟出土 长18.6厘米，宽10.2厘米

这是一块完整的卜甲，商代时用龟甲，多数用腹甲，少数也有背甲。通过这片卜甲，可以了解甲骨的选料、制作，以及所记录的内容，是研究商代甲骨文使用情况的宝贵资料。

河南博物馆

青玉跽坐人佩

妇好墓出土　高 5.6 厘米，宽 2.8 厘米

猴面、跽坐、双手抚膝，头上齐眉短发，颈下有孔可供系佩。玉人生动写实，代表了商晚期玉雕工艺的水平。

刻辞卜骨

长 13.5 厘米，宽 4.5 厘米

上刻卜辞为黄组卜辞。牛肋骨材质，背面有凿灼痕迹，正面刻贞人斥的占卜记录。

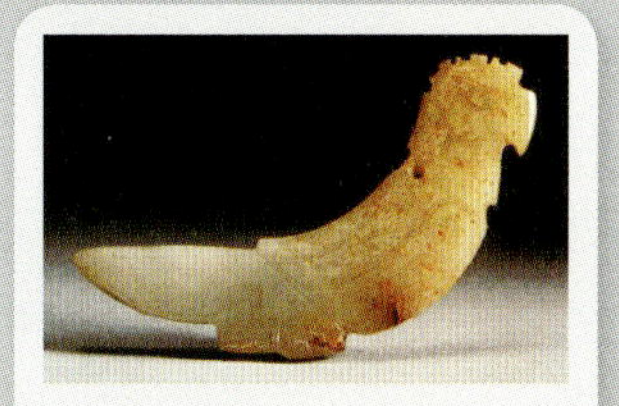

青玉鸟形佩

妇好墓出土　长 10 厘米，宽 2.5 厘米

青玉质，体呈伏状，带冠短翅，尖喙圆眸，翘尾屈足，颈部的孔可供佩系。此佩采用双面双线勾勒，具典型商玉风格。

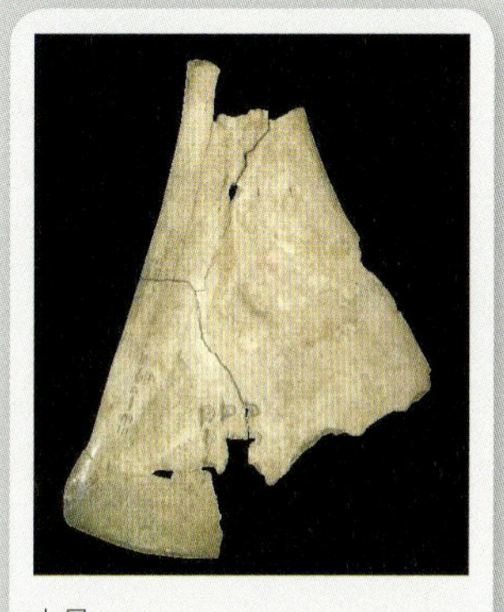

卜骨

存长 22.7 厘米，宽 18.5 厘米

上刻有甲骨卜辞。甲骨文象形、表意兼有的构字特征，使其不仅具有以形表意的物象生动之美，更兼具联想的抽象之美。

安阳博物馆

兽面纹青铜觥

高 16 厘米，腹围 33.5 厘米

有虎头形盖，口呈椭圆形带流，盖首饰虎面纹，颈部饰云雷纹衬底的夔纹，腹、足饰云雷纹衬底的兽面纹。该器器身满花，构思巧妙，端庄秀美，工艺精良，为殷墟青铜器中之精品。

大英博物馆

青铜鸮形卣

高 16 厘米，宽 11.2 厘米

以合范法铸成，整体看起来像两只背靠背的鸮，表现鸮翼的鳞状纹饰占据了大部分的器身，余下则以云雷纹为底，上饰小型的鸟纹和龙纹。

虎纹

从1986年发现三星堆祭祀坑到现在，已经32年了。这些年，不管工作怎么变动，研究对象怎样调整，我一直保持着对三星堆的关注，这固然是职责所系，但也是本人的兴趣所在。
三星堆是古蜀国一个级别非常高的中心聚落，很可能是一个国都中心，在中国青铜文明中，三星堆是独具特色的存在。
高大伦
四川省文物考古研究院教授
中国考古学会常务理事

第四讲

三星堆文明

——拨开迷雾下的古蜀故都

真正发现三星堆，是在 1934 年，华西协和大学博物馆的美国专家葛维汉听说当地有玉器出土，于是过去发掘。但是葛维汉对这批东西也不了解，因此，他们找到当时国内很有影响力的川籍学者郭沫若来辨认这批东西，郭沫若凭着丰富的知识积累和敏锐的学术直觉，认定这批东西很重要，可能是周汉之间的遗存。

古人认为大地两端有两棵树，东边的叫扶桑，西边的叫若木。它们长在山上，是所有树里最高大的。太阳升起之前在扶桑上休息，落下之后在若木上栖息。三星堆出土的若木神树，只剩下九只鸟了，推测最顶上应该还有一只，但是残损了。现在这件青铜器的残存重量将近 800 公斤，如果它是完整的，其重量可能超过后母戊鼎。

三星堆文明发现后，引起国际社会的广泛关注。即便是西方学者站在西方文明的角度来看，也会认为三星堆的发现改变了大家对世界上古史，至少是对中国上古史的看法，一点不逊于发现尼尼微和特洛伊古城的意义。

1 三星堆，中国考古史上的第二次考古发掘

三星堆的初现

三星堆遗址的发掘，一直由四川省文物考古研究院负责，我们在那个地方有一个工作站。从1986年到现在，三星堆经过了几代人的辛勤工作，已经蜚声海内外。回头来看，我们院1986年到过现场且今天仍在工作的人，剩下得不多了。这三十多年来，我有幸从一个旁观者，变为参与者，到最后成为三星堆长期发掘计划的组织者。

三星堆是怎么被发现的？这是一个比较有趣的问题。在我们看来，这当然跟中国考古学的发展密切相关，但也是一个学术史的问题。

大家常会说，兵马俑是某个农民发现的，马王堆是某部队修营房发现的，满城汉墓是盖工厂发现的。然而从学术史的角度、从科学的意义上来说，这都不能被称为“考古发现”，最多算是提供了考古发现的线索。科学家、专家学者的发现，才叫发现。

1929年2月，一个叫燕道诚的农民为了安装水车，要排出水坑里面的淤泥，他往下掏，居然发现了一批玉器。他觉得这些玉器应该是古物，但不知道它们是什么朝代的，也不知道主人是谁。

真正发现三星堆，是在1934年，华西协和大学博物馆的美国专家葛维汉听说当地有玉器出土，于是过去发掘。但是葛维汉对这批东西也不了解。当时是中国考古学的初创阶段，西南地区基本上还没有人做过田野考古发掘，在这种情况下，即便挖出来东西，也不太认识。于是，他们找到当时国内很有影响力的川籍学者郭沫若来辨认这批东西；坦率地说，郭沫若也没从事过田野考古，但凭着丰富的知识积累和敏锐的学术直觉，他认定这批东西很重要，可能是周汉之间的遗存。如果是今天

经过正规田野考古训练的人来发掘这批东西，肯定不会把它断代到周汉之间，因为周汉间有上千年的时代跨度，这样判定太粗略了。但是我们不能苛求前人，当年的专家能够定位到周汉之间，已经了不得了。

然而1934年的发掘也仅是初步的，随着中国考古学的进步，学者们不断地发掘、不断地研究，人们对三星堆的认识也在不断地提高。

1953年，四川省刚刚成立了文物管理机构——四川省文物管理委员会，但当时四川没怎么做过考古调查，人员也稀缺，工作从哪里下手呢？大家首先想到了20世纪30年代广汉曾经有过考古发掘。于是专家就到广汉三星堆遗址附近去征集东西，收集了一批文物，但仍然没有进行正式发掘，这批东西后来就收藏在四川省博物馆。

到了60年代，四川大学成立考古专业，要找实习的地方，又选中了广汉进行发掘。这个时候的认识就比以前要深入，更充分意识到这个地方的重要性。冯汉骥先生推测说，这里可能是古代蜀国的一个重要中心遗址。

1986年，三星堆两个祭祀坑的出现吸引了全中国、全世界人的目光，由此也奠定了三星堆遗址在中国考古学史上的地位，确定了这是古蜀王国一个级别非常高的中心聚落，很可能是一个国都中心，在中国青铜文明中独具特色。循着这样一个定性,我们又开展了进一步工作。

90年代初的考古工作又发现了东、西、南城墙，一个比较完整的古城呈现了出来，三星堆的定性也从此确定下来。更进一步的发现，还是进入2000年以后，我们找到了更多的遗址，确认了城墙的始筑与废弃年代，小城、大城当中错落的布局，以及城址周围的聚落——特别是确认了北城墙，这样三星堆古城的四面就都发现了城墙。

所以，科学准确地定位、定性三星堆遗址，前后经历了八九十年。其实直到现在，我们也没有完全把这个遗址搞清楚，还有很多新的发现在等着我们，但三星堆是古蜀国早期的一个都城，是夏商时期长江上游的文明中心，这个结论应该是经得起历史检验的。

两个祭祀葬坑

1986年，两处盛放大量青铜器、黄金、玉石、骨角器物的埋葬坑被发现，经碳14测定，学界普遍认为1号坑的掩埋时间在殷墟一期末到二期之间，2号坑掩埋时间在殷墟三、四期之间。这两处祭祀坑出土了上千件珍贵文物，引发海内外学术界对位于中国西南的古蜀文明的重视。随之而来的，是各种讨论和疑问。

为什么有两个坑呢？虽然它们属于早晚不同的时代，但埋葬物的种类、堆放方式和顺序方向都大致相同，两坑大部分器物都被打碎了，但最上一层都摆放着象牙。面对这个问题，现在仍然有不同的观点。

有一种说法认为，是外敌入侵，把神庙、宗庙给捣毁了。这种说法很难讲通，如果是这样，里边的器物完全可以毁了或者乱放，没必要按一定秩序整齐摆放。如果是当地人被敌人打败，逃跑撤退前要把很多东西埋掉，就属于窖藏。我们在中原发现了很多窖藏文物，一埋就七八十到上百件，尤其是青铜器。比如西周末年，周幽王被灭，平王东迁，很多贵族想以后还要回来，就埋了器物，谁知到洛阳以后再也没回来。这种解释对于三星堆的两个坑来说也不成立，因为它们中的大多数器物是被打碎后才埋入的。

我的看法是，这两个坑反映了当地固有的仪式和习俗，是为祭祀或者类似用途而设的。古蜀人经过一定的年限，或者在一种活动进行以后，就要做仪式，把自己多年积累的好东西拿来祭祀，之后埋在坑里。一个时代有一个时代的价值取向，这种价值取向就体现在这些考古遗存上。因此，我们姑且把这两个埋葬坑定名为祭祀坑，这是被大多数人所接受的，但为什么要祭祀？是怎样祭祀的？还要进一步研究。此外，我个人认为，两个埋葬坑器物的主要类型基本一样，但还是有细微不同，这种区别也许反映了更大的问题，说明器物的主人或其反映的文化发生了一些变化。

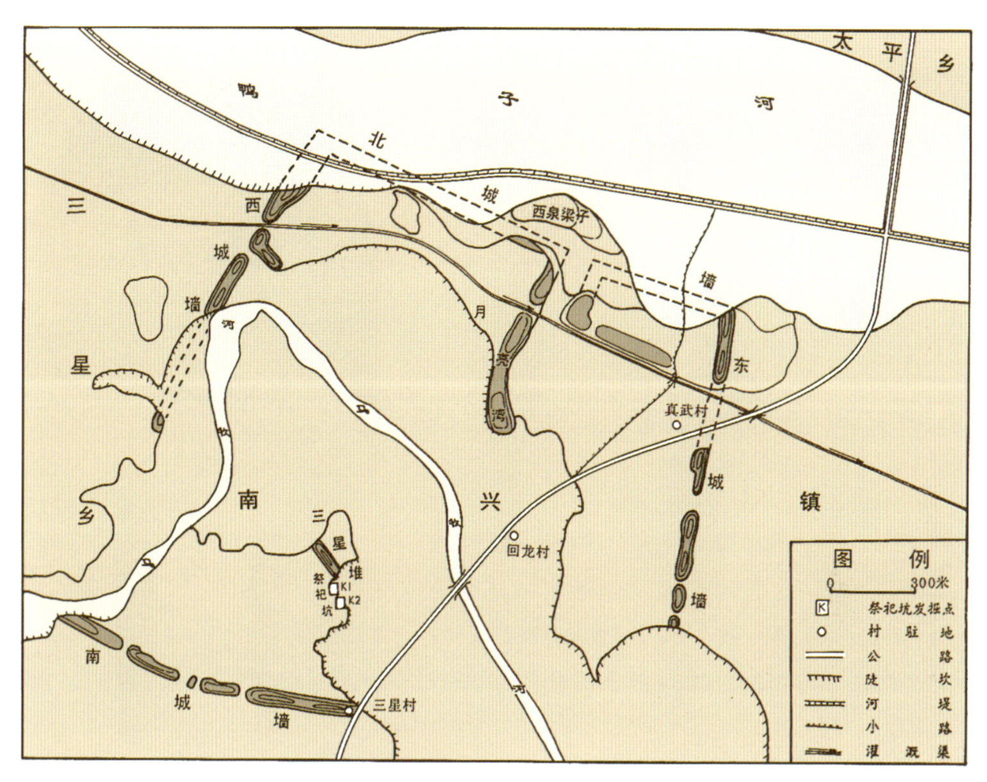

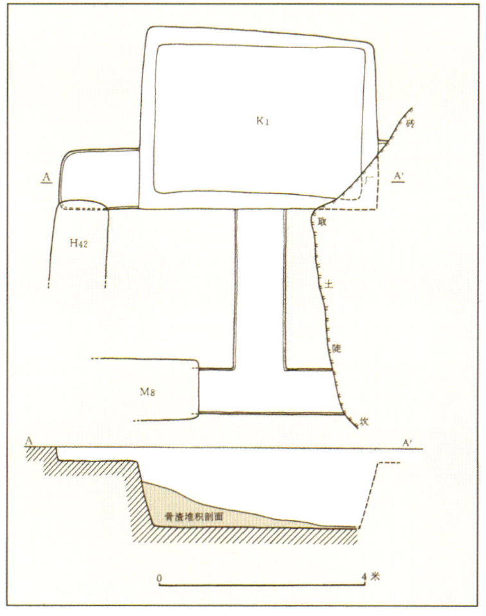

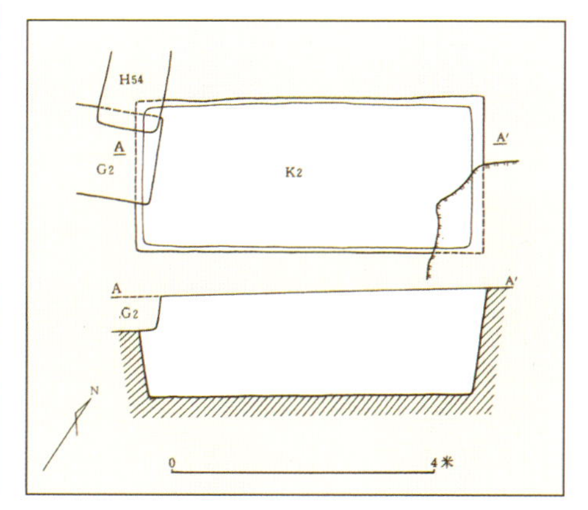

1 2000 年以后，初步明晰城址北部格局，这样三星堆古城的四面城墙就都找到了。图中标注的 K1、K2 即 1 号坑、2 号坑，是 1986 年发现的两个祭祀坑

2 1 号祭祀坑平面、剖面图

3 2 号祭祀坑平面、剖面图

三星堆祭祀坑

三星堆遗址分布着丰富的文化遗存。其中1号祭祀坑和2号祭祀坑乃是1986年七八月间在当地砖厂取土的过程中发现的，四川省的文物考古专家当时对其进行了抢救性发掘。

1号祭祀坑

1号祭祀坑内埋藏的器物有铜器、金器、玉器、琥珀、石器、陶器等共420件，另有骨器残片10件，象牙13根，还出土较完整的海贝63枚以及约3立方米左右的烧骨碎渣。这些器物入坑时堆放得比较随意，无一定规律，但也不是杂乱地向坑内抛掷，而是将每一类遗物集中后按一定的先后顺序埋入坑中。

玉戈、玉璋等形制较大的玉石器，主要集中分布在坑的东角和东南坑壁一侧，在放置上是相互重叠的，玉凿、玉锛、石斧、玉斧等形体较小的玉石器多分布在坑的西角，坑中部亦散见少量的玉石器；铜器中的人头像、人面具、人面像、瓿、尊、盘等形体较大的器物主要分布在坑中部至西北边一线；金杖出土于坑的中部以西；象牙主要在坑中部，略呈一线分布；象的臼齿混杂于烧骨渣中，较为集中地分布在坑的东南。从器物的分布和堆放情况看，器物和骨渣是从开有主坑道的东南坑口一侧倾投入坑内的，入坑之前均在祭祀活动中经过了燔燎火烧。出土金杖上有鱼和鸟的纹样，可能与传说中的蜀王“鱼凫”有一定关系。

玉璋　玉璋

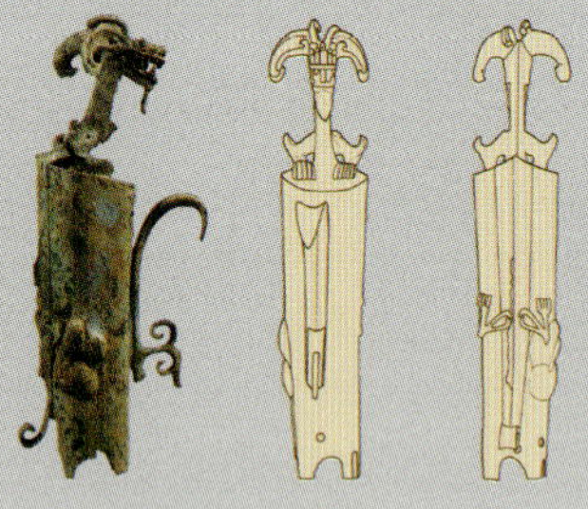

铜龙柱形器

金面罩铜头像

虎形金箔饰

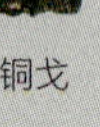

铜戈

和湖北地区青铜器很像的龙虎尊

2号祭祀坑

2号祭祀坑出土遗物1300件，其中青铜器735件、金器61件、玉器486件、绿松石3件、石器15件；另外还出土象牙器残片4片、象牙珠120颗、虎牙3枚、象牙67根、海贝约4600枚。器物分上、中、下三层堆积：靠近坑底的主要是小型青铜器、饰件、玉戈、玉璋、石戈等；坑的中间一层堆放的全部为青铜器，主要有青铜立人像、人头像、人面具、兽面具、罍、尊、大型神树等；坑最上层是60余根象牙，散乱地堆置在青铜器上。多数器物在入坑前已被故意破坏，比如大型立人像的方座和腰部都有明显被砸的痕迹。

金面铜人头像

铜鸟

长鼓型象牙珠

铜持璋小人像

铜兽面

铜立人像

祭祀坑中的大型青铜面具

另外一个有趣的现象是，三星堆祭祀坑中的器物都很大。纵观中国历史的各个朝代，国力强盛、经济繁荣反映在物质文化上，通常是各种器物会做得很大。商代中晚期的器物就有大型化倾向，比如后母戊鼎是整个商代最大的，几百年后也没有器物从体量上超越它。商人庞大的墓葬更是令人瞠目结舌，在殷墟可以看到，光殉人就有上百，墓道有几十米长。

三星堆属商代晚期，跟中原的商文化同步，也有大型化倾向。除了青铜面具、青铜神树、青铜立人像，还有玉璋，也是一米多长。这都是文化强盛的体现。三星堆当然也有小型器物，比如牙璋，有将近一米长的，也有仅两三厘米长的。

我们说三星堆时期是古蜀文明的巅峰，也是依据这些考古发现来推断的。现在来看，四川发掘了那么多古蜀文明的遗址，还是以三星堆为最，这里出土了蜀地最大的青铜器、最大的玉器、最重的金器。之后的古蜀文明再也没能达到三星堆时期的高度，这一点现在也基本可以确定。

常璩《华阳国志·蜀志》中对古蜀历史的记载

有周之世，限以秦巴，虽奉王职，不得与春秋盟会，君长莫同书轨。

周失纪纲，蜀先称王。有蜀侯蚕丛，其目纵，始称王。死，作石棺、石椁。国人从之。故俗以石棺椁为纵目人冢也。次王曰柏灌。次王曰鱼凫。鱼凫王田于湔山，忽得仙道。蜀人思之，为立祠。

后有王曰杜宇，教民务农。一号杜主。时朱提有梁氏女利，游江源。宇悦之，纳以为妃。移治郫邑，或治瞿上。七国称王，杜宇称帝。号曰望帝，更名蒲卑。……会有水灾，其相开明，决玉垒山以除水害。帝遂委以政事，法尧舜禅授之义，禅位于开明。帝升西山隐焉。时适二月，子鹃鸟鸣。故蜀人悲子鹃鸟鸣也。巴亦化其教而力农务。迄今巴蜀民农，时先祀杜主君。

三星堆不代表商代的最高文明

三星堆遗址有几个问题，我们要搞清楚。

第一，根据几十年的考古发掘，证实三星堆遗址的年代距今大约有4800年至3000年，延续了近两千年。从距今4800年到3500年左右这一千多年，它还是属于新石器时代晚期，没有进入文明阶段。中原地区以公元前21世纪夏朝的建立为标志，进入国家文明。三星堆真正能够进入青铜文明的时间，现在看来不早于商代中期。所以，我们一定要搞清楚，不是整个三星堆遗址都有将近5000年的文明历史。

第二，从这两个祭祀坑出土的文物来看，三星堆文明在商代中晚期确实是达到了古蜀文明的最高峰。三星堆文明以神秘、奇妙而引人注目，但即使这样，整体来说，并不意味着它已经达到甚至超越了中原地区以商为代表的东亚文明的最高水平。

第三，三星堆出土的这批东西，确实印证了古书上的记载。几千年来，我们研究四川地方史主要依仗两本书，一本是《蜀王本纪》，一本是《华阳国志》，但书中对古蜀的记载语焉不详，很多人觉得不可信。秦并蜀（公元前316）之前，为古蜀王国的传说时代。三星堆遗址以及其他遗址的考古发掘帮助我们填补了早期巴蜀文化的空白。

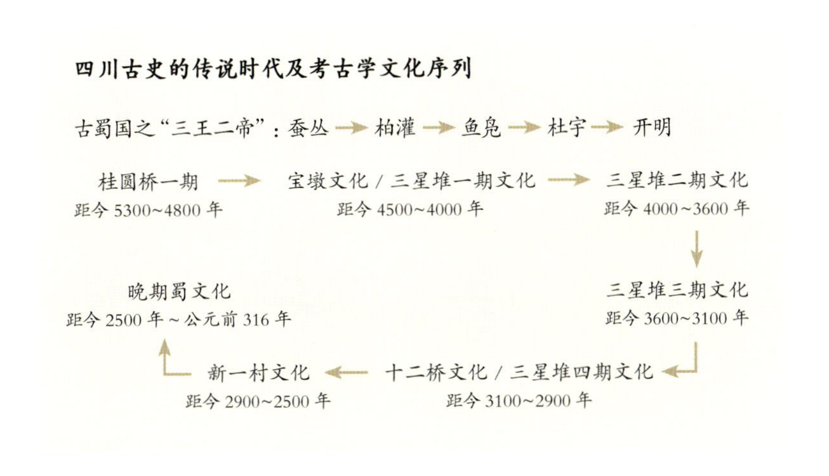

2 从传说到实证

三星堆发现之前，已陆续有一些发现可证明四川的古代文明并不像史书记载的那么野蛮闭塞。1953 年，我们在成都北边的凤凰山发掘了一个叫羊子山的土台，长宽几十米，初步已经断定为商周时期的大型礼仪建筑。礼仪建筑说明什么？当时因为没有更多的证据，大家没把话说穿，考古学者是有一分证据说一分话——只能说这个地方生活的一群人，文明程度还比较高，已经有礼仪性的建筑了。

50 年代后期，我们在成都西北面靠近广汉彭县（现在叫彭州）一个叫竹瓦街的地方，发现了一窖青铜器。经专家研究判断，应该是西周时期的，非常精美，跟西安、宝鸡出土的一模一样，这让大家很吃惊。看来西周时期，四川和关中、周王朝的联系已经非常密切了。而此前，人们认为由于受到秦岭阻隔，一直要到战国时期，蜀王才派壮士修路，打通和中原的交通。李白说“蚕丛及鱼凫，开国何茫然！尔来四万八千岁，不与秦塞通人烟”，现在看来这种说法不正确，其实两地很早就已有联系了。

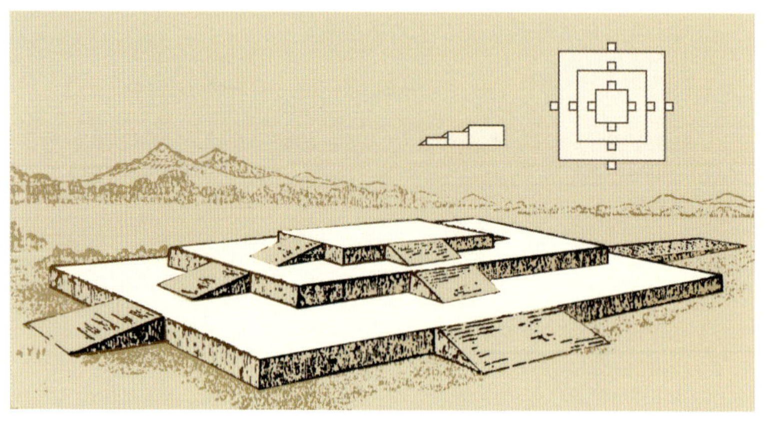

1 1953 年成都羊子山土台遗址复原图及结构图　土台为正方形三级台阶，高 10 米以上，面积约 10 万平方米，用土量在 7 万立方米以上

2 1980 年出土于三星堆 1 号坑的金杖

三星堆中的金杖意味着什么？

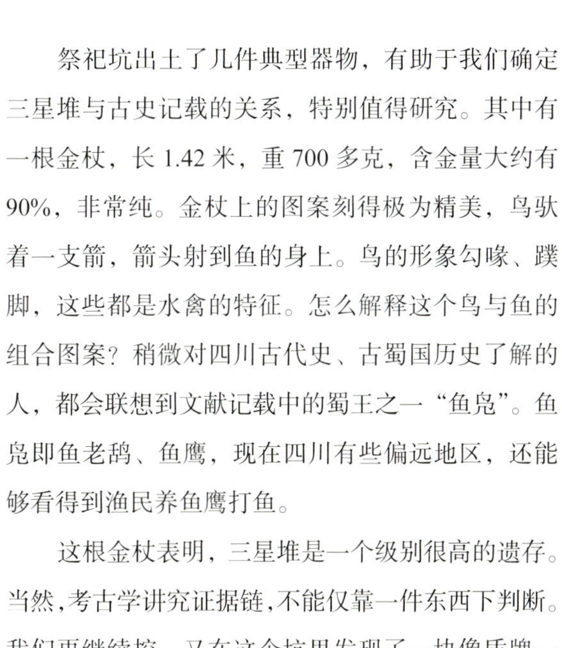

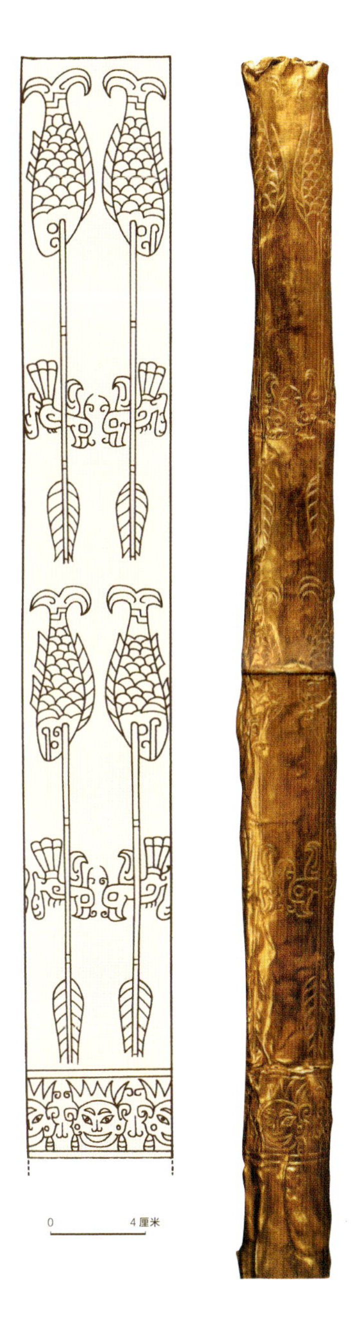

祭祀坑出土了几件典型器物，有助于我们确定三星堆与古史记载的关系，特别值得研究。其中有一根金杖，长 1.42 米，重 700 多克，含金量大约有 90%，非常纯。金杖上的图案刻得极为精美，鸟驮着一支箭，箭头射到鱼的身上。鸟的形象勾喙、蹼脚，这些都是水禽的特征。怎么解释这个鸟与鱼的组合图案？稍微对四川古代史、古蜀国历史了解的人，都会联想到文献记载中的蜀王之一“鱼凫”。鱼凫即鱼老鸹、鱼鹰，现在四川有些偏远地区，还能够看得到渔民养鱼鹰打鱼。

这根金杖表明，三星堆是一个级别很高的遗存。当然，考古学讲究证据链，不能仅靠一件东西下判断。我们再继续挖，又在这个坑里发现了一块像盾牌一样的牌饰。它上面有五个鸟头，鸟头的喙部长得非常夸张，上面刻了东西。《华阳国志》里提到古蜀人有部落以白鹳为名，其王叫作白冠。鹳鸟也是水禽，也是打鱼吃鱼的，这不禁让人联想到古蜀国的另外一位王“柏灌”。

三星堆遗址里，鸟形的器物和图案非常丰富，在全国无出其右。从 80 年代起，三星堆遗址还出土了大量陶器，当中有一种鸟头形的器柄，特别引人注目。古蜀国王的记载中，还有一位与鸟有关的王叫“杜宇”。根据史书和一些专家的研究，杜宇就是杜鹃鸟。杜鹃鸟及鱼凫、白鹳，蜀人的祖先与三种鸟都有关。记载中还有一位古蜀王叫蚕丛，是否也与鸟有关呢？

古蜀国中的蚕丛指的是什么?

蚕丛是古蜀国第一位王，文献描述他“衣青衣，劝农桑”，模样也很奇特，“椎髻左衽，其目纵”。但在祭祀坑发掘以前，所有人都不知道蚕丛具体是指什么？最流行的说法是可能与蚕有关。四川这个地方气候湿润，上古以来养蚕种桑传统非常发达，汉代的画像砖上还发现有采桑图，因此成都又被称为“锦城”。但是纵目又该怎么理解呢？

三星堆祭祀坑里出土的器物中，有一种青铜面具特别引人注目，眼睛呈柱状突出，短的有一两厘米，长的有将近十厘米，是非常明显的一个特征。这个自然会引人猜想，是不是与蚕丛有关？如果这个是纵目的话，又怎么来理解蚕丛呢？

我们从最大的面具来看，它有几个明显的特征，有助于理解蚕丛的具体形象，分辨其中的真实含义。

第一，这个面具的鼻子大而钩。最开始，有些人望形生义，说这是不是欧罗巴人？因为欧洲人的鼻子比中国人的鼻子更有棱有角。但我觉得不能往这个方向想，这事实上是我们中国人说的鹰钩鼻，鹰的鼻子就是这样，钩得非常厉害。

第二，它的嘴非常大，嘴角都快到耳朵的位置了，瞳孔呈柱状突出。这样的一个面具，该怎么来理解？我认为它与鹰一类的猛禽有关。纵目

1 2号祭祀坑出土的大型纵目面具
2 青铜大铜鸟
3 铜兽首冠人像

是为了向大家显示，其眼睛非常敏锐，看得又远又精准。在鸟类当中鹰的眼睛看远是最突出的，在天上飞翔，却能看清地上的小动物，一扑一个准。

第三，再来看耳朵。仔细看的话，会发现它不是耳朵，应该是鸟的翅膀。其他出土的青铜器也有类似的，比如青铜人像的头上戴一个冠，冠上有两只翅膀，形状完全一样。这可以进一步确认，纵目面具展现的形象有人的面孔，也有鸟鹰的特征，但不是人，也不是鸟，是神。它是一个复合型的半人、半鸟、半神。

文献说蜀人的祖先“始居岷山石室”，祖辈都居住在岷山上的石头房里。20世纪三四十年代有学者在岷江流域搞过调查，发现了战国秦汉时期的石棺葬，于是有一种看法认为岷山石室指这些石棺。但是，古蜀国蚕丛、鱼凫的时代比战国秦汉更早。鹰的巢在什么地方？就是在岩缝里边。这个岷山石室，可以理解为鹰生于此，葬于此。现在看来，蚕丛究竟指什么？我认为应该得到了破解。

蜀人五位有名的先王，蚕丛、鱼凫、柏灌、杜宇、开明，开明之前的四位都与鸟有关，可见他们的鸟图腾信仰是连续的。三星堆祭祀坑里的东西，至少涉及三位蜀王的形象或图腾。至于里面有没有杜宇，还要进一步研究，这有助于确认祭祀坑的时代。

祭祀坑出土器物的文化内涵丰富，对我们研究古蜀国历史非常重要。现在来看，《华阳国志》总体来说是可信的，虽然具体细节上有夸张、虚构、传说的成分，这些可以通过研究来澄清。因为三星堆，古蜀国的历史由传说变成了信史。

《山海经》中的神树与摇钱树有关吗？

在祭祀坑里，也可以看到一些与古蜀人宇宙观、世界观有关的器物。比方说神树，人们常把它跟汉代的摇钱树联想到一起。但我个人认为，二者属于两个不同的文化系统，彼此之间是没有关系的。

当然，学者们各有各的说法。就器物本身而言，三星堆神树体现了古人对天的看法。神树是一个流传了几千年的传说，可见于战国秦汉时的《山海经》和汉代的《淮南子》，指的是扶桑和若木这两种树。

文献记载，古人认为大地两端有两棵树，东边的叫扶桑，西边的叫若木。它们长在山上，是所有树里最高大的。太阳升起之前在扶桑上休息，落下之后在若木上栖息。要理解这个故事很简单，站在古人的立场来看，离天最近的是山，山上最高的是树。人远远地看着太阳升起，就像从树上钻出来；远远地看见太阳落下，就像掉进树丛里。太阳要在天上移动，于是古人想象上边住了十只鸟，负责来回搬动太阳。

三星堆出土的若木神树，只剩下九只鸟了，推测最顶上应该还有一只，但是残损了。现在这件青铜器的残存重量将近 800 公斤，如果它是完整的，其重量可能超过后母戊鼎。在良渚文化的玉琮上，就发现过鸟驮太阳的图案；更早的河姆渡文化时期的牙雕上，也能看到“双鸟负阳”的图案。从六七千年前（说不定还有更早的）的河姆渡文化，到四五千年前的良渚文化，再到三四千年前的三星堆文化，中国传统的宇宙观就这样传承了下来。

所以，三星堆祭祀坑要研究的东西非常多，不要仅盯着那几件看起来很奇怪的面具，我们还要关注文物本身的深度解读，以及文物背后所反映出的历史文化与科学技术的流传。

河姆渡文化牙雕上的“双鸟负阳”图案

三星堆神树

关于这株铜树的内涵，目前在学术界尚存在不同看法,但将铜树界定为“神树”，则是共识。

三星堆神树是中国宇宙树伟大的实物标本，当可视作上古先民天地不绝、天人感应、天人合一、人神互通之神话意识的形象化写照。三星堆神树反映了古蜀先民对太阳及太阳神的崇拜，它在古蜀人的神话中具有通灵、通神、通天的特殊功能，是中国宇宙树最具典型意义和代表性的实物标本。

三星堆文明的来龙去脉

三星堆的名称可能会让大家感到很神秘，好像和天上的星宿、星象有关。在我们看来，不是那么回事。现在考古已经证实，原来三星堆的三个堆是连在一起的，是古城墙的一段，后来因人们随意取土，被挖成了三个堆。明清时期的《广汉县志》里写“广汉八景”，就把三星堆和它旁边的月亮湾称为“三星伴月”。

关于三星堆文明的来龙去脉，以前大家认为，这里是蛮荒之地，突然冒出这些东西，不可思议。确实，三星堆文明有它不得了的一方面，展现了古蜀人非凡的艺术想象力，但是从考古学上讲，它并不是突然出现的，而是有一个交融吸收、发展积淀，同时也往外传播的过程。任何一个文明都必须要交流，才能够有活力，才能够生存发展。

三星堆文明是怎么来的？我们应该把它放到整个中国大地上来看。成都平原目前发现最早的人类活动痕迹，是什邡市桂圆桥新石器时代遗址，距三星堆直线距离约 15 公里。从它出土的器物来看，虽然比三星堆的最下层器物要原始，但和三星堆第一期有承继关系，年代测定大约是距今 5000 年。而此时的中原地区，仰韶文化早已成熟。仰韶文化之前的老官台文化、裴李岗文化，距今都有七八千年。长江下游地区，河姆渡文化距今也有六七千年。北方地区，内蒙古的兴隆洼遗址距今有 8000 年。而成都平原发现的年代最早的遗址距今才 5000 多年，因此我们还有很多工作需要做，通过考古调查，在成都平原找到更早的人类遗存，还是有希望的。

那么距今 5000 年左右进入成都平原的这支文化又来自哪里？通过几十年的考古工作来看，它很可能是沿着成都西北部的龙门山脉边缘地带下来的。我们在川西北的汶川、茂县、理县、金川，发现了更早的跟什邡桂圆桥文化遗存比较一致的遗存。很可能是仰韶马家窑文化的晚期，甘青地区有一群人从西北方向翻越龙门山脉，进入成都平原的边沿地带定居下来。

我们找到了两个比较确凿的证据。第一，在汶川、茂县以及金川，发现了仰韶马家窑文化的彩陶，还发现了尖底瓶这一类器物。第二，经过植物考古证实，龙门山脚下靠近成都平原居住的这个文化群，他们的主食是小米。当时西北地方是种小米的，随着人群的迁徙，生产方式也带过来了。

三星堆文明发展到哪里去?

三星堆出土的青铜器，跨度只有几百年的时间。大家可能会有疑问，那么神奇发达的一个文明怎么就突然消失了?三星堆文明不是突然出现，也不是突然消失，它之前有人类活动，之后也有，这在考古学家看来是清楚的，但是得有更重要的发现来证明它没消失。功夫不负有心人，2001 年发现了距今 3000 年的金沙遗址。从遗址规模、文物堆放方式，以及器物的种类、形制来看，金沙遗址跟三星堆祭祀坑时期的器物是一脉相承的，三星堆文明的发展有了去向。

只不过，我认为三星堆与金沙遗址之间的衔接不是紧紧相连，当中可能有间断，但文化上有传承。考古工作者还在继续寻找这些中间的缺环，同时也在寻找比金沙遗址更晚的遗存。因为古蜀直到公元前 316 年才被秦灭掉，金沙遗址不可能是古蜀文明辉煌阶段的结束。从这个意义上来说，我乐观地预测古蜀文明还有很多个重要遗址，有待考古专家去发现。

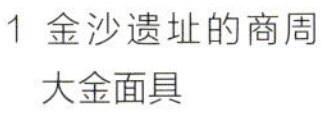

1 2

1 金沙遗址的商周大金面具

2 金沙遗址的太阳神鸟金饰

3 三星堆文明与中国以外的上古文明

三星堆发现的意义不比特洛伊古城小

三星堆文明发现后，引起国际社会的广泛关注。即便是西方学者站在西方文明的角度来看，也会认为三星堆的发现改变了大家对世界上古史，至少是对中国上古史的看法，一点不逊于发现尼尼微和特洛伊古城的意义。

张光直先生曾经说，中国有很多令人感到震撼、能够引发关注的考古发现，比方说兵马俑、马王堆，但最重要的还是关于青铜时代的一系列发现，它们改变了世界对中国文明的基本看法。三星堆就属于中国青铜时代的重要发现之一，在很多方面可与殷墟做比较研究。

由于种种原因，国际上关注、参与三星堆研究的人还不多。澳大利亚有位学者写过文章，把三星堆出土的面具和太平洋群岛原始部落的面具做比较。后来，还有一些学者研究过三星堆的铜产自哪里、黄金产自哪里。20 世纪 80 年代以后，有学者讨论过三星堆与西亚文明的联系，有人说，三星堆出土的金杖或许是西方文明中的权杖；又有人说，青铜上贴金箔做成的金面具，或许是从西方来的。

我认为，三星堆文明主体肯定是属于中国的。

1 青铜面具 高 85.4 厘米、宽 78 厘米。左右两侧有方形铸孔，当为祭祀时便于扛抬之用

2 受良渚文化影响的玉琮

3 海贝

它的青铜器、玉器，甚至陶器，都能看到吸收中原文化的痕迹，明显受到夏商文明影响，算一个亚文明。我们不能孤零零地看待一个器物，也不能通过表面上的相似程度来做简单的比较。考古学第一注重的是证据链，多重证据才能证明文化之间的联系；第二要重视时代，这个遗址时代和另一遗址的时代差距，如果相差一两千年，联系就不成立了，文明是一步步发展起来的，不似穿越小说那么神奇；第三，文化传播有它的路线，有传播的节点，要说三星堆文明和西亚文明、埃及文明有联系，就得把这当中的路线标出来，说明文明是通过哪些节点传播的，现在我们还找不到。

三星堆与西亚的联系——海贝的出现

但有一些证据，其他人也许不太关注，我得提一下，那就是海贝。三星堆出土的海贝不止几个、几十个，而是几千个。那么，海贝究竟来自哪里呢？中国最早的钱都跟海贝有关，汉字中凡是与钱相关的字都有个贝字旁。在夏商时期遗址当中，都出土过海贝，但是大家还不知道海贝到底是从哪里来的。三星堆遗址出土几千个海贝，这算是多的了。

2004年前后，日本熊本大学有一个学者叫木下尚子，她到安阳殷墟跟唐际根教授合作，搞殷墟的海贝研究，提供了一些新的思路。她从生物学、海洋生物学的角度，仔细观察这些海贝是什么种群，发现这些海贝主要产自南海及印度洋。木下尚子说，海贝可能有两个来源，一个是从西北来的，一个可能是从南边来的，但这还没有定论。我们在西北地区和西南地区距今4000至2000多年前的石棺葬里，也偶尔发现有海贝。如果说三星堆文明有一些西北文化的因素，我认为一点不奇怪，为什么？因为在5000多年前，甘青地区的文化就已经进入成都平原了。

三星堆文明不仅吸收外来文化，更坚持自我创造

距今4800到4500年前左右，长江中下游有一支文化群入川，到了成都平原三星堆宝墩这一带。这支文化群与湖北的石家河文化相关，因为它出土的灰白陶、玉器以及一种锥形器，还有它的城墙建筑方式，都与之有类似之处。我们发现，这个时候成都平原的饮食结构变了，水稻开始出现并逐渐占据了比较主要的地位。

到了夏商早期，成都平原的文化面貌又有一种新变化，这一时期出土的器物与河南偃师二里头出土的很多器物相似度极高。二里头文化的典型陶器有盉、小平底罐和豆。这三种器物在三星堆二期、三期发现的器物里也是最典型的。显然，当时成都平原的文化受到了二里头文化的很大影响。

在20世纪80年代三星堆遗址大规模发掘以前，

三峡大坝的坝基考古也出土了大量此类器物，当时的判断就认为它属于夏商时期文化层。这能证明，二里头夏文化或经过三峡地区，溯江而上，影响到了三星堆。这之前，湖北的石家河文化已经过来了，这条通道是存在的。我觉得这条通道与后来青铜器铸造法传入四川也有非常大的关系。

除了这一类陶器，三星堆出土的玉器也特别值得注意。玉器中有一种牙璋，有些考古学专家称之为“歧锋端刃器”，它的两个尖是不对称的，一个高一个矮，刃部在尖上。我认为它是礼器化的耒，就是大禹治水用的耒，本来是古代的生产工具，后来成了礼器。三星堆出土的器物有很多跟中原器物是相近的，所以 90 年代有专家发文章说，有可能夏王朝灭亡以后，有一支迁移到了成都平原。

不管怎么说，在夏商时期，三星堆与中原文化联系很密切。到了商代中期以后，我们发现它跟长江中下游在物质文化交流上也很密切，比方说三星堆出土的青铜容器，主要是尊、罍这两种，看起来不错，但跟长江中下游安徽、湖南、湖北出土的青铜器相比，工艺要差一些，那边要精美得多。商朝的时候，青铜冶铸技术水平最高的地区是安阳、郑州，南传到了湖南、湖北。所以我们认为三星堆青铜器的铸造技术，还是从河南安阳、郑州传到湖北盘龙城，然后溯江而来的。另外，三星堆的玉器，比如玉戈，跟安阳、盘龙城出土的简直是一模一样，显然受到商文化非常大的影响。

1 陶盉　2 陶高柄豆　3 平底罐　4 陶质炊具　5 牙璋　6 玉戈

当然，我认为三星堆文明也有自己的创造，不是完全照搬。在河南的南部，考古发现一些商代的墓葬遗址，跟安阳的殷墟没什么差别。但三星堆是另外一种文化，另外一个族群，就有比较大的差别。专家把三星堆的玉器分为三类，一类是外边传过来的，一类是自己的，还有一类是传过来以后，进行过创造性转化的，这种分类能较好地反映出一个文化的面貌。

同时，三星堆的礼仪制度显然跟中原夏商朝都不一样。商的礼器是觚、爵、斝。一般说来，如果墓葬中要出了觚、爵、斝的成组器物，就可大致判断为商代的墓葬。这是一般的情况，当然还有其他组合。但是在三星堆祭祀坑里，没有发现觚、爵、斝这样的器物组合。即使到了金沙时期，我们也没有发现类似西周时期的青铜礼器组合。一直到春秋以后，类似中原的鼎这样的器物才在成都平原出现。玉器也是这样，从新石器晚期到夏商时期，中华玉礼器应该是比较成熟了。三星堆出土了玉琮、玉璧、玉圭，但就是没有发现玉玦。可以说，三星堆文化受到了外来文化的影响，但顽强地保留了自己的习俗，没有全盘接收夏商的礼制。古蜀人自己有一套青铜器铸造技术和玉器雕刻技术。

三星堆以及金沙遗址的发现，确实很重要，但是要了解整个古蜀文明，我们做的工作还太少。现在我们在对整个遗址进行全面勘探，发现了很多重要的遗迹，也找到了古城的北城墙。在三星堆古城以外，还发现了很多小遗址。此外，我们还在寻找古蜀王墓和高级贵族墓地，以及青铜器的铸造场所，如果能找到金器和玉器的制作作坊，对三星堆遗址的认识就更全面了。

为何在越南发现的玉器与三星堆的一模一样？

文化传播是没有死角的，四川和甘肃有联系，甘肃和新疆有联系，新疆和阿富汗有联系。在文化传播过程中，这属于间接传播。地域文化的传播问题，应该继续关注和探讨。我们在广汉南边的宜宾和遵义，以及北边的广元、西边的汉源、东边的三峡地区，都发现了跟三星堆文化相似的物质遗存，主要是陶器。

古代的文化很多，越原始的文化相似度越高。从几十万年以前，人类就走出了非洲，所以也不要低估古人类的智慧。一个东西3000多年前就可以从郑州传到成都，虽然没有我们今天坐飞机、坐火车那么快，但也不是想象中那么慢和困难的。人类的好奇心会驱使他们不断地对外交往和拓展，并且吸收别人的文明成果。

放眼更远的地方，我们曾经在2005年走出国门考古。为什么要到国外去考古？20世纪90年代，在与商同时代的越南冯原文化遗存当中，出土了跟三星堆一模一样的玉器。那个玉器不是简单的玉玦、玉璜、玉璧，而是牙璋，如果两者之间没有文化交往和传播，古人不可能凭空琢磨出一件牙璋，而且和三星堆出土的玉器相似度如此之高。

这就很有意思了，大家可能觉得越南冯原和四川广汉相隔很远，其实也不远。三星堆和安阳的直线距离大约1000公里，三星堆到越南河内大概也就1000多公里。而在这1000多公里路线上的广西、云南，都找到了跟三星堆相同的一些器物，那么在越南发现相同的器物，也就不稀奇了。文化强大以后，一定会传播、影响出去。

发现史

◎ 1929 年 2 月，住在四川广汉太平乡（现名南兴镇）月亮湾的农民燕道诚偶然发现了一坑三百多件玉器。

◎ 1934 年，时任华西协和大学博物馆（今四川大学博物馆）馆长及文化人类学教授的美国人葛维汉（David Crockett Graham,1884～1962）以及中国学者林铭均主持了首次三星堆的考古发掘，是殷墟之后，中国考古史上第二次考古发掘，引起海内外学者的关注。

◎ 1937 年，由于抗日战争的全面爆发，刚刚起步的古蜀文明探索就此中断。

◎ 1956、1958 年，考古专家分别对三星堆遗址中的月亮湾、横梁子等地进行调查。

◎ 1963 年 9 月 20 日～12 月 3 日，四川省文物管理委员会和四川大学历史系考古教研组，组成联合发掘队，再次对月亮湾进行了发掘。1993 年马继贤先生将这批资料整理公布。

◎ 自 1980 年起，对三星堆遗址进行的考古调查、勘探和发掘持续不断，1986 年，1、2 号祭祀坑相继被发现，出土了青铜凸目大面像、金面罩、青铜神树等令人震惊的重要文物，三星堆遗址和三星堆文明得到正式命名。

◎ 三星堆遗址总面积约 12 平方公里，目前发掘总面积尚不足千分之一，还有许许多多的疑问，等待世人去探寻、解答。

推荐阅读

◎ 四川省文物考古研究所《三星堆祭祀坑》，文物出版社，1999 年

◎ 四川省文物考古研究院《三星堆祭祀坑发掘记》，文物出版社，2016 年

◎ 四川省文物考古研究院、三星堆博物馆、三星堆研究院《三星堆出土文物全记录》，天地出版社，2009 年

◎ 四川广汉三星堆博物馆、成都金沙遗址博物馆《三星堆与金沙：古蜀文明史上的两次高峰》，四川人民出版社，2010 年

◎ 高大伦、宫本一夫主编《西南地区北方谱系青铜器及石棺葬文化研究》，科学出版社，2013 年

◎ 陈显丹《广汉三星堆》，生活·读书·新知三联书店，2010 年

◎ 刘兴诗《古蜀文明探秘》，四川辞书出版社，2011 年

◎ “三星堆文明丛书”，巴蜀书社，2002～2003 年

金面罩人首像

中国国家博物馆

青铜人首

高 37.5 厘米，重 0.6 千克

铜人头的面部方正，顶部平展，铸有子母口，以便戴冠。面部表情粗放，双眼圆睁，双唇紧闭。双耳垂穿孔，并以云雷纹为饰，脑后铸有长辫，发丝根根可见。其形象当与蜀人中的巫师有关。

青铜面具

高 85.4 厘米，宽 78 厘米

长方形脸，长刀形粗眉，臣字形目，眼珠呈椭圆柱形凸出眼眶，鼻部卷曲，阔口微张，露舌。这种铜面具是古蜀人心中“神”的化身，此凸目面具很可能源自蜀王蚕丛的形象。

玉璋

长 39.5 厘米，宽 7.8 厘米

此件玉璋质地松软，为青玉。器表因水浸或烧灼，其中一部分呈墨黑色。璋最早见于二里头文化遗址，此件器物为祭祀坑中遗物，其形制颇似中原所出的同类器物，说明了蜀文化与商文化的交往。

四川博物院

商代玉牙璋

通高 59.3~60.5 厘米

软玉质，黑褐色，工艺精湛，通体抛光。整器呈窄长条形，微向一侧曲折，柄部较其他部位稍厚。

三星堆博物馆

金箔虎形器

1 号祭祀坑出土 通长 11.6 厘米，高 6.7 厘米，重 7.27 克

金箔捶拓成形，遍体压印目字形的虎斑纹。虎头昂起，张口作咆哮状。金虎呈半圆形，可能原来是粘贴于其他器物上的饰件。三星堆出土的金虎及青铜虎，造型以简御繁、气韵生动，说明蜀人对虎的观察相当仔细，而且虎的形象在其心目中有十分重要的地位。

金面罩

1 号祭祀坑出土 残宽 21.5 厘米，高 11.3 厘米，重 10.62 克

金箔捶拓而成，鼻部凸起，中有锋棱，制作工艺精良。其大小与同坑出土的人头像面部比例基本吻合，可相匹配。可能原附贴在某件人头像面部上。

虎牙

2 号祭祀坑出土 共 3 枚 长 9.3~11.3 厘米，宽 2.3~3.1 厘米

由于长时间与青铜器埋在一起，虎牙为铜锈浸染呈碧绿色。根部有穿孔，可能是用来系挂穿戴的。虎牙制作的工艺品不仅具有装饰功能，还可能是权力的象征，具有辟邪的作用。

铜兽首冠人像

2号祭祀坑出土 残高40.2厘米

人像仅存上半身，其体态端庄，神情冷峻肃穆，两臂呈环抱状，双手皆作执握中空的手型，表现的可能是某种祭仪主持者的形象。造像最为引人注意的是奇特的兽首冠，呈现综合了多种动物局部特征的复合型神兽形象。从兽鼻和兽耳看，当是以意象手法仿拟大象的鼻与耳，反映出古蜀人对大象的崇奉。

铜兽面

2号祭祀坑出土 宽35厘米，高21.2厘米，厚0.2厘米

兽面呈夔龙形向两面展开，龙尾上卷，长眉直鼻，夔龙形耳朵，双眼硕大，方颐阔口，龇牙咧嘴，形象狰狞诡谲。

铜人头像

2号祭祀坑出土 通宽10.8厘米，通高13.6厘米

该像头顶较圆，面部戴有面罩，头顶盖和颅腔分铸。人像头顶的辫绳状装饰可能是帽箍或是挽在头顶上的发辫，与今天四川一些地方的人头上缠绕的头巾形式相似。造型简洁明快，线条分明，面容朴实敦厚，体现出浓郁的地方土著风格。

铜花果与立鸟

2号祭祀坑出土 高7.8厘米，宽4.3厘米

器物构型为铜鸟立于铜花朵的果实之上。鸟头上扬起三支冠羽，鸟尾上翘，尾羽向上下各分三支，状如孔雀开屏。立鸟喙中所穿铜丝已脱落，估计铜鸟原是挂饰在某一株小神树上的饰件。

铜龙虎尊

1号祭祀坑出土 圈足高12厘米，残高43.3厘米

器肩上铸高浮雕的三龙，呈蠕动游弋状，龙身饰菱形重环纹。尊腹部为三组相同的花纹，主纹均为高浮雕的虎与人。虎颈下铸一人，人头上对虎口，这与商代人虎合体卣的图像很相似，可能表示了人对虎的崇拜。该铜尊出土时，器内装有经火烧过的玉石器残片、海贝和铜箔饰件等，说明铜尊入坑前曾作盛物献祭之用。

这种具有明显中原色彩的商代铜尊，在安徽阜南等地也有发现，是从类型学上确定1号坑年代的重要标尺之一。

玉斧

2号祭祀坑出土 高20厘米，宽6厘米

形状略呈梯形，刃部较宽，器身两侧平直，中部有一圆穿。

从1972年从事考古工作以来，一直到现在，我干了40多年的考古。
我是中外学者中进入罗布泊地区及塔克拉玛干沙漠腹地次数最多的人，也是新疆唯一的维吾尔族石器时代考古专家。
伊弟利斯·阿不都热苏勒
罗布泊小河墓地发掘领队
原新疆文物考古研究所所长

第五讲

小河墓地

——罗布荒原上的中西文明交融之谜

位于罗布泊孔雀河下游罗布沙漠中的小河墓地处于青铜时代，小河墓地下层距今 4000 年，上层距今 3500 年，都属同一个文化类型。

小河人来自什么地方？小河墓地的研究聚集了很多专家，有搞语言研究的、有搞环境研究的、有搞人类学研究的，大家群策群力，后来得出一个结论，这批人有可能来自于今天的俄罗斯高加索地区。

墓地对小河人来说，是死者的神圣殿堂，是必去的归宿。小河墓地这地方就是一个台地，周围非常平缓，营造出一种静谧安宁的气氛。

伊弟利斯认为棺木做得这么好，都有榫卯结构了，那么居住的房屋结构也应该是成一定规模的，可是这附近方圆四五公里的地方，全部都做过调查，仍然没有丝毫的发现。

1 深埋在沙漠中的小河墓地是如何被发现的？

最早的发现：瑞典探险家斯文·赫定和贝格曼

位于罗布泊孔雀河下游罗布沙漠中的小河墓地，曾被评为2004年十大考古发现之一，但最初揭开小河墓地面纱的时间应该是在1900年。小河墓地最初的发现人是奥尔德克，他是罗布泊人，也是瑞典著名地理学家、考古学家、探险家斯文·赫定的向导。作为本地人，奥尔德克在罗布泊地区长期来往，有时在那里放羊，有时候可能去打猎、捕鱼，对那里很熟悉。1900年，在楼兰地区考察时，奥尔德克误打误撞发现了楼兰古城的线索。

从1927年到1934年，中国和瑞典联合对西北地区进行考察，成立了一个西北科学考察团。瑞典方面的团长是斯文·赫定，成员包括来自瑞典、丹麦和德国的16名专家；中方的团长是北大教务长、哲学教授徐炳昶，成员有地质学家袁复礼、考古学家黄文弼、地质学家丁道衡、研究地图学的专家詹蕃勋及4名学生和1名照相员。

这时，奥尔德克已经是70多岁的老人了。他一直等着告诉斯文·赫定，自己发现了一处有一千口棺材的地方——当地老乡看到很多白骨和很多棺板，就认为是有一千口棺材的地方。

斯文·赫定非常感兴趣，他委派瑞典考古学家贝格曼和奥尔德克去找这个地方。

1934年，他们去的时候是划独木舟去的，在库姆河（孔雀河的一个支流）以南地区寻找这个地方，沿途还看到一些牧羊人的房子。沙漠天气酷热无比，所有人都汗流浃背、气喘吁吁，而牛虻闻味而动，

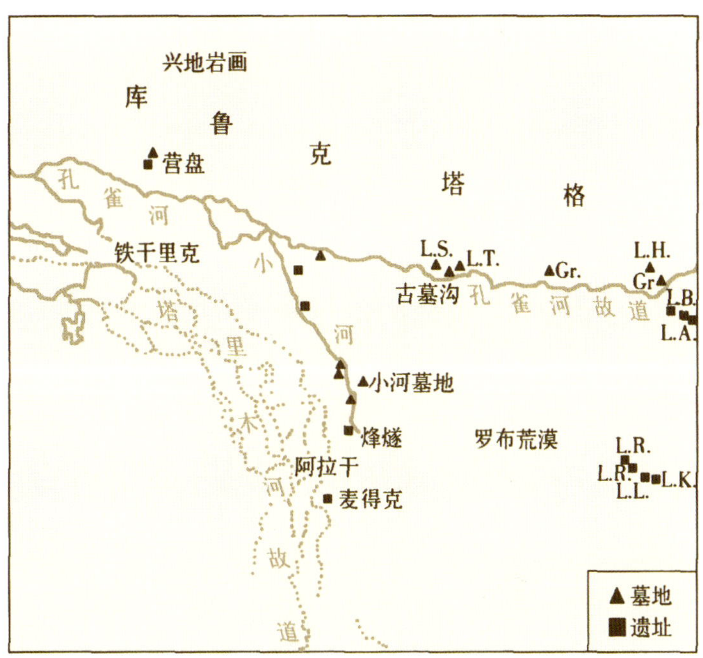

1 斯文·赫定

2 贝格曼

3 小河墓地的地理位置

让这些可怜人几乎要发疯。奥尔德克因此有点想放弃，说这个地方有可能被水冲掉了，或是被沙漠埋掉了。但贝格曼表示要坚持再找一找。1934 年 6 月 2 日，奥尔德克久久地凝望着一个小山包，像是走进了梦境。此时，大家都在忙着搭帐篷，奥尔德克突然指着那个山包大叫："就是它！就是它！"罗布泊人终于找到了小河墓地。

找到小河墓地后，贝格曼在这里进行了拍照，做了一些简单的前期工作，并发掘了 12 座墓。回到斯德哥尔摩以后，贝格曼就这次考察专门写了一本书——《新疆考古记》，此书的出版在国际上引起了极大的轰动。这本书对小河墓地的描述非常详细，一些现象跟我们现在发掘出土的基本一致。

我印象最深的是，他正好站在一个高的台地上，形容这个墓地就像一片干枯的胡杨林。他对发掘的 12 座墓的干尸描述得也非常详细，觉得干尸的表情非常安详，带着微笑。他发掘完以后，拍了一张照片。我们到达小河墓地以后，对照他的照片再次观察，发现基本上没什么变化。

贝格曼将这个地方取名为“小河墓地”。因为注入罗布泊湖的水系，有孔雀河、塔里木河和车尔臣河。贝格曼到这里来的时候，是从孔雀河的一个分支上，划独木舟来的。这地方没有名称，他看了地理情况以后，就说是孔雀河的一条小河，小河墓地的命名应该是从这里来的。

实际上从地图来看，小河应该叫库姆达里亚，翻成汉语叫“沙河”。贝格曼来的时候还不知道这个名称，所以作为孔雀河的一个分支，就起了这么个名字——“小河”。

时隔70年，小河墓地的再发现

我们最早进入罗布泊进行考古调查是在1979年。日本的NHK和中央电视台拍老版《丝绸之路》时，为了做配合，我们的前任所长王炳华先生带了一支考古队随行。当时在这个地区工作的部队提供了一个线索，说他们在考察当中，发现一个叫“古墓沟”的地方。

罗布泊地区地貌、环境非常复杂，如果你到了雅丹魔鬼城，两个人前后50米，都不一定互相找得着，很容易迷失方向。所以考古队在古墓沟进行了3天的拉网式调查，直到第3天才找到墓地，墓地中间用圆形木桩围成，外面用一尺多高的木桩围成7个圆圈，还有若干条射线，似乎象征着太阳光的照射，每座都是如此，所以被称为“太阳

罗布泊太阳墓地

墓地”。当时考古队在这里做了一个多月工作，发掘了 40 多座墓。因为看过贝格曼的《新疆考古记》，所以考古队想进行调查，把小河墓地找到，但由于环境恶劣，加之经费各方面的问题，所以没有能进行。

2001 年 12 月，湖南一家电视台做节目，王炳华先生也带队伍一起，重新开始发现之旅。他们当时租用了骆驼，还拿着现代化的卫星定位仪。但此行还是非常艰难，遇到沙尘暴，天气又寒冷，走了 4 天还没有找到。大家都比较失望，有点想放弃，可最后还是决定坚持。王炳华先生后来接受采访时说：“晚上零下 20 多度，睡在睡袋里，喝带冰的矿泉水，吃干硬的馕，步行到第 3 天，我曾经有过动摇，身畔连绵起伏的沙丘无边无际，沙峰相对高度总有二三十米，我们每走一步都无法克制地退半步。”

根据测算，此时墓地还在 30 公里外，但干馕和水已经不多了，王炳华先生说：“我就想，再坚持 3 个小时，就 3 个小时，不行就往后撤，我咬着牙做出了决定。”正是坚持了这可贵的 3 个小时，他们终于找到了小河墓地。他们当时就在里面进行了观察、照相，待了几个小时，因为给养本来就不足，只好往外撤。

之后他们通过媒体发表了关于小河墓地的照片和文章，在社会上引起极大轰动。由此，国家文物局决定，由新疆考古所来对小河墓地进行前期调查和试掘。作为当时的所长，我组织了一支队伍，从 2002 年开始，进入这个地区开展工作。

小河墓地的探寻与发掘

2002 年 12 月底，我们组织好队伍，租了两辆奔驰尤尼莫克车——就是沙漠车，这种车适合在沙漠进行考察。第一天，我们沿着塔河（塔里木河）行驶，然后穿越了塔河，不穿越塔河是进不去的。

正好那个时节河水还不大，也结冰了，我们就带着队伍进去。之后大概走了两天，26 号进去，27 号在野外扎营了一天，风餐露宿，当时还有一些雪。后来遇到大沙丘，车上不去，就决定组成五人小分队，准备好一个星期的给养，给养实际上相当简单，一天两瓶矿泉水、两个馍，再拉上装备，就是睡袋加考古工具。

我当时说，作为搞了几十年沙漠考古的人，肩负这么重要的任务，到了小河边上还找不到小河，我回去就辞职！他们都说，你要回去辞职，我们也辞职，我们也不干了。于是先派一个人出去找骆驼，骆驼找到后，再把这些帐篷和给养逐步往里运。

我们每个人的负重将近 60 斤，当时没有很准确的 GPS 点，只能根据大概定的方向，继续往前走。天气非常寒冷，包里的水基本上都冻了冰，我们途中也就最多喝两口水，啃两口干馕，继续再往前走，边走边小心观察。

我在附近发现了一件很大的玉斧，有 26 厘米长。后来又发现一些零星的陶片。往远一点的地方，大概在 5 公里以外，有很多的陶片、铜镜残片、箭头，这都是典型汉晋时期的东西。发现了陶片，我认为就有线索了，要是没有墓葬或人类居住区，是不会有陶片的，所以这是一个很重要的线索。

1 2002年12月28日去小河路上

2 发掘前的墓地

走到下午5点40分左右，我爬上了一个小小的红柳包，想观察一下是不是到了预定的小河墓地地址，上去后由东往南逐步转移视线，发现脚下的小红柳包离目的地还有3.5公里。最后望向东南方向时，我看到了小河墓地。那个地方应该在4公里以外就可以看到，因为它非常独特，周边全是沙漠，而它就像一个馒头上插了很多筷子一样，实际上就是高地上的胡杨立木，十分特别，也格外壮观。

当时大家非常激动，非常高兴，终于看到小河墓地了！但是我们5人也疲惫到了极限。我那时都已经是50多岁的人了，加上寒冷和饥饿，确实是极度疲劳。我坚持说，尽量往前走一点，到离小河1公里左右再休息。走到近1公里的地方，正好有棵红柳，就决定在那里露宿。点上火，把馕烤一烤，矿泉水喝一喝，虽然环境并不友好，但心里却挺舒坦的。

第二天早上，我们到了小河。大家并没有急着先上去，而是在周围转了一圈，观察小河墓地当时的保存情况。跟前面说到的一样，这个地方与贝格曼60多年前所拍照片上的情形基本上是一致的，没有大的变化。考古调查报告给出了详细的描述："沙山表面密密丛丛矗立着的木柱十分醒目，多棱形、圆形和桨形的胡杨立木现存140根。它们大多高出地表2~4米，直径多为20厘米以上。多棱形立木截面为6~20棱不等。部分立木的顶部变细，顶端尖锐。编号为41号立木高1.80米，直径50厘米，截面为16棱形，当属小河墓地立木中最粗的一个。

在墓地中心另有一根高 1.87 米，中部截面为 9 棱形，顶部呈尖锥状的立木，通体涂红，充溢着极其神秘的韵味。”

墓葬的特点：
棺前都立着 4 米多的高立柱

开始发掘后，我们发现小河墓葬的埋葬很有特点。最前面有一个高柱子，一开始我们不理解，高柱子是干什么的？跟墓又有什么关系？后来在清理地表时，又发现很多牛头；清理发掘第一层时，还发现柱子上绑有牛头，而且柱子有 4 米多高。再进一步清理，出现了棺前立木，棺前立木有男根、女阴，棺后面插着一根红柳棍。每个墓都有一个立木，形成了一个像干枯的胡杨林一样的景象，立木有 6 棱的，有 8 棱的，也有 11 棱的。

再清理，墓葬就显现了出来，是一个个牛皮包裹着的棺材，后头还有小立柱，一般都是用红柳棍插到后面。这其实是一组墓——棺前一个高立柱，立一木男根或木女阴，然后是棺木，后面就是一个小的红柳包，是这么一个组成形式。

发掘以后，我们首先要揭开包裹在棺木上的牛皮。牛皮非常难揭，包得比较紧，揭开后发现牛皮和棺上面有血迹。当时我们分析这肯定是在去世埋葬时，现场宰牛，把牛皮剥下来包到棺木上面的，所以才能看到棺上面的血迹。

揭开牛皮后，发现这牛皮不止一张，一口棺木上包的有三种颜色的牛皮，那么肯定是三头牛。揭开牛皮以后，就是一块一块的小盖板盖在上面，去掉小盖板，里面的尸体就暴露出来了。这个棺是很简单的，就是两个侧板，前后有挡头挡尾，这样正好把它铆了起来。有一座墓非常坚韧，保存得非常好，墓主去世的时候还带着微笑，就是所谓的“小河公主”。

1 小河墓地 M24 前女阴立木

2 小河墓地 M13 前男根立木

3 小河墓地南区第五层和部分第四层墓葬全景

1 M13 木棺蒙盖不同颜色的三张牛皮

2 M13 揭去棺盖板

3 小河墓地第一、二层墓葬分布图

4 M24 棺前木柱根部，用毛绳捆一把由芦苇、骆驼刺、麻黄等干旱区植物组成的草束，草束中夹有一根笔直的两端削平的粗芦苇秆和几根羊腿骨，草束上放牛粪，旁边放一件大草篓

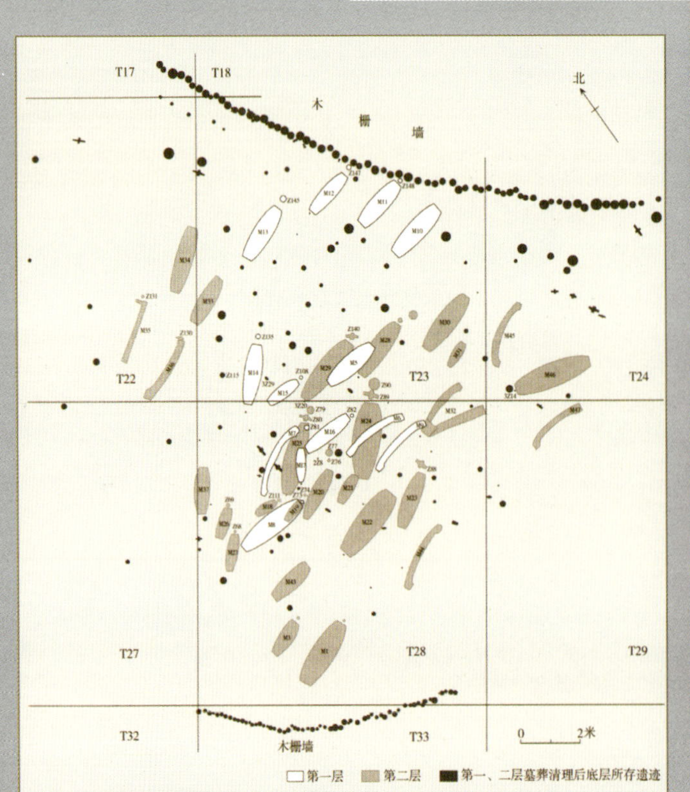

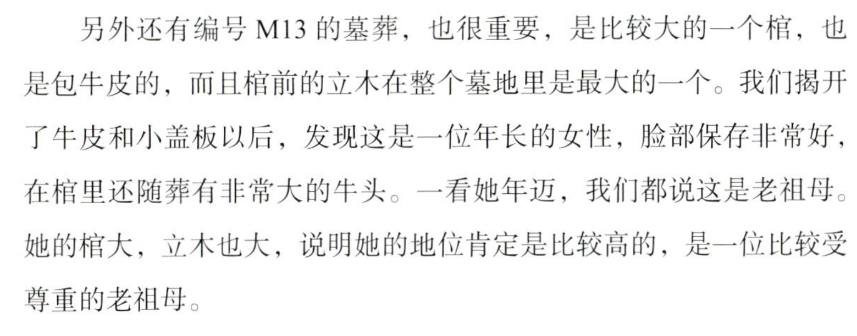

另外还有编号 M13 的墓葬，也很重要，是比较大的一个棺，也是包牛皮的，而且棺前的立木在整个墓地里是最大的一个。我们揭开了牛皮和小盖板以后，发现这是一位年长的女性，脸部保存非常好，在棺里还随葬有非常大的牛头。一看她年迈，我们都说这是老祖母。她的棺大，立木也大，说明她的地位肯定是比较高的，是一位比较受尊重的老祖母。

另外还发现一些男性的墓，比如编号 M24 的墓棺也非常大，而棺前立木就是女阴立木，也非常大。为什么说是女阴立木呢？女性墓前面会立一个木男根，男性墓前面立一个木女阴。M24 号打开以后发现随葬东西非常多，有很多箭杆，墓主人的身上就随葬有箭杆，好像有 40 多件，说明这个男性地位也是非常高。他的头前和脚部各插着一个镶有骨雕人面像的东西，我们叫法杖，这说明他可能是部落或群体的酋长。

1 2 | 5
3 4 | 6

5 M24 嵌人面像的木杖

6 M13 木祖

通过发掘我们知道，棺前的高立木和墓葬是一组。高立木上端会变尖、变细，我们当时搞不懂为什么会这样，后来才了解到，每个棺前高立木上都绑着牛头。有的立木上下通红，是用赤色染料涂的，红色代表着生命，生息繁衍。无论是女性墓葬前立男根，还是男性墓葬前立女阴，都是男根涂红、女阴涂黑。可以想象，奥尔德克说他发现了一千口棺材，每口棺前都有高达 4 米的立木，都绑着牛头，那是何等的壮观！这是典型的生殖崇拜，说明他们渴望生息繁衍。

发掘女性墓，我们也发现随葬有木祖。木祖是木头雕成的男性生殖器模型，小河墓地发现的木祖是把两块木头掏空，用毛线绳绕到一块把它合起来。木祖里面绑有蜥蜴头，蜥蜴代表着生息繁衍。在女性墓出土这个东西，就是典型的生殖崇拜。有的墓里出土一个，有的是两个，甚至出土三个。我个人分析认为，木祖数量为一，代表墓主当时有一个男人，木祖数量为二，代表她有两个男人，三个的话代表她可能有三个男人。

小河墓地曾经水草丰美

前文讲到一个棺上有3种不同颜色的牛皮包覆，那这么多的墓，得用多少牛皮才够呢！通过对牛头骨做DNA的分析，我们发现这种牛是欧洲黄牛；再通过对牛吃草量的分析，能够折射出一个情况——当时的自然环境非常好，适合人类生存，也适于畜牧。

曾经的丰美水草现在似乎不复存在。2003年，我们一共做了3个月的发掘，发掘出30多个墓，通过初步发掘研究，对小河墓地的基本情况稍微有了掌握。然而如今的罗布泊地区每年3月进入风季，3月到9月中旬这段时间不能工作，因为刮风、沙尘暴，什么都看不见，根本没办法照相、测量、绘图，因此我们做到3月，就只能外撤，来年再进来。

就算不是风季，如果白天刮风，就只能晚上干活，挑着灯工作——没办法，时间很宝贵：一是从经费来说，即使一天不干活，都躺着休息，支出也是很高的。二是从给养来说，所有物资，从水到食物，都要从外面拉进来。我们算了一下，拉进去1公斤的水，算下来就得花3块多钱。现在城市居民生活用水，1立方米还不到3块钱。所以，我

们的水是很宝贵的，也是限量的。基本上下工后，最多放一盆水公用，大家稍微洗个脸，都是很奢侈的。一般会定期发一桶湿纸，每天擦一擦就行了。到后来因为风沙实在大，只能每天给一缸子水刷个牙，更多的水要用来保证饮食。

未解之谜：寻找和猜测小河墓地的生活区

截至2005年3月中旬，在第三次艰苦发掘工作完成后，整个小河墓地最终发掘完毕。我们发掘了167座古墓，另有已经被盗扰的190座墓，合起来的话是360多座古墓，相当壮观。棺木均用牛皮覆盖，有的悬挂着牛头，有的随葬有牛头，牛的各部分在古墓里应用得相当广泛。发掘出的法器上还有一些羽毛涂着胶，后来我们做了分析，是用牛骨头和兽皮熬成的胶，说明那时的人已经知道熬胶了。

还有一个问题，这么大量的牛，肉吃了，牛皮用来贴棺木了，牛骨头熬胶了，那其他部位呢？小河墓地遗址分上下层，上层有3500年历史，下层有4000年历史，有500年的时差，总得有个居住区，居住区又得有生活区和垃圾区，这吃剩下的牛骨头常年堆积，肯定得形成一个垃圾堆积层。

小河墓地挖掘全景

我们分析，小河人的生活区，不会离墓地太远，当时的人群也不可能走到太远的地方。把那些胡杨砍伐后做的立柱、棺木搬到这个地方来也并不容易。所以他们的居住区应该就在距墓地三四公里的范围内。如果只有墓葬却没有生活区，是没办法做比较研究的，所以我一直在找这个地方。要是能找到牛骨头堆积的地方，就能找到当时人的居住区。我认为，棺木都做得这么好，都有榫卯结构了，那么居住的房屋结构也应该是成一定规模的，可是这附近方圆四五公里的地方，我全都做过调查，仍然没有丝毫的发现。

后来我又分析，有没有可能人活着的时候住得比较简单，但格外注重对死者的埋葬。我设想，当时的小河人，会不会有了一定的分工？做棺的，就做棺；做靴子的，就做靴子；做毡帽的，就做毡帽；制斗篷的，就制斗篷。比如，他们随葬的一些箭杆，都有倒三角纹。小河墓地还出土了毡帽，保存得非常好，都是羊绒的，像羊剪绒一样，质地极佳。斗篷也夹杂一些红色的纹饰，毡帽也是这样的。他们还大量使用羽毛，靴子上面别有羽毛，身上随葬有羽毛和红毛线编的装饰，有的墓还发现成捆的羽毛绑在一块随葬的情况。

在墓里还发现了随葬的木雕人面像，木雕人的眼睛用珠子做成，牙齿原来以为是用骨头做的，其实是把羽毛的根部切开以后做成的牙齿。因此我们猜想他们应该是有金属工具的，而且棺材上的砍痕一般在 3~4 厘米，不用金属工具，仅凭玉斧或石斧这类砍伐工具不可能造成这种痕迹。但是在小河墓地，我们就是没发现金属工具，这是一个遗憾。也可能金属工具很贵重，当时人迁移时带走了。

但我们发现一些铜片被镶嵌在立柱上部和根部，这意味着什么？铜在当时非常贵重，本地可能没有，是不是迁移带来的？这些疑问，值得进一步的研究分析。

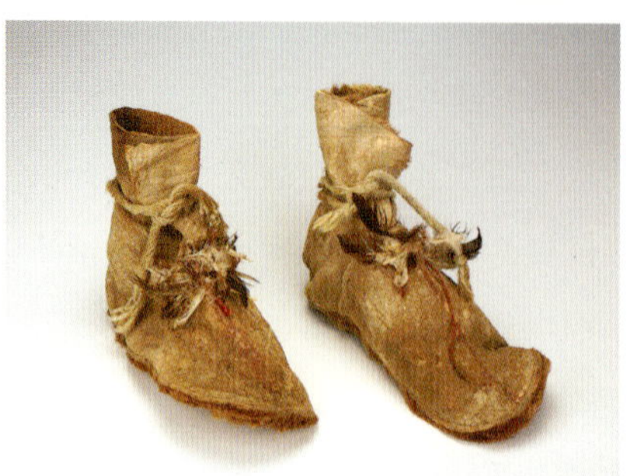

1 M13 毡帽
2 M11 羽饰品
3 M13 皮靴
4 M13 木雕人面像

2 千年女尸“小河公主”的真实身份是什么?

“小河公主”之谜

小河墓地的M11号墓保存得非常完整,这个棺上紧紧包裹着牛皮。当我一块一块揭开牛皮后,看到棺上面一块块的小盖板,于是我试着揭开第一块盖板,揭开之后,发现了毡帽的顶部,这一部分保存得非常好;揭开第二块的时候,整个毡帽基本上都暴露出来了,整体都保存得非常好,就像刚埋进去的一样,这是一顶羊绒毡帽,柔软漂亮,绑着毡帽的绳子在脸部两侧勒出两条浅浅的印痕。

到第三块盖板揭开的时候,现场的人都不由自主地发出吸气的声音。那种感觉怎么形容呢?在揭开这块盖板时,我离她很近,但她所处的那个时代,又离我如此的遥远……当这块盖板揭起,我们相见的时候,呈现出来的那个时代的她会是什么样子呢?

就是在这种心情之下,我揭开了第三块盖板。大家突然安静了下来,因为眼前的景象太震慑人心。骤然安静之后,又不约而同地发出声音来。

“啊!小河公主。”有人这么说,后来就这么称呼这具女尸了。

“小河公主”身上的斗篷保存得非常好,把上头的小盖板全部揭开以后,能看到保存完好的整个身体。她的眼睫毛清晰可见,眉毛弯弯,面部白皙,高鼻梁,略带微笑,唇线细致,身体丰满,比我们之前发现的老祖母保存得还好,长得也非常漂亮,活着的时候可能更漂亮。

我们把她取了出来,又在室内打开斗篷细致观察。她身材丰满,但肚子有一边比较鼓,于是就猜想她是因难产而死的。后来将她带回乌鲁木齐,又专门联系医院给她进行了CT检查,才发现她并非难产而死,而是入葬时丰满的身体遭到挤压后,肚子被挤到一边,才鼓起来的。

M11“小河公主”墓

小河墓地共保存有墓葬167座，墓葬结构基本一致，先在沙丘上刨挖沙穴，然后在穴中放置棺具，最后在棺前栽竖不同的立木，有的还立有更高大的木柱。

M11为第一层墓葬，位于南区东端中部，处于墓地沙丘的顶部。推测墓穴长2.5米，宽1.2米左右，棺前竖一根高1.8米的圆柱形男根立木。木棺长2.2米、中部宽0.55米、高0.24米，由用胡杨木制成的侧板、两挡、盖板拼合而成，无底。棺的盖板有11块，上覆盖3块牛皮，牛皮之上又覆盖了一张白色的毛织斗篷，斗篷上放12根细红柳枝。

棺内墓主人为一成年女性，身长152厘米，全身均匀涂抹乳白色浆状物，已成干尸，保存状况甚佳。她头戴白色圆毡帽，帽上插有羽饰，横缀一只伶鼬。腰围白色短裙式腰衣，足蹬短靿皮靴，颈部佩戴缀有珠饰和羽毛缨的红毛绳项链，右手腕系戴穿缀一枚管状玉珠的红毛绳手链。身裹宽大的毛织斗篷。除随身的衣物、项饰、腕饰外，斗篷右侧靠近膝盖处放置一个草编篓。身上放置大量的麻黄小枝、动物耳尖、用动物筋拧成的短绳，还在身上、身下散置麦粒、黍粒。死者鼻梁高直，眼窝深陷，有着亚麻色长睫毛和浓密的长发，因其美丽被称为“小河公主”。

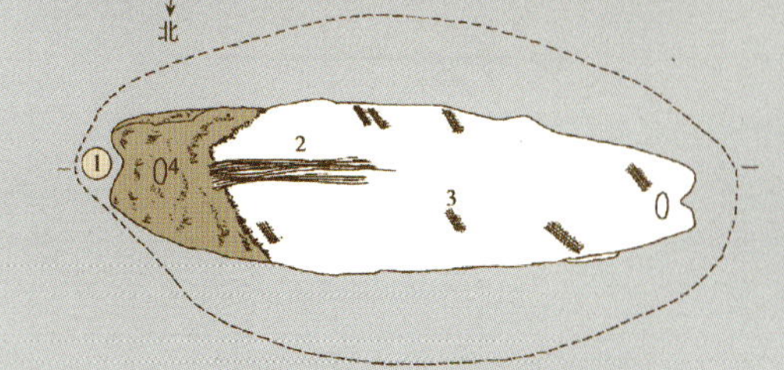

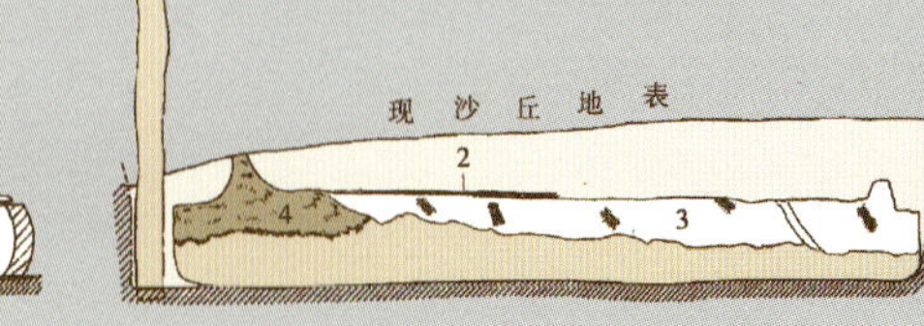

0 20厘米

M11平、剖面图

1 男根立木
2 红柳枝
3 盖馆斗篷
4 盖馆牛皮

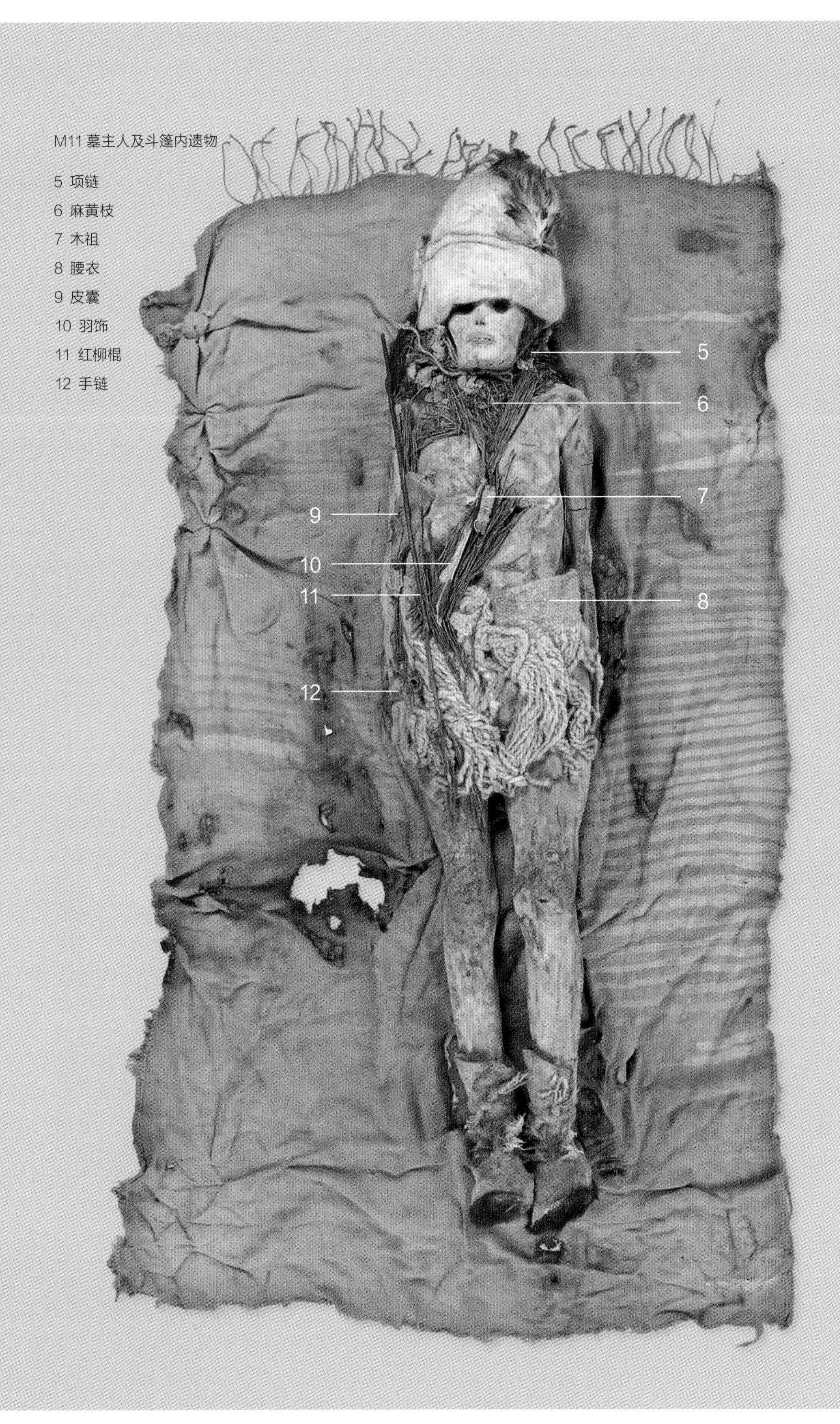
M11 墓主人及斗篷内遗物
5 项链
6 麻黄枝
7 木祖
8 腰衣
9 皮囊
10 羽饰
11 红柳棍
12 手链
5
6
7
9
10
11
8
12

“小河公主”其实就是一个普通人，但因为她的美丽，在大家心目中就被看成了漂亮的“小河公主”。她从身份上来讲，并没有什么特殊之处，她的埋葬方式、随葬品都跟普通人一样。

关于“小河公主”保存的情况，我们通过整体发掘，也做了一个分析。跟她同层位出土的有M13号的老祖母，她的脸部和脚部保存非常好。“小河公主”是通体都保存得比较好，但她出土的时候，不管是看照片，还是现场看实体，都能发现她的脸部及全身有一层白的东西。我们当时分析，她可能喷涂了一层白色的乳状物，这到底是什么，现在还没分析出来。可能由于喷涂了这个东西，她得以保存得比较好。不光是“小河公主”，还有其他的几个例子都反映了这种现象。早期小河人可能用这种乳状物来保存尸身，再加上干燥的气候和浅埋的方式，促使尸体快速脱水并保存下来。

“小河公主”的棺木也非常有特点。从整体来说，她的墓棺是两个侧板，我们在发掘过程中把墓边也找到了。这种棺木的埋葬方式，是在沙地上先挖一个坑，把人放进去，再用两个棺的侧板合起来，把挡头、挡尾插起来，然后用小盖板盖在上面，最后把牛宰了用牛皮包上。这就有一个问题了，这个棺木是没有底的吗？

M13 棺侧面

为什么没有底？一般的观点说这是船形棺。我认为，人来自于什么地方，最后就要回归于什么地方。所以棺的形状像女性的阴部一样，而墓主作为女性，她从什么地方来的，自然回什么地方去，因此棺没有底。当然，这需要进一步的研究，听听其他学者专家的看法。

小河人来自哪里？

小河墓地发掘的后期，我们跟吉林大学一块合作，共同发掘。吉林大学边疆考古中心的朱泓教授是人类学专家，根据他的观察，小河墓地上层的一到三层，保存情况比较好。从墓主的头部看，他们的头发是褐色的，也有略黄或者发红的，加上鼻梁、脸型的分析，朱泓基本上都认定为欧罗巴人种。

小河墓地下层的第四层和第五层保存情况不是太好，墓地作为一个沙包，沙漠只要一下雨，雨水马上渗透聚集到下层，所以下层因为潮湿而保存状况不佳。但吉林大学生命科学院对下层女性墓主线粒体做的 DNA 分析仍然透露出不少信息，下层女性墓主已经有东亚和南亚人的“成分”，说明早期还是有东亚和南亚人与欧罗巴人融合的现象。

从农作物和耕作方式也可以看出这一点。这里的人们种植有小麦、黍，使用的畜力是牛。牛的 DNA 样本显示它们的遗传构成不是中原的黄牛，而与欧亚地区的驯化牛非常接近，说明它们可能是来自欧洲或者西亚的黄牛。

那么，小河人来自什么地方？小河墓地的研究聚集了很多专家，有搞语言研究的、有搞环境研究的、有搞人类学研究的，大家群策群力，去破解这个谜。后来得出一个结论，这批人有可能来自于今天的俄罗斯高加索地区。在地球气候的变化下，为了寻找适宜的生存之地，人类一直在不断迁移。人类的迁移要看环境，有好的环境，有水、有草，适合人类生存,才会选择居住在这里。如果环境恶化了,就会继续迁移。

由于气候寒冷，高加索地带的这批人不断向东迁移。新疆北有天山山脉，南有阿尔金山、昆仑山山脉，这批人有可能沿着乌兹别克斯坦走廊，也就是伊犁峡谷，逐步迁移到罗布泊。罗布泊，是蒙古语的音译名，意思是多水汇集之湖，它曾经是中国第二大内陆湖，文献记载说它“水大波深”，是水草丰茂的宜居之地。罗布泊地区发现有很多细石器，早的距今约近万年，说明早在万年前，这个地区应该就有人类定居了。

在这批来自高加索地区的移民到来之前，这里已有居民。我们在古墓沟发现了人骨的脊椎部分，有石箭头插在上面。那么，新移民与原住民之间，可能为了争夺水土发生过战争，这种现象在人类移民史上常常出现。但是，有战争也有融合，小河墓地的墓主有多个人种，包括东亚和南亚成分的人。他们迁移到这里后定居，与印欧人进一步融合。

整个欧亚大陆上，人的迁徙都是来去不断的，人类在不断迁移、不断融合、不断交流。在高加索地区，现在还有个国家叫阿兰共和国，当地人的祖先是阿兰族，就是中国历史上的奄蔡人，属于雅利安人的一支，在那里发现了很多汉晋时期的丝织品。

欧洲印欧人种早在4000年以前，就一直随着气候变化逐步往东迁移，通过小河墓地人种的研究，可证明这一点。

小河人穿什么?

通过小河墓地的整体发掘，我们对小河人的服饰有了一些了解。在小河墓地中，老祖母是个时髦的女人，她脸上有红色的彩绘，戴着金耳环，颇具审美感。

根据小河人日常的情况来看，女性只穿一件腰衣，就像夏威夷的草裙一样，裙腰比较宽，下缀一圈毛穗，是用毛线织的，穿的时候把穗系住就好了，可以称之为短裙样式的腰衣。男性的腰衣很简单，就是一条很长的腰带，腰带垂到前面打结系起来遮住裆部。另外小河人头上一般戴有毡帽，脚上有靴子，但没有发现上衣和裤子。

他们埋葬时是用斗篷裹住身体，用木别针或骨别针别住斗篷。斗篷也有讲究，有穗边装饰，女性斗篷的装饰位于颈肩，男性斗篷的装饰位于下摆。我们分析，斗篷可能是他们日常的外套，白天搭在肩上或者裹在身上，冷了以后就作为衣服，或是当作被子取暖。

在非洲也有类似的现象。我前年到马达加斯加，注意到当地人也是用床单一样的东西，白天搭到肩上，太阳一落，就裹到身上。澳大利亚也有这种现象，当地土著男性也是系一条腰带，女性穿稍微有点穗摆的腰衣，他们披着带毛的斗篷，和小河人的穿戴有类似之处。人们的生活方式决定了他们的基本服饰。

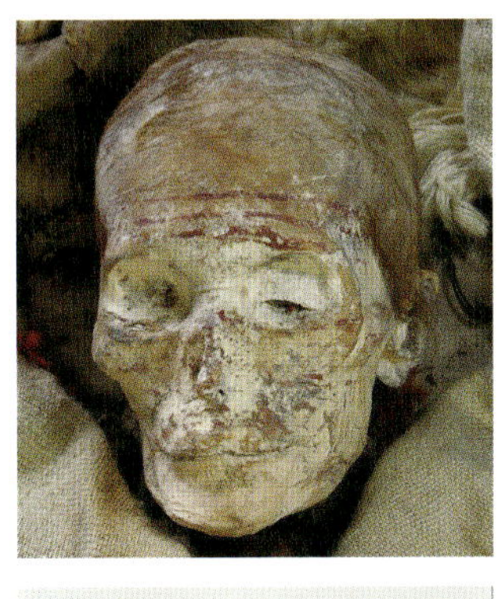

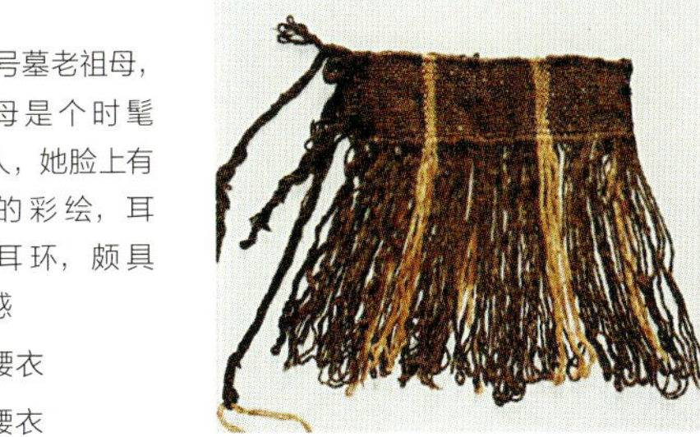

1 M13号墓老祖母，老祖母是个时髦的女人，她脸上有红色的彩绘，耳戴金耳环，颇具审美感

2 女性腰衣

3 男性腰衣

木尸和随葬品

在小河墓地，我们还发现用木头代替的尸体，也裹着斗篷，戴着毡帽，让人感到非常奇怪。之所以叫木尸，因为它是按照人的体形，用木头做成的尸体。有的木尸，是从树干上直接获取的、像人体形状的木叉，包上一层牛皮，还要弄上假眼睛、假嘴唇、假头发、假眉毛。

直到最后，我们一共发现了十几具木尸。为什么会出现木尸，而且木尸跟死人的随葬品一模一样？我们分析，小河墓地作为这个部落神圣的死者殿堂，每个人都要入殓，求得身体和灵魂的归宿。但也有例外情况，可能有人去打猎失踪了，或者在部落间的战争中被掳走杀害，遗体没能归葬。但是族人们又要求给他一个完美的归宿，所以就用木尸来替代。

在发现的木尸中，有一具非常特别——头是真人的头，两个胳膊是真人的胳膊，但其他部位则用木头代替，又用了胶一类的东西，给他做了丰满的外形。还有一个墓，是两具木尸，而且是男性的木尸——因为他们棺前的立木全立女阴。一般情况下都是单人葬，木尸葬的话也是单人，但这两个又都是男性。我们分析，也许是父子俩或兄弟俩，不巧两人都没回来，就葬到这里，这在小河墓地也是非常特殊的，是很重要的一个现象。

小河墓地对小河人来说，是死者的神圣殿堂，是必去的归宿。所以，在 4 公里开外，就可以看到小河墓地，这地方就是一个台地，周围又非常平缓，营造出一种静谧安宁的气氛。它本身是一个红柳台地，第三层的墓葬就压在红柳上面。这里原来应该有很多胡杨，小河人对周围胡杨大量砍伐，用作棺木、立柱。据估计，整个墓地的用木，至少需砍伐 1500 株胡杨树。现在胡杨林已经没有了，因为人类无节制的使用，罗布泊也干涸了，进而生态环境被严重破坏，植被枯死，只剩零零散散几棵干枯的胡杨。

从小河墓地和太阳墓地这块区域的整体情况看，这个地区早期人类的生存年龄一般都不是太长，有个别人可能年长一点，可也就是

小河墓地出土的木尸

四五十岁左右，一般人都在 30 岁左右自然死亡。除了老祖母的墓和 M24 号男性墓的棺规格较高，随葬物品比较多，其他墓葬基本都一样。

小河墓地在埋葬死者时，应该有一些祭祀活动。我们在发掘中发现有烧火的痕迹，肯定是祭祀活动需要点火。北区发现的 M10 号墓，是一个非常特殊的墓，墓主男性，但他身上的穿着跟女性一样，腰衣有三层，而且非常长，头戴的毡帽也不一样，有用皮子做的花边，而且毡帽上的羽毛除了竖着的羽毛，还有往前伸的羽毛。墓主身上还随葬七条蛇，我认为他应该是该部落的一位巫师。

小河墓地没有发现陶器，每个墓会随葬一个草编篓，编制得非常精美，上面的几何纹、人字纹也非常漂亮，在沙漠这样的地理环境下，保存得特别好。一个墓只有一个草编篓，里头常放有小麦，也有的放黍，还有的放一些奶制品。这种奶制品经分析后，被认为是由牛奶与细菌、酵母菌混合而成的乳酸菌制品，学名叫“开菲尔”，属于一种奶酪。这说明养牛以后，除了可以喝牛奶，还可以做奶制品，这应该是目前发现的最早的奶酪。

草编篓里头插有一个芦苇管，芦苇管的直径有一厘米多。能长那么粗的芦苇，说明当时的环境非常好，水草丰美，植物有芦苇、甘草，这些东西对小河人有很重要的用处。这上面，有的放着一块牛粪，有的还把一些羊骨头绑到一块，也放在那里。

大量随葬的农作物还是小麦和黍。小麦是从西亚两河流域传过来的，黍是从中原地区传过来的。还有麻黄草，麻黄草是一种植物，可以退热，也可以辟邪，还对呼吸道感染有一定的治疗作用。随葬的麻黄草量很多，说明小河人生前大量使用这个东西。

3 罗布泊楼兰的消失与生态保护

曾经的东西文化枢纽——楼兰

楼兰古城和小河墓地是什么关系呢？小河墓地处于青铜时代，而楼兰古城是汉晋时期的古城，正好处在丝绸之路南道东西文化交流的枢纽地带。通过楼兰古城的发现，我们能了解到当地整个社会的结构、房屋建筑、居民生活、经济交往、文化融合等。在楼兰，当地佛教造像不但受到犍陀罗艺术的影响（也就是说间接受到了希腊文化的影响），也受到东边中原地区文化的影响。

作为丝绸之路东西文化交流的枢纽地带，我们在楼兰见证了很多遗物古迹。汉晋时期的一些墓中发现了丝织品，比如尸体上穿的衣物都是中原地区典型的汉式服饰；墓葬形式也一样，都是竖穴，墓室是穹隆顶，棺材上也是典型的中原地区汉式彩绘，有朱雀玄武图案，也有卷云纹。

1 草编篓
2 出土的小麦、黍
3 出土的麻黄草
4 楼兰遗迹

1980年，我们在铁板河一个雅丹台地上发现了楼兰美女。她所处的年代，经过多次的测定，确定为距今3800年左右，太阳墓地、古墓沟都距今3800年左右。后来我们又发现了小河墓地，它的下层距今4000年，上层距今3500年，都属楼兰典型汉式彩棺同一个文化类型。而楼兰文明的时代是从东汉到晋，时代跨度相差3000年。也就是说，从小河墓地到楼兰文明，人类的活动中间有断档。

经过多年的调查，一直没发现这一断档时期内人类活动的遗迹，这是为什么呢？2010年，我去小河墓地做进一步调查，在途中又发现了一些陶片，有的是彩绘的、有的是刻纹的。这种陶片，在塔克拉玛干克里雅河流域下游也有发现，距今3000年到2500年左右。但只发现了这些陶片，没有人类活动的其他依据，这当然还有待进一步的调查。

实际上，在汉晋时期的丝绸之路南道，除楼兰以外还有很多城，比如楼兰西南边50公里有海头城，编号LK，海头城旁边还有一个编号LL的城，在楼兰附近还有一编号LE的城。小河西北边6公里左右，我们又发现一个城，编号为L城，处于魏晋时期。在这个区域里，人类活动分布非常广。1980年，楼兰东边发现了很多的钱币，900多枚唐代的开元通宝，说明楼兰古城虽然废弃了，但直到唐代，人类可能还在走这条商道，但已经很艰难了。这些开元通宝也许是因为荒漠无水，人死了，带的钱也就撂在这里了。

楼兰的名称，主要是因楼兰古城发现。东汉时期，作为交通枢纽的楼兰属汉朝西域都护府。公元前77年，傅介子杀楼兰王，改名鄯善，西汉政府在这里驻兵屯田，守卫中原与西域往来的商道。鄯善国的管辖范围更大，包括若羌，甚至到于田这一带，当时都属鄯善国的管辖范围。

所以，在丝绸之路南道，包括楼兰、尼雅、于田等地区，人种的融合、文化的沟通、物资的交流都能看到很明显的迹象。中原地区的漆器、丝绸、锦帛，西边的香料、玻璃器，很多东西都是通过楼兰来交流互通的。张骞凿通丝绸之路，我们只能说是官方行为，但其实之前民间

1 楼兰出土的汉式服饰
2 楼兰典型的汉式彩棺
3 楼兰东部发现的开元通宝
4 营盘出土的漆盒
5 营盘出土的玻璃器
6 漆盘
7 东汉弩机

的交流早就有了，而且形式多样，有玉石之路、毛皮之路、青金石之路。张骞出使西域以后，回到长安向汉武帝汇报了这些情况，官方的丝绸之路由此才开始，楼兰这个地方也变得很重要——匈奴要切断西域各国与汉朝的联系，西汉、东汉政权就派人收复这些地方，之后再派兵屯田，管属这些地方；汉朝政府还安排一定的护卫兵，护送丝绸之路上的人，这些人不只是商人，还有政府使者以及传道的佛教徒；西域都护府会派人保护他们，从这个绿洲护送到那个绿洲，也就是从这个小国家送到那个小国家。

楼兰消失与生态保护

张骞通西域后，楼兰地区人口不断增长，水的消耗也就变得非常大。注入罗布泊的河水不断被截流，导致这一地区不再适宜居住。楼兰逐渐被废弃，当然还有很多原因，比如气候、战争、瘟疫。考古发现的一些文书，也提到上游不断截流，河水利用不合理，导致供水不足。再加上整个楼兰地区，包括丝绸之路南道发现的一些古城，都大量砍伐胡杨树来建筑房屋。当地房屋的结构、基础都是木头的，房屋建筑是用木头做成框架，之后再搭起篱笆墙，再抹草泥。房屋结构也非常讲究，平民的房屋比较简单，但富贵人家的房屋非常宽大，分前室、回廊、储藏室、后室，有冬天住的房子，还有夏天住的房子，而且门框都要雕刻花纹，很是讲究。水源缺乏、胡杨被大量砍伐，都导致当地的生态环境不断恶化。

考古发现的文书显示，后来这里制定了法律，有严格的保护植物的条款。比如，要是连根砍了一棵胡杨，那就罚一匹马；要是把粗一点的胡杨砍了，罚一头牛。这可以说是目前我们所看到的最早的森林法了。

魏晋以后，孔雀河的上游，包括焉耆地区，人口繁衍增长，需要大量开垦荒地、截流用水。所以孔雀河与塔里木河的水，就不能注入罗布泊，也不能流入楼兰。水源不足，人们只好迁移到别处去。根据发现的一些文书，基本上人类到 4 世纪就逐步迁移了。但罗布泊最后的干枯是在 1972 年，是上游不断的截流，水源不足，最后导致了整个罗布泊的干枯。

在丝绸之路南道，只要发现城址，那么在城址周边两三公里范围之内，都看不到干枯的胡杨，反而离城址更远的地方，人类居住少的地方，还有大片干枯的胡杨，有的胡杨的直径甚至达 1.5 米。这是为什么呢？城址附近的胡杨树都被就地取材，用来做棺木或用于祭祀了。这样的后果也很明显，那就是周边植被的破坏。2008 年，我在塔克拉玛干发现了一个早期墓地，接着我在塔克拉玛干腹地走了 13 天，从沙漠公路走出来有 200 多公里，过了 80 条古河道，其中有一片干枯的胡杨林，我走了 3 天才走出来。

人对植被的破坏，导致了环境的变化，给现在的我们敲响了警钟。可以想象，塔克拉玛干、罗布泊这些地区早期的生态环境是非常好的，湖泊众多、水草丰茂、芦苇丛生、动物繁多。之所以丝绸之路南道的小国家随着人类的迁移被废，都与人为因素相关。

楼兰壁画墓

新疆的植被破坏很严重，现在有很多恢复和保护措施，比如塔克拉玛干沙漠公路，是目前世界上最长的贯穿流动沙漠的公路，也是中国最早的沙漠公路，这是世界之最。公路的两边通过滴灌技术种植红柳，起防风固沙的作用。又如，把塔里木河的水注入台特玛湖。台特玛湖湖水主要来自塔里木河、车尔臣河等多条河流，台特玛湖面积最大时有 80 平方公里。20 世纪 70 年代，塔里木河下游断流，导致台特玛湖慢慢干涸，和罗布泊一样，成了一片“死亡之海”。再不注入水，库姆塔格沙漠和塔克拉玛干就要连上了，这“世界第二大沙漠”的名头可不是一个荣誉，它意味着恢复生态的极大困难。2001 年 3 月，在北京闭幕的第九届全国人大第四次会议通过了一项重大决议：治理塔里木河，力争用五到十年时间使塔里木河流域生态环境取得突破性进展。随后国家批了一百多个亿整治塔里木河。这几年，台特玛湖已经恢复了一定的水域，植被也相当好，植物长茂盛了，水鸟自然也会来栖息。现在，新疆生产建设兵团第二师三十六团那一片也都形成了湖。所以要重视生态环境的保护，不保护生态，就会导致它被破坏，一旦被破坏，花再大的代价，也很难恢复。

回想起 20 世纪 80 年代，我们在罗布泊地区调查的时候，当地老人告诉我们，罗布泊地区有干枯的芦苇地，你们千万不要在芦苇地底下烧火，要是烧了火，不及时灭掉，火会从芦苇根底下烧着走，可以烧个三五年。可以想见，过去罗布泊的自然生态环境是多么好，植物是多么的茂盛。

新疆是多元一体的民族文化交流地

新疆从 20 世纪到现在，不断有人进行着各种考察，包括早期西方人的一些考察，比如斯文·赫定、斯坦因，还有日本大谷探险队的一些考察，以及俄国人、德国人的。当然，我们中国自己的考古工作者早期也有一些考察。在历史上，丝绸之路出现之前，新疆这里就有东西的交往，比如说玉石贸易，还有早期的商道交流，贸易和交换。通过考古和相关的历史记载，都不难看出，新疆这块地方——包括塔里木盆地和罗布泊地区——作为“一带一路”东西文化交流的一个区域，是非常重要的。

从考古发现来看，新疆是一个多人种、多民族、多宗教、多种文化的聚集地，西边的希腊文化，包括佛教的犍陀罗艺术、希腊艺术，在这里都有所体现。而中原地区的建筑方式、建城方式，古代城池的格局，包括古代的埋藏习俗，也通过交流、通过人类的不断迁移，在这里留下了历史的痕迹。最终，新疆呈现出了一种“多元一体”的状态，这也呼应了中华民族的形成，后者也是一种多元一体的民族文化，通过互相建立、相互接纳、互相融合，推进社会发展，实现进一步的繁荣和强盛。

发现史

- ◎ 1900 年，在楼兰地区考察时，罗布泊人奥尔德克误打误撞发现了楼兰古城的线索。
- ◎ 1934 年，中国与瑞典联合成立的西北科学考察团团长斯文·赫定，委派瑞典考古学家贝格曼和奥尔德克共同找寻小河墓地，6 月 2 日发现小河墓地，贝格曼现场拍照并挖掘了 12 座墓，《新疆考古记》作为此行考察成果出版。
- ◎ 1979 年，时任新疆文物考古研究所所长的王炳华带队寻找小河墓地，却误打误撞发现了罗布泊太阳墓地。
- ◎ 2001 年 12 月，王炳华带队终于找到小河墓地。
- ◎ 2002 年 12 月底，伊弟利斯带队，找到小河墓地，并展开清理和发掘工作。
- ◎ 截至 2005 年 3 月中旬，在第三次艰苦发掘工作完成后，整个小河墓地最终发掘完毕。发掘有 167 座古墓，另有已被盗扰的 190 座墓，合起来约 360 座古墓。

推荐阅读

- ◎ 贝格曼《新疆考古记》，新疆人民出版社，1997 年
- ◎ 新疆文物考古研究所《2002 年小河墓地考古调查与发掘报告》，《边疆考古研究》2004 年
- ◎ 伊弟利斯·阿不都热苏勒等《寻找消失的文明：小河考古大发现》，《大众考古》2014 年第 4 期

有很多谜还没揭示，
我希望在有生之年
继续沙漠考古。

新疆维吾尔自治区博物馆

几何瑞花纹锦

蓝底色显大红、湖绿、纯白三色，花纹为六角形圆点组成的花朵纹。本件织物保存纬线回梭时形成的圈扣，形状与宋代的瑞草纹锦幅边相似。这些织锦的大量出土，反映了丝路贸易的繁荣。

“五星出东方利中国”锦护膊

长 18.5 厘米，宽 12.5 厘米

采用经线提花的织造方法制作，以宝蓝、绛红、草绿、明黄和白色等五组色经织出星纹、云纹、孔雀、仙鹤、辟邪和虎纹，其花纹之间贯穿两排隶书“五星出东方利中国”。是我国首批禁止出国（境）展览文物。

木牛车

新疆吐鲁番阿斯塔那墓地出土

木材分段削、刮、刻，组合拼接成整体。双辕双轮。车厢呈长方形，前后有开口的门，前门两侧附有带窗纱的小窗。车厢外前壁和两侧内壁用赭、黑等色绘出圈点纹饰。这件车虽然是件仿真车，但为唐代车式的研究提供了不可多得的资料。

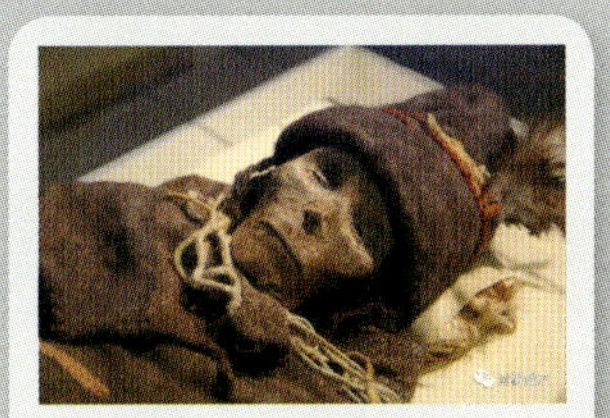

小河墓地成年女性干尸

迄今新疆地区出土的年代最早且保存最完整的一具干尸。该干尸为女性，发现时呈睡眠状态，年龄在 40~45 岁之间，O 型血，科学测定为古欧罗巴人种。面色棕褐，尖高鼻梁，眼深凹，长睫毛，下巴尖翘，棕色直发披散于肩，甚至连体毛、指甲也清楚可见。

张雄干尸

新疆吐鲁番阿斯塔那墓地出土

张雄生前是高昌王国宫廷侍卫军的首脑人物，任左卫大将军、侍郎、殿中将军等职，死时年近 57 岁。张雄干尸皮肉收缩，肚腹低陷，周身呈土黄色。其脸型瘦削，束假发，系仿当时突厥人的习俗。干尸身长 1.68 米，推断生前身高有 1.72~1.73 米，体重为 68~73 公斤。干尸阴囊膨大，可见突入阴囊的肠子，说明他生前患有腹股沟斜疝。

菊花式糕点

以小麦粉为原料，经捏制或模压成型，再烘烤而成。菊花一般生长在南方，出现在古代吐鲁番居民的面点之中，说明当地人民在模仿植物造型上已有较高的技巧，也说明新疆与内地在经济文化上存在着许多共同之处。

彩绘卧牛

手工捏制，通体绘黄色彩，塑为卧状，五官和皮肉塑造非常逼真。

单耳带流折线纹彩陶罐

此陶罐属于察吾呼沟文化。察吾呼沟文化是分布于新疆中部天山南部的早期铁器时代文化。考古工作者在察吾呼沟口发掘了几百座墓，墓葬地表有石堆或石围，墓室为竖穴石室。随葬陶器多为手制夹砂红褐陶，彩陶花纹主要为网格纹、三角纹、折线纹、菱形纹等。

陕西历史博物馆

“高昌吉利”铜钱

直径 2.6 厘米，重约 12 克

古高昌国（今新疆地区）在唐贞观年间铸行的一种流通货币，轮廓规整，制作精良。正面有汉文隶书“高昌吉利”四字，背面无文。隶书端庄凝重，古朴苍劲，既体现出高昌国高超的铸钱水平，也是汉文化在西域的充分展现。

秦始皇帝陵园面积为2.13平方公里，在此之外，还有秦始皇帝陵区，大概将近60平方公里，这些年考古发掘了很多地上、地下的文化遗存，即便如此，也还远远不是秦始皇陵的所有。
这辈子，除了考古我没想过要做别的事情。它是我生命的光，照亮了我一生的梦想。
段清波
西北大学考古学教授
原秦始皇陵考古队队长

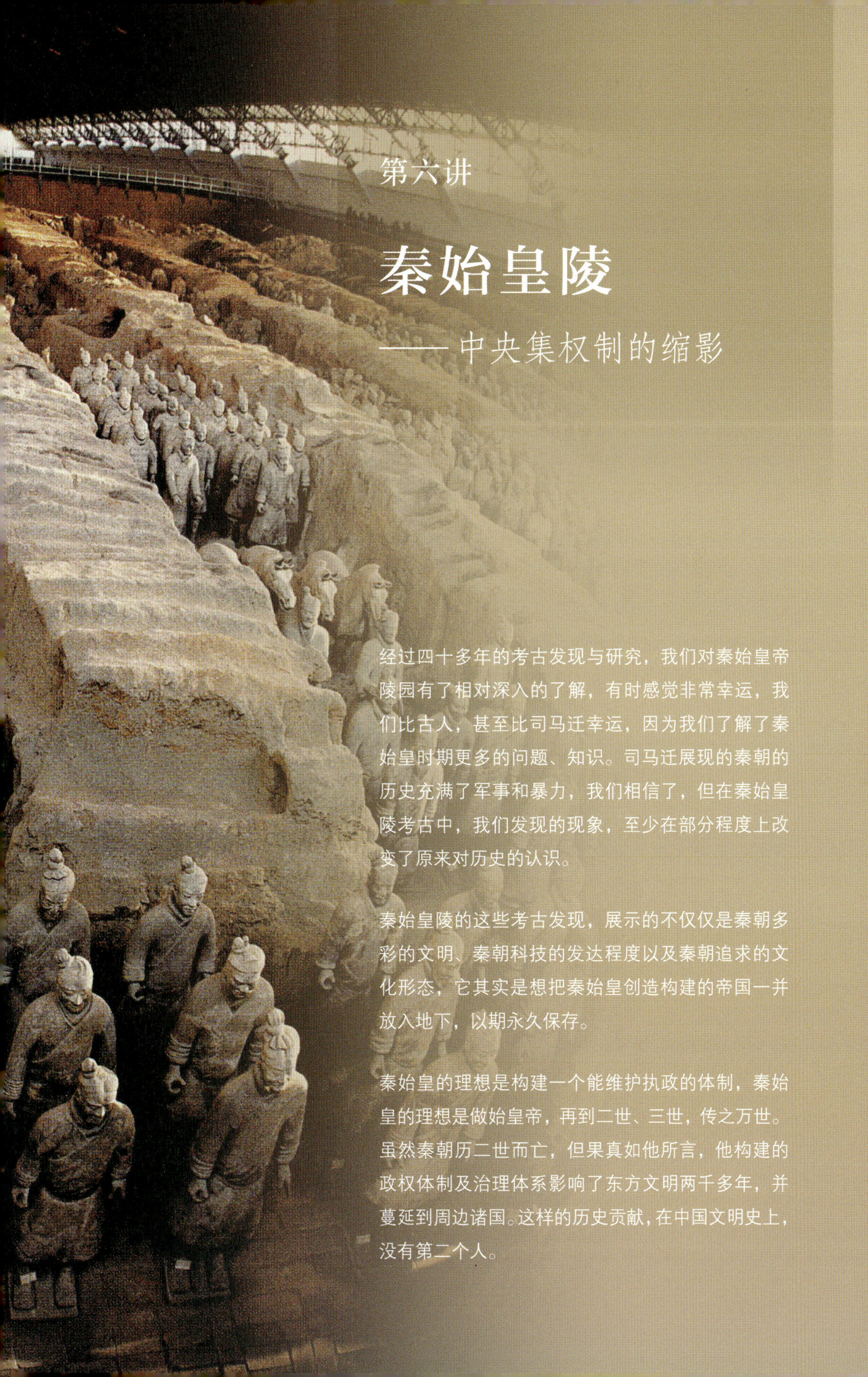

第六讲

秦始皇陵

——中央集权制的缩影

经过四十多年的考古发现与研究，我们对秦始皇帝陵园有了相对深入的了解，有时感觉非常幸运，我们比古人，甚至比司马迁幸运，因为我们了解了秦始皇时期更多的问题、知识。司马迁展现的秦朝的历史充满了军事和暴力，我们相信了，但在秦始皇陵考古中，我们发现的现象，至少在部分程度上改变了原来对历史的认识。

秦始皇陵的这些考古发现，展示的不仅仅是秦朝多彩的文明、秦朝科技的发达程度以及秦朝追求的文化形态，它其实是想把秦始皇创造构建的帝国一并放入地下，以期永久保存。

秦始皇的理想是构建一个能维护执政的体制，秦始皇的理想是做始皇帝，再到二世、三世，传之万世。虽然秦朝历二世而亡，但果真如他所言，他构建的政权体制及治理体系影响了东方文明两千多年，并蔓延到周边诸国。这样的历史贡献，在中国文明史上，没有第二个人。

1 秦始皇的真实形象是怎样的？

百余年前，日本人足立喜六曾在西安踏访史迹，并著成《长安史迹研究》，他在书中写到，自己走至骊山附近，看到了一个“形状略若弧形之山麓野地，宛如火山性质的山岳……山陵的坡度很缓，骑着马也能直达其顶。陵上丛生茅萱，但没有一棵树”，这个巨大的坟丘就是秦始皇陵。

秦始皇陵位于陕西省西安市临潼区东 5 公里外的骊山北麓。一般认为，秦始皇陵的修建花费了近 40 年，而项羽入关中后，便对秦始皇陵进行了大规模破坏，地面建筑毁于一旦；后来，尽管西汉政权下令保护秦始皇陵，但仍未得妥善照顾，《汉书·楚元王传》曾记载秦始皇陵失火之事,牧羊人丢了羊,以为羊误入了秦始皇陵墓的地洞,所以“持火照求羊”，遂使“失火烧其臧椁”，这场大火延续了九十日都不灭。* 在往后的历史中，秦始皇陵一直未能免于大规模盗掘的悲剧，直到新中国成立。

对秦始皇陵的考古工作，始于 20 世纪 60 年代，我在秦始皇陵做过十年的考古队长。这些年，通过对秦始皇陵地上地下的文物进行大面积勘探和局部发掘，我们获得了对秦始皇、秦始皇陵、秦始皇陵园乃至于对秦文化的一些新认识，这些新认识与我们从《战国策》《史记》《汉书》等文献中得到的对秦、秦始皇、秦代的认识，有很大的不同。

---

*《汉书·楚元王传》：“秦始皇帝葬于骊山之阿，下锢三泉，上崇山坟，其高五十余丈，周回五里有余；石椁为游馆，人膏为灯烛，水银为江海，黄金为凫雁。珍宝之臧，机械之变，棺椁之丽，宫馆之盛，不可胜原。又多杀宫人，生薶工匠，计以万数。天下苦其役而反之，骊山之作未成，而周章百万之师至其下矣。项籍燔其宫室营宇，往者咸见发掘。其后牧儿亡羊，羊入其凿，牧者持火照求羊，失火烧其臧椁。”——编者

从某种程度上，这些不同改变了我们对历史进程的看法。

被妖魔化的秦始皇

文献中的秦始皇

司马迁《史记·秦始皇本纪》

秦王为人，蜂准，长目，挚鸟膺，豺声，少恩而虎狼心，居约易出人下，得志亦轻食人。我布衣，然见我常身自下我。诚使秦王得志于天下，天下皆为虏矣。不可与久游。

贾谊《过秦论》

秦王怀贪鄙之心，行自奋之智，不信功臣，不亲士民，废王道而立私爱，焚文书而酷刑法，先诈力而后仁义，以暴虐为天下始。

桓宽《盐铁论》

纣为炮烙之刑，而秦有收帑之法，赵高以峻文决罪于内，百官以峭法断割于外，死者相枕席，刑者相望，百姓侧目重足，不寒而慄……父子相背，兄弟相慢，至于骨肉相残，上下相杀。

秦始皇的形象从古到今没有太大变化。《战国策》一类的文献都在讲，秦始皇是私生子，长相冷峻凶残，声音沙哑，性格暴戾。在秦统一六国的过程中，秦始皇的形象得到了广泛传播。虽然统一了中国，但秦帝国历二世就灭亡了。西汉初年，人们对秦始皇的生平事迹有了新的加工，增加了一些细节，比如晚年大兴土木，求仙寻访长生之道，疏远臣僚，等等，塑造出一个反复无常的暴君形象。这一形象也伴随着文献代代相传，至今仍印刻在人们脑海中。

两千多年来，秦始皇已经不是一个独立个体的概念，而成为一种文化概念。历朝历代，但凡有人要对皇帝谏言献策，一定会拉出秦始皇说事，他修长城、筑阿房宫、修秦始皇陵、通驰道、征匈奴、开发五岭，都是被诟病的具体案例。嬴政 13 岁继位为秦王，39 岁统一中国，50 岁去世，这些劳民伤财之事，其实大都是在他临死前五年做的。

伴随着秦始皇的暴君形象深入人心，人们或许认定秦也是一个暴政的时代——严刑峻法，监狱遍地，人们动辄受刑。然而，通过考古的发掘和研究，我们却发现，西汉前期到中期的法律，其实比秦法更全面、更完善，从某种程度上来说，比秦法更严厉。

“末代之王”现象

1974年发掘出土的兵马俑，似乎印证了我们长期以来对秦的认识——一个全民皆兵、崇尚武力的时代，也是一位暴君的功业。

但事实真的如此吗？我想是值得商榷的。西汉初年对秦始皇的评价必然含有成见。如果仔细看历朝各代的“末代之王”，从夏桀、商纣王、周幽王、秦二世、王莽乃至于隋炀帝等，贴在他们身上的标签大多数是暴虐无道、不信功臣、亲小人远君子、大兴土木、劳民伤财、严刑峻法，最后导致国家灭亡。真实的史实，现在已很难得知，但从政治策略的角度看，朝代更迭之初，新王朝需要强调自己统治的合理性与正统性，为此就要进行一定的政治宣传，这种“末代之王”现象就是为此而进行的“抹黑”。秦始皇、秦二世的暴君形象是西汉初年人为塑造的，隋炀帝的形象则是唐太宗塑造的。

秦始皇陵的修建或不到十年

根据《史记》的记载，“始皇初即位，穿治骊山”，意思是秦始皇13岁当上秦王就开始修建他的陵墓，他即位37年去世，下葬后又修建了两年多的时间，如此一算，秦始皇陵前后修建的时间将近40年。但现在通过考古发掘，我们却发现，修建秦始皇陵或许是一个短期行为。

从位处西陲的秦国到完成统一大业的秦帝国，秦始皇所能调动的资源以及技术条件都有了本质上的提升。从我们现在看到的考古现象——陵园内外陪葬坑的建造方式，陶俑的制作方式、彩绘方式，尤其是戳记以及其他的文字性记录，都表明秦始皇陵的修建是一个短期行为，是秦统一中国、建立帝国之后的产物。

我们在秦始皇帝陵园内发现了一个修陵人的墓地。墓地的石鼓上盖有刻着文字的瓦，上写修陵人的姓名、籍贯。从籍贯来看，这些修陵人除了秦本地人外，还有来自今天山东、江苏、浙江、湖南、湖北等地的人。而山东半岛的齐国是在统一那一年，也就是秦始皇二十六年（公元前 221）才被灭掉的，只有统一之后，五湖四海的工匠才会来修建秦始皇陵。此外，秦始皇帝陵园还发现了瓦上的戳记，戳记显示的官府机构名称也是帝国时期的，而不是秦国时期的。

另外，一本名叫《汉旧仪》的古籍记载，李斯以丞相的身份负责建造陵墓。在建造过程中，向下挖的时候挖不动了，于是他向秦始皇请示，秦始皇说“旁行三百丈乃至”。那么，整个秦始皇帝陵的主体工程，包括陵墓本体、陪葬坑、陵园以及地面建筑，都可能是李斯当丞相之后的作为。然而李斯当丞相的时间其实非常晚，在刚刚统一时，他是廷尉，秦始皇三十三年（公元前 214），朝廷讨论到底采取分封制还是郡县制的时候，李斯的身份还是廷尉。到了秦始皇三十四年（公元前 213），李斯才成为丞相 *，而秦始皇三年后就去世了。如果将李斯做丞相的时间，和他负责修建秦始皇陵工程的时间衔接起来，到秦始皇去世时，陵墓修建的时间还不到五年。

那么司马迁所说的“始皇初即位，穿治骊山”又是依据了什么呢？其实，这段话是说给汉武帝听的。在两汉的多位皇帝中，从继位一开始就修建陵墓的大概只有两个，汉武帝是其中最著名的。他当了 54 年的皇帝，而他的陵墓修了 53 年。司马迁借批评秦始皇来向汉武帝谏言，这种“影射史学”，在中国历史中比比皆是。比如后来杜牧的《阿房宫赋》，也是用秦始皇修阿房宫来劝谏当时的唐敬宗李湛。

---

* 《史记·秦始皇本纪》：“廷尉李斯议曰：‘周文武所封子弟同姓甚众，然后属疏远，相攻击如仇雠，诸侯更相诛伐，周天子弗能禁止。今海内赖陛下神灵一统，皆为郡县，诸子功臣以公赋税重赏赐之，甚足易制。天下无异意，则安宁之术也。置诸侯不便。’”“始皇置酒咸阳宫，博士七十人前为寿。……丞相李斯曰：‘五帝不相复，三代不相袭，各以治，非其相反，时变异也……’”——编者

真实的秦始皇

按照《史记》的说法，秦二世胡亥是通过宫廷政变上位的，他的继位是不合法的。但是新发现《赵正书》竹简所记载的内容却认为，秦二世胡亥是秦始皇认可的继承人。那为什么秦二世的形象也是负面的呢？这也可以理解，汉朝需要彻底否定秦始皇和秦二世，使秦朝的延续丧失合法性。所以历史上秦始皇、秦二世的形象，可能在一定程度上偏离了他们的真实状况，而考古的发现却能帮我们更全面地认识这些历史人物。

真实的秦始皇是什么样的人？通过对秦始皇陵的考古以及对相关文献的理解，可以做出判断——秦始皇是一个特别勤政的人。

《史记·秦始皇本纪》说："天下之事无小大皆决于上，上至以衡石量书，日夜有呈，不中呈不得休息。"秦始皇在工作的时候，每天要读一担的资料，即一担各地向他呈写的报告，不读完就不睡觉。一担竹简重120斤，也就是60公斤。有历史学家计算过，按照正常的书写规范格式，120斤竹简大概有20万字。而这仅仅是他每天的阅读量，他还要对这些奏章进行思考研究，从而做出决策并批示回复。

秦始皇统一中国之后，对天下进行了五次巡幸，并死在了最后一次巡幸的途中。第一次是向西北行，剩下的四次都是向东南行。历史上对秦始皇的东巡有很多负面评价，认为这是劳民伤财的行为。实际上，秦始皇是为了加强中央集权、加强对于地方——尤其是东南地区——的统治，秦始皇在泰山封禅，目的也是如此。东巡和封禅，都是他为了巩固帝国统治而做出的努力。

所以在我看来，秦始皇一生中的失误决策都发生在晚年的五年时间，那些超大型的工程几乎将帝国所有的青壮年都用于非日常生产性的活动中。30万人修长城，就需要大概四五倍的人从中原向北方地区运转粮草，部分弱劳动力也要用到非生产性的活动中。秦帝国当年的人口约2000万，这意味着一半以上的人都在建设这些大型土木工程，可想而知，当时的经济生产必然会濒临崩溃。

但不可否认，秦始皇是一个有作为、非常勤政的皇帝，他制定的各方面政策制度开辟了一个全新的时代，改变了中国古代社会的进程，影响了中国社会2000多年的发展。

《峄山刻石》

从帝国建立次年（公元前220），秦始皇数次巡守，以宣示对这个大一统帝国“天下”的拥有，留下七处歌其功德、昭示天下的刻石。

峄山，位于今山东省邹城市东南，《史记·秦始皇本纪》云：“二十八年，始皇东行郡县，上邹峄山。立石，与鲁诸儒生议，刻石颂秦德，议封禅望祭山川之事。”遂有此碑。

《峄山刻石》铭文：皇帝立国，维初在昔，嗣世称王。讨伐乱逆，威动四极，武义直方。戎臣奉诏，经时不久，灭六暴强。廿有六年，上荐高号，孝道显明。既献泰成，乃降专惠，亲巡远方。登于绎山，群臣从者，咸思攸长。追念乱世，分土建邦，以开争理……

2 秦陵的兵马俑等陪葬坑代表了什么？

中央集权政治体制的外藏系统

秦始皇陵是中国历史上第一个皇帝陵园，开创了中国历代皇帝的陵寝制度。此后，历代最高统治者的坟墓有了特殊的规制。

秦始皇陵的考古工作已经开展了 40 年，通过这 40 年的工作，我们对秦始皇陵的基本布局有了相对清晰的认识。

整个秦始皇陵由陵墓、陵园和陵区，这三重空间概念构成。秦始皇陵墓包括陵墓的封土及地下墓室。秦始皇帝陵园包括内城垣及外城垣，呈回字形相互套合。陵墓处在内城和外城中间。陵园的地下有大量的陪葬坑。内、外城之间的地面上有大量建筑遗址，都是当年的礼制建筑、祭祀建筑及维持陵园日常管理的有关建筑，等级都很高。

中国古代所有帝王陵园的布局大致都有一个相对明确的界限，即使用环壕或围墙将整个陵园包围起来，但秦始皇陵是个例外。在秦始皇帝陵园的外城之外，还有大量的建筑和陪葬坑。比方说我们熟悉的秦兵马俑就是在陵园外，距离陵园 1.5 公里。我们这些年发掘了不少在陵园之外的陪葬坑。

秦始皇帝陵园东西长 970 米，南北长 2188 米，面积为 2.12 平方公里。在此之外，还有秦始皇帝陵区，大概将近 60 平方公里，即整个秦始皇陵的空间范围为 60 平方公里。近年来考古发掘了很多地上、地下的文化遗存，但这些还远远不是秦始皇陵的所有。

秦始皇陵存在大量陪葬坑，这些陪葬坑分布于秦始皇帝陵园内外，目前为止发现了 200 多座。兵马俑 1 号坑、2 号坑、3 号坑只是这 200 多座陪葬坑的一部分，只不过规模较大。过去对陪葬坑的解释是，看

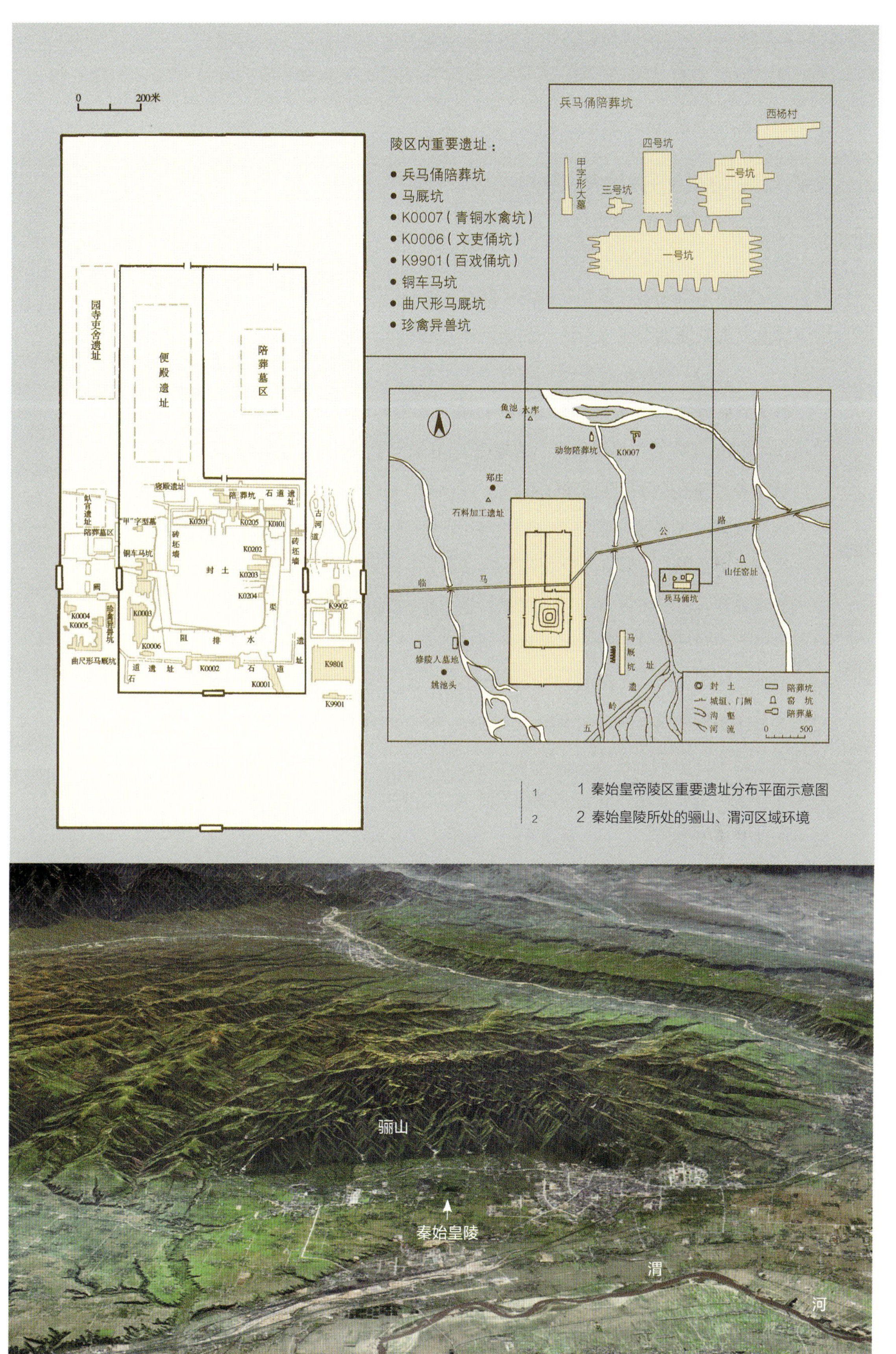

1 秦始皇帝陵区重要遗址分布平面示意图

2 秦始皇陵所处的骊山、渭河区域环境

到什么就认为是什么，比如兵马俑就是军队，有些陪葬坑有马，就将之称为“马厩坑”，有马有俑的我们也认为是马厩——在秦的发展演变过程中，马确实帮助他们建立了丰功伟绩。

尽管如此，秦始皇也不至于在死后的陵园里到处都安置马厩。这些陪葬坑的用意到底是什么？经过几年的发掘和认识，我们发现，这些陪葬坑其实是在地下模拟秦始皇创造的中央政府机构，每一个陪葬坑都是一个机构。我们将这些模拟政府机构的群体称为“外藏系统”，这个群体是中央集权政治体制的“影似”。秦始皇在其陵园放一套中央集权体制机构，体现了“事死如生”的理念，意味着他到另一个世界时，也仍然拥有完整的帝国社会治理体系。

秦始皇陵内外最著名的陪葬坑就是兵马俑，体现的是军事机构。这些军事机构和秦朝的军事体制、军事训练、军事编制如何结合起来，还很难说清楚。陪葬坑体现的军政形式，也很难和历史文献进行一一对应。但它们仍然能反映秦帝国时期的军事编制，而且这也是中央集权体制的组成部分。

另外还有著名的铜车马，铜车马展现出来的青铜铸造技艺之高，远超今人想象，今天所有的工艺技术在那个时代几乎都有了，众多的技术组合到一起，成就了中国历史上独一无二、被誉为“青铜之冠”的一组铜车马模型。

马厩坑——秦人为何如此爱马？

在秦的发展过程中，马发挥了很大的作用。文献上也记载，秦始皇最喜欢的几匹马非常厉害，类似唐太宗的“昭陵六骏”。

养马、驯马，伴随着秦民族由小到大、由弱到强的全过程。西周建立之初，秦位处西部边境，在周人和戎人之间，替周人看管西部门户，秦人的先祖秦非子因养马有功被周天子封为“附庸”，中国第一部养马

1
2

1 秦陵一号铜车马“立车”

2 秦陵二号铜车马“安车”

1 马厩坑发掘现场
2 秦石头盔
3 秦石甲胄

的著作《相马经》即出自秦国人伯乐，可见当时秦国的养马业非常发达。到了战国后期，秦国已成为“虎贲之士百余万、车千乘、骑万匹”的军事大国，战争的形式、军队的组成发生变化，秦人异军突起，最终统一全国。

秦始皇陵里发现的一些陪葬坑，分布在秦始皇帝陵园的东侧和兵马俑之间，至少有一百座，都是马厩坑。坑里的瓦片上有文字，显示有中厩、大厩、左厩、右厩，即等级不同的养马机构。

马厩坑的形式包括马俑同坑、有马无俑、有俑无马这几种形式。这些坑里有真马、陶马以及象征性的马槽。活马一般是杀死后放进去的，我们在马的头骨上还发现有铜制的小刀子，可能当时把马的动脉割断后，刀子就留在了马的身上。此外，这些“马厩”的地下还有四个洞，恰好能够把马的四条腿插进去，说明马在坑里也保持着站立的姿势。

存有铠甲和头盔的陪葬坑

1974 年发现兵马俑、1980 年发现铜车马之后，秦始皇陵的考古工作再没有进展，直到 1998 年，在秦始皇帝陵园里发现了另外一个陪葬坑，它是陵园里迄今为止发现的最大的坑，面积为 13680 平方米，东西 130 米，南北 100 米，在东西南北四个角有四个坡道，是进出的门道。经过试掘后，我们发现这个坑里全部是用石片做的铠甲，还发现了头盔。

去过兵马俑的人都知道，整个秦始皇帝陵园里的兵马俑都是没有头盔的。过去文献里也说，秦人在战场上不要命，是不戴头盔的。但这个坑的发现，证明了秦国的常备军也有头盔。

在陪葬坑中发现的石铠甲，基本上是 1 平方米里有一个头盔、一件铠甲，假如这个坑里都是石片做的铠甲，那至少有一万件。发掘之后我们进行了清理修复，发现这些铠甲比兵马俑所展示的铠甲形式种类还要多，大概也是分不同军种、不同级别的，有将军穿的、有车兵穿的，也有普通士兵穿的。

我们曾经修复了几件铠甲，其中有一件是一般战士所穿的，铠甲石片用量为 612 片，重 20 公斤。我们还修复了一个头盔，是由 74 片铠甲石片组成，重 15 公斤。那么大致来说，秦国战士上战场，头盔、铠甲的负重为 35 公斤。这和我们在汉初考古发现的铁铠甲重量是一样的。

长期以来，我们都不太清楚这些石铠甲是怎么做的。它们每片大概 5 到 7 毫米厚，更薄的将军俑铠甲为 3 到 4 毫米，石片根据身体的部位加工成不同的形状和弧度，之后在四个角钻孔，让不同的甲片通过孔与孔连缀起来，连缀的材料是青铜丝。

我们原以为这些石片选自自然界的石层，稍经加工即可。后来发现不是的，它们全部是用原始石头打磨而成。秦始皇帝陵园里有一个井，井内全是制作铠甲过程中产生的不同废料，由此能够复原制造铠甲的过程——从大石头开始加工、打薄、打磨，最后钻孔，所有工序都是手工制作。

为此，我们模拟了一次铠甲制作过程。我们买了一些厚度为 1 厘米的现成石片，根据需要进行打磨、加工、切割，再磨出弧度，甲片和甲片相叠压的地方也要打磨。我们使用的全是电动工具，可每人每天也只能做 6 片，一件铠甲 612 片，需要做 100 天以上。而从井里出土的资料显示，当时所有的工序全是手工的。

假如这个陪葬坑中有一万件铠甲头盔的组合，需要多少人日复一日、年复一年地从事加工？过去的文献记载，秦统一后有 72 万人参与了秦始皇陵的修建，我们觉得不可能，72 万人得是多大的规模呀，但这些铠甲井的出现，迫使我们相信，文献给出数字很可能是真实的。

文官俑——最早的公务员形象

在秦始皇陵墓的南侧，我们还发现一个“文官俑”陪葬坑，这使得我们对秦始皇陵的陪葬坑有了更新的整体认识。它离陵墓封土非常近，封土其实已经将陪葬坑盖住了。这个坑一共出土了 12 件陶俑、20 匹马。

这些陶俑有两种形态：一种是御手俑，即驾车的，另一种是文官俑。12 件陶俑全部带有长版冠，头上戴帽。有 4 件是驾车的形象，还有 8

件是袖手的形象——就是把双手均笼于袖中。他们的腰带上都挂着两件文具，一件是小刀，一件是磨刀石（一个小布袋子装了一个扁平的东西，根据一些考古遗迹，可判断里面装的是磨刀石）。这是典型的文官形象，在这些文官左臂和躯体之间，还有用来插竹简和简牍的小洞。

我们可以想象，做文字记录的秘书，毛笔一般在头上插着，他们在听长官指示时，将简牍从臂下拿出，开始做记录，写错了就用小刀刮掉，小刀用钝了，就用磨刀石磨一磨，这就是中国最早的刀笔吏。

1 秦俑二号坑出土的绿面俑

2 秦坐姿御手俑

3 九号袖手俑及腰带上挂的小刀和磨刀石

他们头上戴着的帽子显示了他们的“公务员”身份。据我考证，戴这种帽子的人爵位为八级以上，八级属于“公乘”。秦汉时期实行二十等军功爵，八级以上为上爵，可以享受国家赐予的土地及奴隶，出门可以坐车。这 12 件陶俑，不论是御手俑还是文官俑，都属于这个级别，他们代表了政府的管理机构。

这 8 件文官俑里，有 4 件俑是持钺的。钺是砍伐、刑罚的兵器，是先斩后奏的象征，汉代以后，皇帝出行，车前都会插一把斧头，所谓“斧钺车”就是从这里延续下来的。

过去这个陪葬坑也被称为“马厩坑”，但养马不需要八级爵位以上的人。合理的推测是，它是官府机构的呈现。秦始皇将其创造的中央集权体制，用陪葬坑的形式带入地下。他带走的是一套帝国体制、一套社会管理体系，留下的是一个王朝的背影。相比之下，除西汉前期一些帝陵承袭了秦始皇陵的随葬风格外，中国历史上其他皇帝陵墓的随葬品往往只与生前的享乐有关。

3 不止军事和暴政，秦文化其实是多彩的

百戏俑 vs 希腊罗马雕塑

秦朝的尚武和暴力因史书的描写流传甚远，但在秦始皇陵考古中，我们发现的实际情况在一定程度上与司马迁的描述是相悖的，这些考古发现或能改变我们对历史的认识。

秦始皇陵陪葬坑出土的文物，除呈现秦帝国的军事性外，还呈现了其生动活泼、多姿多彩的一面。比如百戏俑坑，就表现了精彩的歌舞杂技。百戏俑和兵马俑有所区别，但制作过程相同，也是像真人一样原大的陶俑，用泥塑的方式，先塑造，再雕刻人物面部的细节，包括鼻子、眼睛、耳朵、头发，之后放到窑里烧，烧成的温度在1000度以上，烧完再施彩、画彩绘。

8000件兵马俑所展示的群体形象，能给我们带来强烈的刺激、冲击，能看到一个大型帝国的军事实力，但那些陶俑塑造的具体细节，如肌肉和骨骼的呈现并不是那么充分，与希腊罗马的雕塑是完全不同

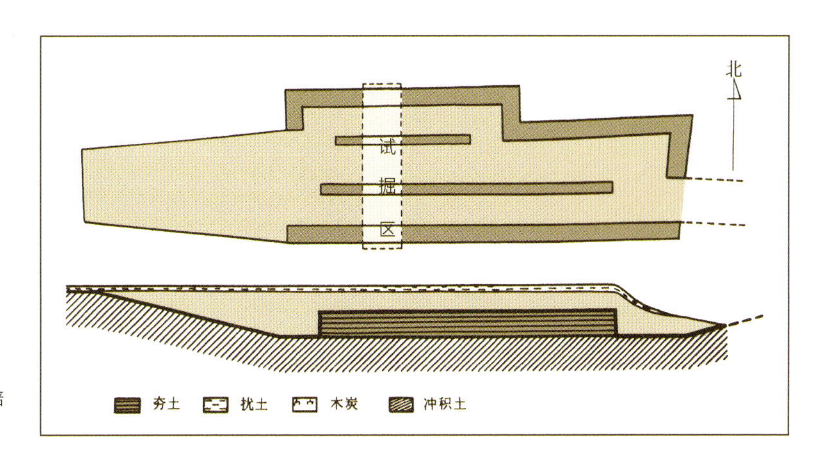

1 秦俑三号坑

2 K9901百戏俑陪葬坑平、剖面图

的艺术风格。相比之下，这批百戏俑却能给人耳目一新的感觉。

这批陶俑目前共发现27个，都在一个坑里，上身是裸露的，下身穿一条短裙，他们是从事歌舞杂技的演员、艺术家，他们做各种各样的动作时，身上的肌肉、骨骼、比例，都表现得非常准确。这种形象在过去中国的雕塑艺术品中没有出现过。歌舞杂技俑，不仅改变了我们对秦时雕塑艺术的认识，更重要的是验证了历史文献中出现的歌舞杂技，让我们看到秦文化缤纷多姿的一面。

其中有一个俑，名为“乌获扛鼎”。这是战国晚期列国流行的一种娱乐活动，比谁的力气大。秦武王赵荡，就是因举鼎而死的。体现“乌获扛鼎”的俑非常威武，他胳膊、胸部和背部的肌肉，包括用力时的肋骨都清晰可见。

还有一件力士俑名为“都卢寻橦”。“都卢”是古国名，大概位于南海一带，传说该国人善爬竿，“寻橦”则是中国古代的一种爬杆游戏。“都卢寻橦”的形象后来在敦煌壁画上也有表现，大力士用手托住（或顶在头上）一根杆子，杆子上面还有人。我们在汉画像石上发现，杆子上最多能有五个小孩在做各种各样的杂技表演。

除此之外，还有一些很轻巧的陶俑，比如有一件是身材瘦小的音乐家或艺术家，翘起一条腿来，用另一条腿站立，手里拿着类似东北二人转的手绢。

总而言之，相比兵马俑强烈而严肃的军事风，百戏俑充满了欢快愉悦的世俗文化气息，可以帮助我们摆脱一些固化的认识。

秦始皇也是音乐爱好者

秦始皇帝陵园外的一个陪葬坑，建造在湖的岸边，模仿有水的环境，中间呈现一条河道，河道两侧铺木板，木板上有青铜鸟，这些鸟都和水有关系，我们叫作“水禽”。

这个陪葬坑里也发现有 15 件陶俑。这些陶俑的形象和兵马俑、百戏俑不一样，他们都是坐着或者跪着，根据出土的位置和小件的器物，可以判断他们是 15 位音乐家，他们演奏乐器，让水禽随着音乐的节奏翩翩起舞。保留下来的青铜水禽有 46 件，包括天鹅、鸿雁、鹤，全带彩绘。

动物在音乐的感召下起舞，这种形象在唐代也有。传说唐代的教坊里有 400 匹舞马。每年元宵节的时候，玄宗举行聚会，马就在中间进行表演。它们既可以在平地上表演，也可以在桌子上表演；可以四

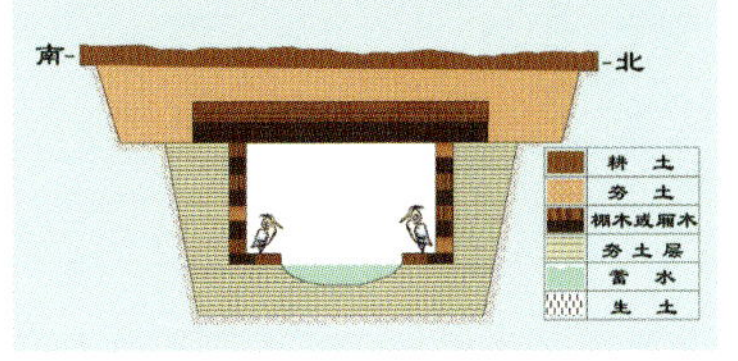

1 19 号百戏俑“乌获扛鼎”

2 3 号百戏俑

3 青铜水禽坑出土状况

4 青铜水禽坑推测剖面示意图

5 25 号青铜鹤

6 卧姿青铜天鹅

7 卧姿青铜鸿雁

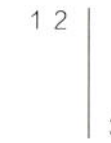

1 青铜水禽坑出土的划船俑
2 箕跪俑
3 秦始皇陵复原图

条腿站立，也可以双蹄站立，随着音乐节奏变化做出各种各样的动作。一曲终了，这些马就到每个桌前，将酒杯衔起来，送到大臣手上。安史之乱时，这批教坊舞马就失散了。陕西何家村窖藏舞马衔杯纹仿皮囊银壶，就展现了舞马的形象。

在秦文化的总体格局中，音乐艺术占有很大的比例。这也反映了秦始皇的喜好与精神追求。文献曾经记载，高渐离是荆轲的好友，善于击筑，演奏时可以达到响遏行云的效果。荆轲刺秦失败，慷慨就义。秦始皇统一天下后，搜捕荆轲的好友。高渐离流落江湖，秦始皇怜惜他的才华，就赦免他，还把他召进宫来，但熏瞎了他的眼睛。进宫后，高渐离经常给秦始皇演奏，他觉得已经用音乐麻痹了秦始皇，于是在筑里灌满铅，企图暗杀秦始皇，结果还是失败了，后被诛杀而死。

从这个故事也能看出，秦始皇是一位有音乐修养的皇帝。今天关于音乐的成语，比如游鱼出听、余音绕梁，基本上都产生于春秋战国时期。在先秦，一个人如果不懂音乐、不会乐器，就称不上是有文化修养的人。

三出阙与封土

在秦始皇陵里，有种建筑名为“三出阙”，这个“阙”从上古直到清代，都是最具标识性的建筑，也是等级最高的建筑之一。夏、商、西周时，只有王的大门、宫殿、宗庙外才能独立设置阙，大门左右各一个。到了春秋战国，礼崩乐坏，这种建筑形制也被很多诸侯采用。

秦始皇统一天下后，有很多统一整合的政策，其中之一就规定只有皇帝能使用三出阙。三出阙是皇帝用在都城、宫殿、宗庙大门外的，等而下之是两出阙，再等而下之是一出阙。但不管是几出阙，一般人都不能用，这种制度一直延续到清代。秦始皇陵出现了中国最早的三出阙，从此这种标识性的建筑就形成了。今天在西安地区，很多跟帝王有关的都城、陵墓里都发现有三出阙，比如汉长安城、唐高宗乾陵等。

我们现在去秦始皇陵，还能看到那高大的封土。唐代时的《两京道里记》曾有“陵高一千二百四十尺”之说，而秦始皇陵的封土目前高度为 55 米，这是中国历史上所有帝王陵墓中最高的，但这还不是实际高度，它的设计高度达到 116 米，即五十余丈。

早期的黄河流域文明其实不流行高台建筑，也不流行封土，封土到春秋晚期才开始出现，可能是文化交流的结果。到了战国晚期，宫殿建筑出现了高台，陵墓出现了封土，而且封土呈现出越来越高大的趋势。

这种高大的封土反映了怎样的文化理念呢？萧何曾言："夫天子以四海为家，非令壮丽无以重威，且无令后世有以加也。"天子要威慑天下，给世人造成强大的威慑感，所以天子居住的皇宫、建造的陵墓，一定要显示出厚重磅礴的气势，这种文化理念一直传承到后世。

秦始皇帝陵园的封土、三出阙以及高大的门，都代表了当时地面上最高等级的规格，只有帝王一人能够享用，成为新时期中央集权治理体系的物化标志，表明秦始皇葬入地下之后依然享有至高无上的地位和权力。

秦始皇的宇宙观

我们现在对秦始皇陵的地宫也有深入的了解。秦始皇陵地宫的底部，距地表有30米，尺寸为50×80米，即南北50米，东西80米，还有东西两条墓道，墓室的六边即上下左右前后是石结构。

地宫里是高15米的空间，没有坍塌，也没有进水，但和地宫同一水平面的周边，即地宫以外全是饱水的状态。

司马迁《史记》对秦陵地宫有如此记载："以水银为百川江河大海，机相灌输，上具天文，下具地理。"说秦始皇陵地宫里模拟了一个秦帝国的版图。水银表示地理水系，彼此之间可以相互流通；而墓室顶部是二十八星宿，表示天文星象；地宫的中间，就是秦始皇的棺椁。这些东西以一种恢宏壮观的形

《史记·秦始皇本纪》

始皇初即位，穿治郦山，及并天下，天下徒送诣七十余万人。穿三泉，下铜而致椁，宫观百官奇器珍怪徙臧满之。令匠作机弩矢，有所穿近者辄射之。以水银为百川江河大海，机相灌输。上具天文，下具地理。以人鱼膏为烛，度不灭者久之。二世曰："先帝后宫非有子者，出焉不宜。"皆令从死，死者甚众。葬即已下，或言工匠为机，臧皆知之，臧重即泄。大事毕，已臧，闭中羡，下外羡门，尽闭工匠臧者，无复出者。树草木以象山。

秦陵周围土壤汞量测量图

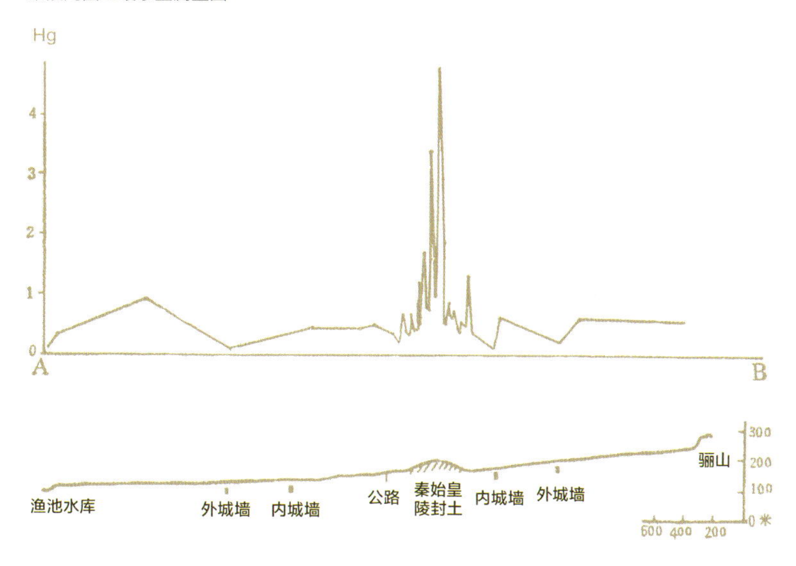

式，展现了由天、地、人构成的宇宙体系。

秦始皇想要建立一种全新的社会制度——中央集权制度，势必需要一套全新的宇宙观。所以他把战国晚期邹衍所创立的阴阳五行宇宙观，合理地嫁接到了秦王朝的文明里。五行对应天上的五德（木德、火德、土德、金德、水德），五德对应人间的朝代，每一朝运转到一定程度，它的德就会衰退，新朝代则会兴起。秦人是水德，周人是火德，以水德代火德，说明秦王朝的统治有神圣性，符合天意，所以秦始皇用水银在地宫底部做了江河湖海。

秦始皇陵的这些考古发现，展示的不仅仅是秦朝多彩的文明、秦朝科技的发达程度以及秦朝追求的文化形态，从中还能看出，秦始皇其实是想把自己创造构建的帝国一并放入地下，以期永久保存。

从战国时期到秦始皇时期是“中华文明发展的第二次质变”，这“第二次质变”包括社会治理体系、宇宙观和核心价值观的变化。就此而言，长期以来对秦始皇的批判压过了对秦始皇的理解，或许我们应该更多地去思考秦始皇的所思所想以及他的追求。

秦始皇的理想是构建一个能维护执政的体制，秦始皇的理想是做始皇帝，再传到二世、三世，然后传之万世。虽然秦朝历二世而亡，但果真如他所言，他构建的政权体制及治理体系影响了东方文明2000多年，并蔓延到周边诸国。这样的历史贡献，在中国文明史上，没有第二个人。

发现史

- 秦始皇陵自建成以来，在历史上曾多次被破坏、盗掘。
- 1906年，日本人足立喜六在西安探察周边史迹，并在《长安史迹研究》中记录下了他对秦始皇陵的踏访。
- 1961年，秦始皇陵被批准为全国重点文物保护单位。
- 1962年，陕西省文物管理局开始对秦始皇陵进行全面的考古勘察，测绘出第一张陵园平面布局图，由此揭开了秦始皇陵考古史上崭新的一页。
- 1974年，当地村民打井发现了秦兵马俑，随即正式组建了秦始皇陵秦俑坑考古发掘队，并开始了大规模的考古工作。

推荐阅读

- 司马迁《史记·秦本纪》《秦始皇本纪》
- 陕西省考古研究院、秦始皇兵马俑博物馆编著《秦始皇帝陵园考古报告：1999》，科学出版社，2000年
- 陕西省考古研究院、秦始皇兵马俑博物馆编著《秦始皇帝陵园考古报告：2001~2003》，文物出版社，2007年
- 段清波《秦陵——尘封的帝国》，中国民主法制出版社，2018年
- 段清波《外藏系统的兴衰与中央集权政体的确立》，载《文物》2016年第8期
- 段清波《秦始皇帝陵的物探考古调查——“863”计划秦始皇陵物探考古进展情况的报告》，载《西北大学学报·哲学社会科学版》2005年第1期
- 袁仲一《秦兵马俑》，生活·读书·新知三联书店，2004年
- 梁云《西垂有声：〈史记·秦本纪〉的考古发现》，生活·读书·新知三联书店，2020年
- 辛德勇《生死秦始皇》，中华书局，2019年
- 李开元《秦崩：从秦始皇到刘邦》，生活·读书·新知三联书店，2015年

中国国家博物馆

铜弩机

兵马俑坑出土

铜弩机是一种强劲有力的远射武器，出现于战国早期。这件铜弩机由牙、钩和悬刀组成，无郭，用铜枢安在木壁框槽中，属于“臂张弩”。它和秦兵马俑坑出土的其他兵器一样，都是秦军攻灭六国时使用的武器。

云纹瓦当

秦始皇帝陵区出土

直径一般为 15.5 ~ 16.5 厘米

瓦当出现于西周，秦汉时已普遍使用。瓦当是指筒瓦顶端下垂的部分，可保护房檐，防止雨水浸蚀，延长建筑物寿命，同时也有装饰作用。云纹瓦当占秦宫殿遗址出土瓦当的大多数，云纹为当时瓦当上最流行的纹饰。

陶马

兵马俑坑出土 长 215 厘米，通首高 163 厘米

此马作伫立状，昂首挺胸，神骏欲驰。兵马俑坑出土的陶马有两种役使方式，一种是用作挽拽战车的，即车马；另一种是披有鞍鞯、用作骑乘的，即乘马。此马当属前者。

陶俑

兵马俑坑出土

此陶俑神情威严，头戴单版长冠，上身穿长襦，外披铠甲，足登方口齐头履，右手半握，原本应握有长柄兵器，是典型的秦代中下级军吏俑的形象。

圉人陶俑

秦始皇帝陵区出土 高 68 厘米

此俑作跪坐状，头绾圆形发髻垂于脑后，身穿交领右衽长襦，双手半握拳，分别置于膝上。

出土于秦始皇陵东侧的马厩坑内，其身份应为养马的圉人。

陕西历史博物馆

鞍马

兵马俑坑出土 高 172 厘米，长 218 厘米

大小犹如真马，昂首站立，双耳如削竹，两眼如炬。马鞍两端微翘，鞍面上有鞍钉，并涂有红、白、蓝、赭四彩，质地类似皮革。出土时，马头上还带有络头和衔镳。

秦始皇帝陵博物院

秦俑面部神态

秦俑艺术的鲜明特征，在于写实的艺术风格和神形的统一。秦俑的制作者塑造了多种多样的典型人物，千俑千面。秦俑的面部特征可以归纳为目、国、用、甲、田、由、申、风等八种基本脸型，呈现了中国人面部特征的一些共性。

秦下级军吏俑

下级军吏俑头戴单版长冠。有不穿铠甲的，属于轻装步兵；有穿铠甲的，是重装步兵，但甲衣上没有彩绘花纹。他们一手握剑，一手执矛、戈等长兵器。

秦车士俑

车士俑身穿长襦，外披铠甲，小腿上绑着护腿，头戴介帻。兵马俑坑出土的战车一般每乘车上有甲士三人，即御手、车左和车右。

秦彩绘跪射俑

头顶右侧绾一发髻，左腿曲蹲，右膝着地，双手置于身体右侧，作握弓弩待发状。表情神态和发髻、甲片、履底等的刻画生动传神，并且文物原本的彩绘保存状况极好，真实表现了秦军作战的情景。

高级军吏俑

高级军吏俑身穿双重长襦，外披彩色鱼鳞甲，头戴鹖冠，双手交垂于腹前，拄长剑。目前出土的秦俑中，级别最高的就是高级军吏俑。

秦袖手俑

秦始皇陵 K0006 陪葬坑出土

此俑展现了文官的形象，头戴长冠，身穿长襦，袖手而立，一派文官风度。这些陶俑所象征的身份和遗址坑的性质还有待研究，但对认识秦陵遗址内涵和秦代政治有很大意义。

秦鞍马骑兵俑

秦人以养马起业，秦始皇帝陵区内也发现有大量的陶马和真马陪葬，可见其对马的重视。鞍马骑兵俑塑造了秦代骑兵和战马的形象，骑兵短小精悍，战马健壮有力，是研究古代军事史的重要物证。

秦青铜天鹅

秦始皇陵 K0007 陪葬坑出土 高 39 厘米，长 91.5 厘米

青铜水禽在秦代考古中属首次发现，这对丰富和评价秦始皇陵的文化内涵具有重大学术价值。

秦乐府钟

秦始皇陵园西侧内外城垣间的饲官遗址出土 通高 13.3 厘米

鼻形钮，有错金蟠螭纹、流云纹，错银云纹、阳线云雷纹饰于钟上。钮部刻有“乐府”二字，证明秦代已经设有乐府机构。此钟声音清脆悦耳，音调准确，钟声属于 C 调。

秦石甲胄

秦始皇陵 K9801 陪葬坑出土 石铠甲通长 75 厘米，共有甲片 612 片；石胄通高 31.5 厘米，共有胄片 72 片

制作这些石甲胄的材料为青灰色岩溶性石灰石，经过磨制和钻孔以青铜丝串系。石甲胄的出土反映了秦代高度发达的手工制造业，说明了秦代军人防护装备的状况，弥补了文献记载的缺失。

彩陶俑

秦铜盾

盾为方首，弧肩，曲腰，平底。正面有一纵脊，中部隆起，背面有握手。铜盾内外两面均为变相的夔龙纹彩绘纹样，龙体屈曲作飞腾状，故又名龙盾。

我是第一个进入海昏侯墓的科研人员。海昏侯墓的发掘工作量极大，前后花费了近五年的时间。截至2019年2月，海昏侯墓已出土一万余件（套）珍贵文物。
海昏侯墓还有数量颇丰的文物未被发掘，在已发掘的文物中，还有大量文物需要保护、修复以及解读整理，起码需要两代人。我已做好了后半生与海昏侯为伴的准备。
杨军
海昏侯墓考古队队长
江西省文物考古研究所研究员

第七讲

海昏侯墓

—— 一座布局清晰完整的汉代列侯墓园

刘贺，这个被废黜的皇帝、短命的王侯，在海昏侯墓发现以前，知道他的人非常非常少。在有限的文字记载中，他被定格成“荒淫迷惑，失皇帝礼谊，乱汉制度”这样一个“清狂不惠”的形象。但2000多年后的考古发掘，震惊了这个早就将他遗忘的身后世界！

海昏侯墓出土的竹简当时差点被当作淤泥清掉，那岂不就清掉了海昏侯墓里最重要的信息？后来有考古队员跟我说：“杨老师，如果当时清掉了，真是后悔莫及。”这话我们现在想起来都后怕。

海昏侯墓出土的孔子镜屏令人非常惊喜，在镜背、镜掩两面以及镜框上绘有人物图像和题记。镜背表面绘孔子及其五个弟子的画像，并附记他们的生平事迹。这上面的孔子像，是目前我们能看到的、最早的孔子画像。

1 27天的汉代皇帝刘贺

刘贺，这个被废黜的皇帝、短命的王侯，在海昏侯墓发现以前，知道他的人非常少。由于特殊的政治原因，在文献史籍中，对他的记载也不多。在有限的文字记载中，他给我们的印象，通常被定格为“荒淫迷惑，失皇帝礼谊，乱汉制度”这样一个“清狂不惠”的形象。但2000多年后的考古发掘，震惊了这个早就将他遗忘的身后世界！

南昌海昏侯墓是我国迄今发现的保存最好、结构最完整、功能布局最清晰、拥有最完备祭祀体系的西汉列侯墓园，也是江西迄今发现的出土文物数量最多、种类最丰富的、工艺水平最高的墓葬，通过刘贺墓园的形制结构、都邑的特点，以及出土的“金玉满堂”，还有令人眼花缭乱的一万件（套）随葬品，一位真实的、活生生的、与文献记载不完全相同的刘贺，逐渐展现在了我们面前。

历史上的海昏侯

在海昏侯墓发现之前，大家对刘贺的了解是有限的。《汉书·武五子传》里有：“昌邑哀王髆天汉四年立，十一年薨。子贺嗣。立十三年，昭帝崩，无嗣，大将军霍光征王贺典丧。”

刘贺的父亲是刘髆，刘髆是汉武帝的第五个儿子，他的母亲就是著名的李夫人。当年，汉武帝立与皇后卫子夫所生的刘据为太子，后因巫蛊事件废太子。李夫人的兄弟李广利和当时的丞相刘屈氂共推刘髆来做太子，但汉武帝并没有同意。在汉武帝快要离世时，选了他与钩弋夫人的孩子刘弗陵做皇帝，也就是汉昭帝。为防止吕后专权的现象再次发生，汉武帝还将钩弋夫人处死。没想到，昭帝 21 岁就死了，没有留下后人。

在无人继承帝位的情况下，当时的大将军、大司马、辅政大臣霍光，就想到了在山东的第二代昌邑王刘贺，把他从昌邑国迎至长安继承帝位。没想到刘贺只做了 27 天皇帝，就被霍光给废了，而罪名竟然是他在 27 天里做了 1127 件荒唐事。《汉书·霍光金日磾传》载："受玺以来二十七日，使者旁午，持节诏诸官署征发，凡千一百二十七事。文学光禄大夫夏侯胜等及侍中傅嘉数进谏以过失，使人簿责胜，缚嘉系狱。荒淫迷惑，失帝王礼谊，乱汉制度。臣敞等数进谏，不变更，日以益甚，恐危社稷，天下不安。"

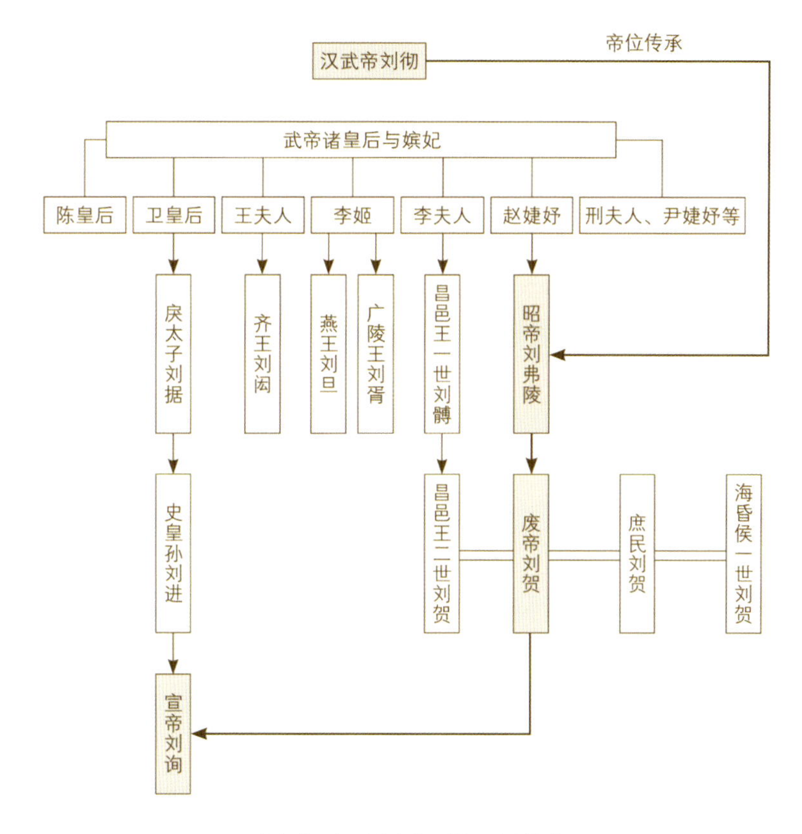

刘贺世系表 选自辛德勇《海昏侯刘贺》

其实这种说法不免有很重的渲染色彩，是正史为了确立汉宣帝继位的合法性才讲的。试想，一个人 27 天做 1127 件坏事，等于说每一天不吃不睡，一个小时就要做几件，实际上是不太可能的。

在这种情况下，刘贺被重新放回昌邑王宫，褫夺王位，过了 11 年的幽禁生活。29 岁时，他被汉宣帝封为海昏侯，34 岁逝世。

这就是刘贺的传奇经历，大起大落、跌宕起伏，他做过昌邑王，做过诸侯王，还做过皇帝，最后做列侯。虽然他当过皇帝，身份特殊，但从他墓园的规制上来看，他还是以列侯的身份下葬的。

海昏侯墓的发现与其规格

2011 年，对于我们江西省文物考古研究所的考古工作者来说是个重要的年份，正是在那一年，我们进入了这个令人震撼的考古发掘项目。当时，我们接到当地百姓的报告，南昌市新建区大塘坪乡观西村墎墩山上，有一座古代墓葬遭到了盗掘。江西省文物考古研究所立刻启动了抢救性考古发掘。

那时我们就发现，这里不仅有一座墓，通过调查勘探工作，发现它还有陪葬墓、夫人墓，以及大量的祔葬墓。更令人惊讶的是，它有一个完整的墓园，墓园占地 4.6 万平方米，整个墓园墙周长有 868 米，有北门、东门，门外还有双阙，门址是由门道、门墩和夯土基址构成的。墓园里有两座主墓、七座祔葬墓，还有一座车马坑，以及道路和排水遗存。

特别是主墓和夫人墓，共用一个东西长 1000 米、南北宽 40 米，总面积约 4000 平方米的高台礼制建筑。这样的一个建筑，是由寝、祠堂，还有两边的厢房构成的。根据我们以往的考古发现，西汉皇帝的帝陵是有陵园的，以汉景帝阳陵为代表。皇帝下面一级的诸侯王也有陵园，以江苏盱眙大云山江都王刘非墓为代表。但是列侯一级有没有完整的陵园或墓园呢？虽然长沙马王堆已经发掘，但没有发现完整的

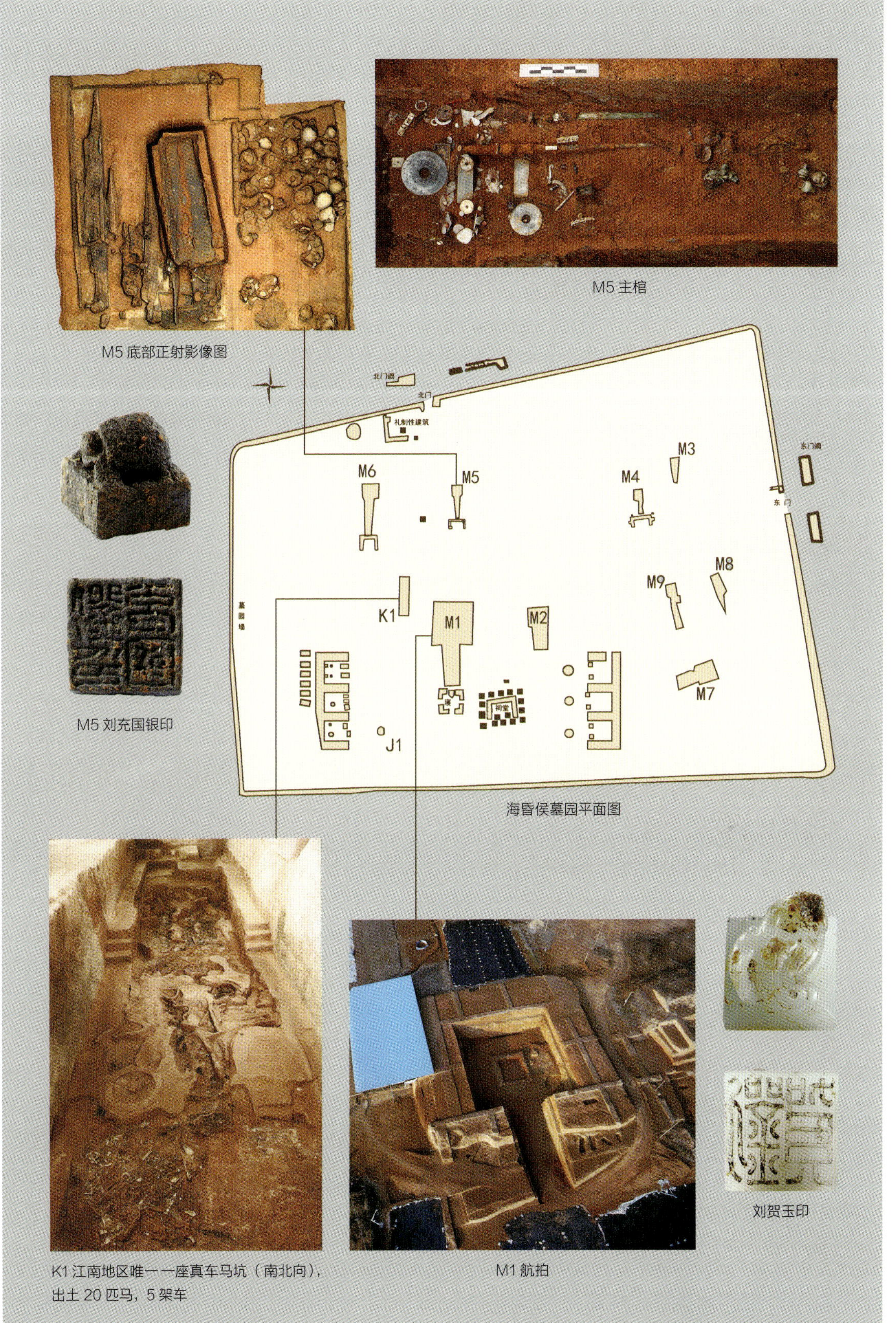

M5 主棺

M5 底部正射影像图

M5 刘充国银印

海昏侯墓园平面图

K1 江南地区唯一一座真车马坑（南北向），出土 20 匹马，5 架车

M1 航拍

刘贺玉印

墓园。现在海昏侯墓的发现，特别是墓园的发现，至少能够证明，海昏侯这样一级的列侯，他和西汉的皇帝、诸侯王一样，有一个完整的墓园。这就让我们想到西安的富平侯张安世，张安世和霍光曾联手把刘贺从皇帝位置上拉下来，而他的墓园在西安被发现时，也是有兆域沟的（即以围沟来划定墓葬兆域）。墓园的发现和兆域沟的旁证，表明海昏侯死时是以列侯身份下葬的。

而从墓的形制上来说，海昏侯的墓是甲字形墓，具有高大的覆斗形封土，封土高 7 米，墓室整个面积是 400 平方米。其封土的高度，以及墓葬前面的祭祀建筑，和湖北云梦睡虎地曾经发现的 66 号墓中出土的西汉早期《葬律》很契合。这本书规定了列侯下葬的规制，比如封土多高、墓葬多大、衣衾要有多厚等。像海昏侯的墓葬，只要《葬律》规定了的条款，它都没有僭越，《葬律》没有规定的，比如钱币、珍玩等财富性质的东西，则随葬了很多。

一般情况下，在帝陵和诸侯王陵里面，只有一位男性，其他墓里葬的都是女性，如皇后、夫人或妾。而海昏侯墓与帝陵和诸侯王陵相比，有一个非常独特的地方，就是除了刘贺本人是男性，其他祔葬墓里可能还有男性，也就是说，祔葬的不完全都是女性成员。现在通过对 5 号刘充国墓的发掘，就发现墓园还祔葬有继承权的未成年男性，这是海昏侯墓园与帝陵和诸侯王陵园最大的不同点。

总之，海昏侯是按照侯的规格、王的规模，甚至带有皇帝的痕迹来下葬的，这其实印证了刘贺诸侯王、皇帝和列侯的三重身份。

海昏侯国都邑“紫金城”遗址的发现

在西汉，诸侯王和列侯仿照皇帝，都有自己的都城。西汉实行的是郡国制度，郡县和封国都是地方一级的行政区划，郡直属于中央，封国由诸侯王和列侯统治。所有诸侯王和列侯，在封国里只有赋税权，没有行政权。行政权归郡执行，由中央统一管理。

刘贺也有自己的都邑。在海昏侯墓园东北直线距离不到 1000 米的地方，发现了都邑遗址。这个都邑遗址是由内城和外城组成的，占地面积 3.6 平方公里，内城发现了大量高等级的建筑基址，从而可以确认，这个内城就是当时的宫殿区，也就是宫城。都邑遗址具有鲜明的特点，城墙是双重城墙，里面的交通以水路为主、陆路为辅。在调查和勘探时，我们发现里面居然还有码头，岸上发现大量当时人活动的遗迹和遗物。

也就是说，海昏侯墓的发掘不仅仅是发掘了一座墓，而且“顺藤摸瓜”，还发现了整个海昏侯国的都邑遗址——紫金城。这也就决定了，我们今后的考古工作，要按照聚落遗址的考古方法来进行发掘。

都邑遗址的发掘，重现了西汉诸侯王或列侯和皇帝的整个都邑情况。同时，我们通过种种证据，最后确认位于南昌市新建区大塘坪乡观西村墎墩山上的墓葬，就是当时西汉海昏侯刘贺的墓葬，最终以一枚刘贺的玉印，把他的身份确定了下来。

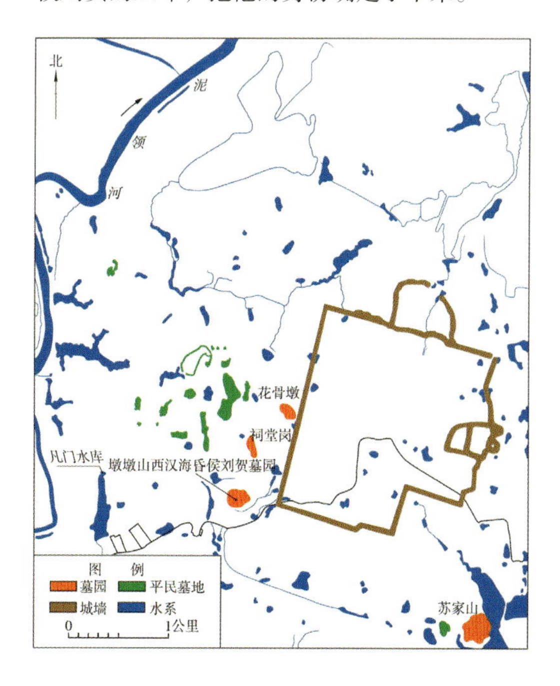

海昏侯国城址、墓园与墓葬分布图

带入墓葬的黄金和财富

海昏侯墓出土了大量的金器，见到的人都会为之叹息。《葬律》里没有对附葬财物的规定，于是刘贺就把大量财宝埋进了他身后的世界。

但是埋葬大量黄金等财富在当时是普遍的吗？海昏侯墓为什么会这样做？这其实和刘贺在南昌、豫章、鄱阳湖的生活经历有关。刘贺到这里来当海昏侯时，曾和豫章太守孙万世有过一次谈话，孙万世问他："霍光把你从皇位上赶下来时，你为什么不反抗、不斩杀大将军？"刘贺回答了这样一句话："是啊，当时我错失了机会。"孙万世又说："你在这个地方当海昏侯不会太久，以后还是要当豫章王的。"刘贺又回答说："是这样，但是现在不能说。"这或许是刘贺的真实心态，他不会一直把自己当成列侯，他梦想回到诸侯王的身份。但是，这次谈话被报告给了宣帝，宣帝一怒之下就把他原有的海昏侯食邑四千户，削了三千户，变成一千户的小侯。在沉重的政治打击之下，刘贺不到 34 岁就在郁闷压抑中过世了。*

刘贺在死之前营造了他的墓葬。海昏侯的椁室由主椁室、藏椁构成，主椁室和藏椁之间，有一个回廊型的过道，这个回廊型过道宽一米，和北京大葆台黄肠题凑墓、江苏盱眙大云山黄肠题凑墓一样，一米宽的过道就是黄肠题凑的位置，但他最后也没能用上，因为皇帝没有赐给他，所以就变成了一个单纯的过道。黄肠题凑这种藏具，是柏木黄心围成的木框，要皇帝特赐才能使用，它与梓宫、便房、外藏椁、金缕玉衣一样，都是帝王陵墓中的重要组成部分，没有皇帝或朝廷的特赐，是不能使用的。皇帝也没有赐给海昏侯玉衣，但他的墓葬里使用了比金子还珍贵的琉璃席，还用了金缕，其下又放置了一百块代表财富的金饼。

---

* 《汉书·武五子传》记载："数年，扬州刺史柯奏贺与故太守卒史孙万世交通，万世问贺：'前见废时，何不坚守毋出宫，斩大将军，而听人夺玺绶乎？'贺曰：'然，失之。'万世又以贺且王豫章，不久为列侯。贺曰：'且然，非所宜言。'有司案验，请逮捕。制曰：'削户三千。'后薨。"——编者

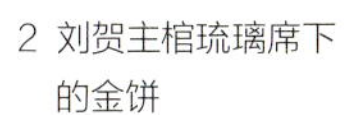

1 刘贺遗骸下的包金丝缕琉璃席

2 刘贺主棺琉璃席下的金饼

刘贺抑郁而亡后，豫章郡和海昏侯府是要向皇帝报丧的。他的家人无权自行安排葬礼，要由朝廷派太中大夫来主持才可以。豫章太守"廖"给皇帝写了一份奏章，说刘贺做的坏事太多，不宜作为海昏侯国的祖先，不宜立嗣，而且他的继承人也接连死掉，天绝昌邑王族，建议汉宣帝除国。汉宣帝欣然接受了此建议，把海昏侯国除国，刘贺的财富也被统统埋进墓葬。

今天，出土的一万多件（套）金玉满堂器物，不仅有刘贺当海昏侯时的东西，还有他当昌邑王时的东西，甚至还有他当皇帝时从长安带出来的东西，这些珍宝不仅反映了海昏侯的一个特殊身份，见证了他的传奇生涯，也再现了西汉王公贵族的生活供奉。

M1 刘贺墓

这是一座可以作为汉代列侯典型标本等级的墓葬。主墓室的设计可谓是匠心独具，模仿生前真实生活场景，以居室化形式，在400平方米的墓室内精心布置了十多个仓、府、库，将生前一切美好统统随葬地下，以待来生享用。

其墓穴成回字形，外围为回廊形结构，出土大量乐器、文书、档案、武备、衣袋、食物、青铜器、陶瓷器、金器、玉器、漆木器。大到成组的编钟，琴、瑟、乐舞人等宴享乐队组合，车马、偶人等导引出行方阵，小到围棋、砝码、书籍，可谓事死如事生，样样俱全。回廊内最核心部位即为主墓室，它位于墓穴最中央。墓主人把生前热爱的饮食起居都带到地下，床榻、屏风、仪仗架、几案、托盘、耳杯，以及美化环境的博山炉、连枝灯，还有随侍左右的各式木俑，应有尽有，不胜枚举。我们能看到一个中国迄今结构最清晰、保存最完好、出土文物最丰富的高等级列侯墓葬。

北藏椁｜钱库

五铢钱出土状况

金器出土状况

麟趾金

马蹄金

西藏椁｜文书档案库

竹简出土状况

西藏椁｜娱乐用器库

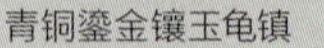

青铜鎏金镶玉龟镇

团龙纹漆盘

青铜鎏金鹿镇

北藏椁 | 乐器库

编钟架底座

编钟出土状况

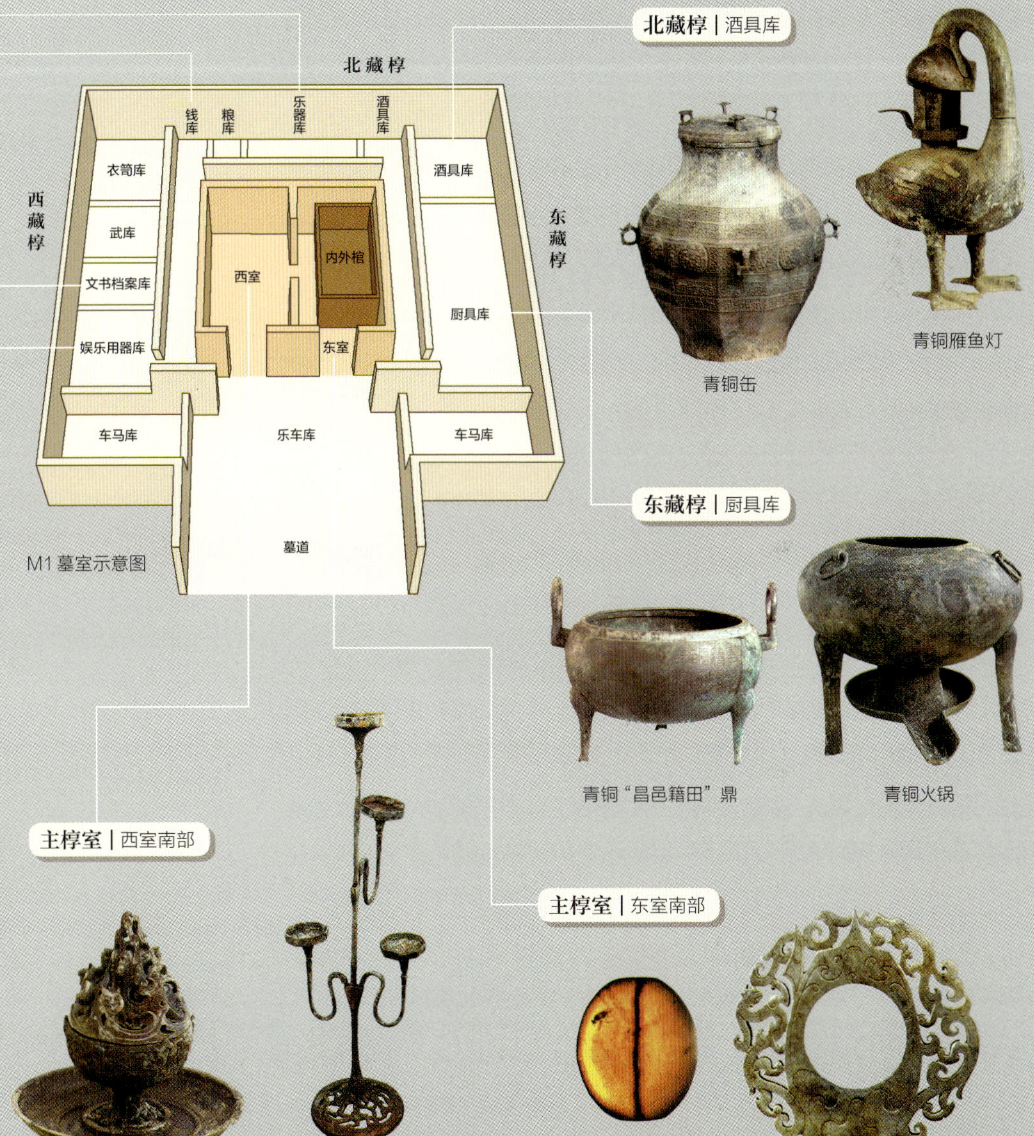

M1 墓室示意图

北藏椁 | 酒具库

青铜缶

青铜雁鱼灯

东藏椁 | 厨具库

青铜“昌邑籍田”鼎

青铜火锅

主椁室 | 西室南部

青铜鎏金博山炉

青铜连枝灯
出土状况及复原

主椁室 | 东室南部

琥珀

韘形佩

2 5200多枚出土的简牍，或许将改写历史典籍？

在海昏侯墓的考古发现中，最为醒目的文物是令人眼花缭乱的黄金以及美轮美奂的玉器。但海昏侯墓里最具意义的发现，并不是这些黄金和玉器，而是带有文字的东西，特别是我们发现的当时的书——5200多枚竹简。

这5200多枚竹简，涉及内容非常广泛，最主要的是儒家经典，如《论语》《易经》《礼记》《孝经》，同时还发现了《六博棋谱》、当时作为《医书》的房中术以及《悼亡赋》。

在这所有竹简之中，最重要的是《论语》。因为海昏侯墓出土的《论语》，并不是传世的、我们现在看到的那版《论语》，而是失传了1800多年的《齐论》。

1800多年前的《齐论》

文献是有不同版本的，就好比今天的书也会有增订、删减本一样，古时同一本书的不同版本可能会有各种差异，小到用字的不同，大到篇章的安排、内容的增减，甚至是学术立场的不同——比如汉代的今古文之别。尤其是儒家经典，早期可能有各种不同的版本、不同人的注释，但是文献经过长时间的流传，会有优胜劣汰，科举盛行之后，政府官方颁布的版本成为主流，其他一些零散的版本就慢慢亡佚失传了。

《齐论》就是一版失传了的《论语》。《论语》在过去有三个版本，一个是《鲁论》，一个是《齐论》，一个是《古论》。《鲁论》顾名思义，就是鲁国人所传的《论语》，一共有二十篇；《齐论》则是齐国人传下

1 2

1 海昏侯墓出土的《论语·知道》篇名简（2564正）

2《肩水金关汉简》所见《齐论》失传章句 王楚宁、张予正释文

来的，共二十二篇；《古论》据说是出自孔壁中书，共有二十一篇。现在我们看到的、常用的《论语》，是西汉末年安昌侯张禹结合《鲁论》《齐论》勘定而成的《张侯论》，最后一直流传到现在。《隋书·经籍志》讲道："（张禹）晚讲《齐论》，后遂合而考之，删其烦惑，除去《齐论·问王》《知道》二篇，从《鲁论》二十篇为定。"《张侯论》一出则三家《论》逐渐式微，至于《齐论》，则在汉魏之际就亡佚了。

《齐论》最大的特点就是多了两篇，一篇是《问王》，一篇是《知道》，这两篇内容均已亡佚，仅在历史文献中留下了篇名。然而在海昏侯竹简的清理和保护过程中，我们居然发现了写有《知道》篇名的简牍，这让我们意识到，海昏侯墓随葬的《论语》简，应该是1800多年前的《齐论》。

这一发现对学术史的研究意义重大，可以帮我们厘清《论语》从先秦到汉代的版本流传。比如海昏侯墓出土的《齐论·知道》首章的释文为："[孔]子知道之易也，易易云者三日。子曰：此道之美也，莫之御也。"而之前《肩水金关汉简》中山怀王刘脩墓（就是定州八角廊墓葬）发现的《论语》竹简中也有相同的文段，通过对比，现在可以认定《肩水金关汉简》中的《论语》也是1800多年前的《齐论》。

原编号	73EJT22:6	73EJT31:139	73EJC:608	73EJT14:7	73EJC:180	73EJT9:58	73EJT24:104	73EJH1:58
摹本、释文	·孔子知道之易也易=云者三日子曰此道之美也	·子曰自愛仁之至也自敬知之至也	·子贛曰九變復貫知言之篡居而俟合憂心橾=念國之虐子曰 念國者橾=呼衡門之下	·子曰必富小人也必貧小人也必貴小人也必賤小人	小人也富與貧	·子曰君子不假人君子樂富	何以復見乎子贛為之請子曰是	之方也思理自外可以知
序号	简一	简二	简三	简四	简五	简六	简七	简八

《六博棋谱》、房中术和《易经》

在 5200 多枚竹简里面，我们还发现了《六博棋谱》。有关“六博”的简牍，之前发现过不少，比如江苏连云港尹湾汉墓的六博木牍。“六博”是带有赌博性质的一种博弈游戏，这种游戏常常要进行占卜，所以很多六博简牍的内容都是关于占卜的。但是，海昏侯墓发现的《六博棋谱》是真正的棋谱，应该是我国发现的最早的一部关于“六博”的棋谱。

同时我们还发现了医书，但描写的是男女性交动作，反映的是房中术在西汉中期的流行。它在马王堆汉墓的《天下至道谈》的八道之上，增加了虚实两道，形成比较完善的房中术理论。是当时一部采阴补阳、延年益寿的医书。

除了《齐论》，我们还发现了另一经典文献——《易经》。《易经》的经文一般是先解释卦名含义，然后自彖辞以下的内容与选择类《日书》相类。海昏侯墓出土的这本《易经》虽然在排序上与传世本的《易经》相同，但内容上差别较大，非常值得对比研究。

木牍里的奏章、诏书、签牌

海昏侯墓出土的简牍包括竹简和木牍，我们统称为“简牍”。出土的木牍可以分为三类：奏章、诏书和签牌。

海昏侯及夫人给皇帝和皇太后写了不少奏章。根据初步的研究发现，这些奏章并不是副本，而是正本。

汉代上行官文曾施行副本制度，《汉书·魏相丙吉传》记载：“故事诸上书者皆为二封，署其一曰副，领尚书者先发副封，所言不善，屏去不奏。”也就是上书分为副本与正本，两本一起上奏朝廷，副本是复制本，尚书可以先行阅读，以确定内容是否得当，有些他会上呈皇帝处理，有些就可以不报；正本是原本，仅供皇帝开阅，是正式的版本。当时霍氏家族的官职是“领尚书事”，也就是上奏给皇帝的奏报，都要经霍氏家族先行过目。于是当时的魏相就禀告汉宣帝，认为这个“领尚书事”很可能会蒙蔽皇帝，建议把副本制度废除。

所以在宣帝的时候，副本制度就没了。霍光死后，朝廷又把霍氏家族一网打尽，也就是说在公元前 66 年，霍家就已经败亡了，那么副本制度至少在公元前 66 年以前就被废除了。海昏侯刘贺是在元康四年，也就是公元前 62 年上书的，这时副本制度已经废除，所以他的奏章应该就是原本。

木牍里面除了上行文书的奏章，还有一部分是下行文书，就是皇帝的诏书。诏书上面有“制曰”二字，表示这是皇帝的批示；还能看到诏书有先下到海昏县，再下到海昏侯国，再下到海昏侯家的这样一个脉络。

1《六博棋谱》简

2 木犊 有“妾待昧死再拜上书太后陛下”等文字，属于奏章类

3 诏书

此外，还有记载随葬品清单的签牌。海昏侯墓出土的大部分遗物，是装在漆木箱里，外面挂一个签牌，签牌是用来说明这个箱子里面装的是什么样的随葬品。在过去的汉代考古发现中，还没有见到过内容这么整全的木牍，既有奏章、诏书，还有签牌。

发现简牍的过程

海昏侯墓简牍的发现过程，也让我们记忆深刻，甚至可以说，这个过程惊心动魄到令人后怕了。

海昏侯墓的藏椁是按照功能进行分区的，比如像北面和东面，有放衣服的衣笥库、有放钱的钱库、有放粮食的粮库、有放宴乐用具的乐器库、有放酒器的酒具库，还有供吃喝的厨具库。在西面，有放武器的武库，还有放文书档案的文书档案库，以及游玩用的娱乐用器库。虽然南面还有车马库，中间乐车库是甬道，但是这些竹简出土的位置，

正好是我们后来根据功能分区发现的文书档案库。

当时在文书档案库里面发现了一团烂泥。我们的考古队员，包括我们的文保人员，就曾经向我这个考古队长提出："杨老师，那是一堆泥巴，我们能不能把它清掉呢？"为此我专门跟考古队员进行了解释，也把文保组组长找了过来:"这个泥巴，现在我们都不能认定它是什么，在这种情况之下，不能直接清掉，还是要等专家组的专家来，他们看了之后，认为可以清，我们再清。"之后，专家组成员、湖北荆州漆木器保护专家吴顺清来到了现场。他一看，就看出了问题——这可不是泥巴，这是竹简啊。

所以，如果当时没有坚持，大家可能就把这批竹简作为淤泥清掉了，那岂不是就清掉了海昏侯墓里面最重要的信息？后来有考古队员跟我说："杨老师，如果当时清掉了，真是后悔莫及。"这话我们现在想起来都后怕。

但这样又一个问题出现了，海昏侯墓为什么会随葬大量的简牍？墓中的竹简是有意埋入的，这至少可以说明，它们是刘贺生前喜欢读的书；也可能是当时人附庸风雅，把简牍作为诸侯王、列侯随葬的标配，所以要葬入墓里。这也反映了汉武帝"罢黜百家，独尊儒术"之后，整个社会对儒家思想的推崇。

西藏椁文书档案库出土的竹简在实验室内做清理和保护

3 海昏侯墓的孔子镜屏

最早的孔子像

在海昏侯墓主椁室的西室，还出土了一件漆木屏风，上有孔子及其七位弟子的画像及传记。整个椁室由主椁室、回廊、藏椁三部分构成，这个屏风是在主椁室内发现的。而主椁室又分为东、西两室，东室是室，是他放棺的位置，我们称为“寝”；西室是堂，实际上相当于书房。这个屏风就放在西室床榻的旁边，在西室床榻南侧还发现了大量的连枝灯、博山炉和漆案，似乎还原了这样一个场景：刘贺坐在床榻上，床榻旁边放着双折式屏风，他与客人亲切地交谈。这让人有重新回到西汉侯王生活的错觉，能看到那时独特的贵族生活面貌。

汉代将屏风分为两种，朝会所用的大型屏风称为“扆（依）”，至今只有广州西汉南越王墓中发掘的一座漆木大屏风较为符合文献记载中的形制。另一种小型的实用屏风即称为“屏风”，这种小型实用屏风长沙马王堆 1 号墓和 3 号墓中各出土了一件。海昏侯这件器物与马王堆屏风的规格较为类似，而且它不仅是一面屏风，同时也是一面具有“图史自镜”作用的穿衣镜。

刚发掘时，我们以为这就是一扇屏风，但把它送入实验室进行文物保护的时候，发现它上面还嵌有铜镜，铜镜的前面有一个镜盖子叫镜掩，后面有镜背，还有一个用于支撑衣镜的镜架，整件器物大概长 70.3 厘米，宽 46.5 厘米。按照汉代尺度，一尺是 23 厘米，这个铜镜当时长三尺，宽二尺，厚约半寸。

最令人惊喜的是，在镜背、镜掩两面以及镜框上有人物图像和题记。镜背表面绘孔子及其五个弟子的画像，并附记他们的生平事迹。

1 孔子镜屏镜框背面上部，从左至右为东王公、四神之凤凰、西王母

2 孔子镜屏正面上部的孔子像局部

3 孔子镜屏正面

4 孔子镜屏出土情况

人像分三层，共六人。左上侧绘孔子像，右上侧绘颜回像；中部左侧绘子赣（贡）像，中部右侧绘子路像；左下侧绘堂骀子羽（澹台灭明）像，有子羽和宰予的合传，右下侧绘子夏像。镜盖里面还有两人，左上侧绘子张像，右上侧绘曾子像。镜盖表面最上侧书写《衣镜赋》，镜盖表面下侧绘有钟子听琴图。另外，考古研究人员还发现一些绘有仙鹤、云气等纹饰的残块。对于圣人与弟子画像出现在衣镜上的作用，《衣镜赋》做了很好的解答："临观其意兮不亦康，气和平兮顺阴阳。"

这上面的孔子像，是目前我们能看到的、最早的孔子画像。北魏司马金龙墓，还有汉代的一些画像石、画像砖上也有孔子见老子的画像，但都比海昏侯墓孔子镜屏上的孔子像要晚。这个镜屏上关于孔子生平事迹的题记写道："孔子长九尺六寸，人皆谓之长，异也。"这和文献记载的孔子身高是相符的。按照汉代一尺相当于现在23厘米计算，孔子身高大概是2.21米。孔子究竟有没有这么高，我们现在已不得而知。但孔子肯定是很高的，所以文献记录才会写"人皆谓之长"。

在所绘的孔子弟子中，子羽就是澹台灭明。据说他长得很丑，他要做孔子的弟子，孔子不太愿意收他，但是子羽学有所成，最后孔子思想在南方的广泛传播，乃是子羽之功。《史记·仲尼弟子列传》里面说："以言取人，失之宰予。以貌取人，失之子羽。"子羽长得不好看，在孔子镜屏上面，其他人都是正面像，只有子羽是一个背面像。

最早的《史记》和最早的东王公

在孔子镜屏上的文字里，最重要的内容是孔子及其弟子的生平事迹。这一记述与《史记·孔子世家》和《史记·仲尼弟子列传》里面记载的文字，相似度达到了68%左右。其中，"孔子作春秋"这一段与《史记·太史公自序》"昔孔子何为而作《春秋》哉"一段的记载大致相同，这一段是上大夫壶遂与太史公司马迁的私人议论，除这两人之外，关于《太史公自序》的文字记录，旁人是不知道的，其他地方没有见到过记载。

更重要的是，我们还看到了“天下君王至于贤人众矣，当时则荣，殁则已焉。孔子布衣，[传]十余世，至于今不绝，学者宗之。自王侯，中国言六艺者，折中于孔子，可胃至圣矣”，这段文字与《史记·孔子世家》里面的《孔子世家赞》内容基本一致。《孔子世家赞》也是“太史公曰”，是司马迁的自言。

从这两段重要的文字材料来看，孔子镜屏上面的内容，应该是抄录自司马迁的《史记》，这意味着我们可能看到了最早版本的《史记》。这一发现令人喜出望外。

同时，孔子镜屏的镜框上，我们还见到了最早的东王公形象。一般认为东王公的形象出现在东汉，也就是公元1世纪左右。海昏侯墓里东王公形象的发现，把东王公出现的时间远远地往前推，推到了西汉中晚期，也就是公元前1世纪。镜框上面的东王公形象是与西王母相配设计的，这种搭配一般认为出现并流行于东汉时期，它在海昏侯墓的出现在一定程度上表明，东王公与西王母阴阳相互对应的图像组合模式，其实在西汉宣帝时已经成型了。

刘贺为何要把孔子镜屏随葬入墓

孔子镜屏还有一块盖板，是书写着《衣镜赋》的屏板，两块屏板合成一个双折式的屏风。上文讲到屏风上有孔子及其弟子总共是八个人，在衣镜的正面有六人，而在《衣镜赋》的屏板正面还有两个人——子张和曾子。

这面屏风为什么会有孔子及其弟子的画像和生平事迹呢？这和刘贺被贬到南昌做海昏侯的心态有关。通过研究，这个屏风制作的年代应该不晚于公元前76年（昌邑十一年）。也就是说，这面孔子衣镜屏风是刘贺从山东昌邑国带到豫章郡南昌来的。

后世的唐太宗说“以铜为鉴，可正衣冠；以古为鉴，可知兴替；以人为鉴，可明得失”，这句话所表达的意义实际上在两汉时期就比较普及了。比如说这个镜屏上面的铜镜，是“正衣冠”的东西；孔子及其弟子的生平事迹，实际上就是“史”，即以古为镜，可以知兴替；同样，孔子及其弟子的画像，都是圣贤像，也就是以人为镜，可以明得失。

海昏侯墓里发现的孔子镜屏，实际上是刘贺生前使用的实物，而不是明器，所以它应该是刘贺“图史自镜”之物。当年汉宣帝把他改封到南昌做海昏侯，实际上有两个规定：第一，离开富裕的山东，到比较偏远的“南藩”之地豫章就国；第二，不得奉宗庙朝聘之礼，也就是不得回长安去祭祀祖先。这就相当于剥夺了他在这两个方面的政治权力，但对于刘贺来说，他其实一直都想恢复自己诸侯王的身份。

唐代王勃写《滕王阁序》时，描述了刘贺在豫章鄱阳湖边数年的心态，“望长安于日下，目吴会于云间。地势极而南溟深，天柱高而北辰远。关山难越，谁悲失路之人？萍水相逢，尽是他乡之客。怀帝阍而不见，奉宣室以何年”。王勃似乎写出了当年刘贺内心的所思所想，虽然是后人的猜测之词，但不无道理。

从紫金城往北，出鄱阳湖，通向赣江的交汇处，是当年刘贺发出感慨的地方，后被叫作“慨口”。我们在考古调查中也发现了这个“慨口”的原址。如今，站在“慨口”远眺江湖无边，水涛波浪之声依旧，这个几千年的旧地仿佛还能听见刘贺的感慨之音。

发现史

◎ 2011年，江西省南昌市新建区大塘坪乡观西村墎墩山上的一座古代墓葬遭到了盗掘，经群众报告，江西省文物考古研究所立刻启动了抢救性考古发掘，发现了以紫金城城址、历代海昏侯墓园为核心的海昏侯国一系列重要遗存。

◎ 2015年，海昏侯M11主椁室的考古发掘工作正式启动，出土了大量精美的文物以及数量惊人的铜钱、黄金、金器，多项证据指向墓主为汉武帝之孙刘贺。同年，海昏侯墓入选中国十大考古新发现。

◎ 2016年，专家组在北京首都博物馆“南昌汉代海昏侯国考古成果新闻发布会”上，确认了墓主为汉废帝刘贺。海昏侯刘贺墓主棺也进入后期清理阶段，出现了“刘贺”字样的私印。

◎ 2017年，南昌汉代海昏侯国遗址被列入国家考古遗址公园立项名单。

◎ 截至2019年2月，海昏侯墓已经出土了一万余件（套）珍贵文物。

推荐阅读

◎ 辛德勇《海昏侯刘贺》，生活·读书·新知三联书店，2016年

◎ 辛德勇《海昏侯新论》，生活·读书·新知三联书店，2019年

◎ 江西省文物考古研究所、首都博物馆编《五色炫曜：南昌汉代海昏侯国考古成果》，江西人民出版社，2016年

◎ 王楚宁、杨军《海昏侯墓竹书〈五色食胜〉为“六博棋谱”小考》，载《文化遗产与公众考古》（第三辑），科学出版社，2016年

◎ 杨军、王楚宁、徐长青《西汉海昏侯刘贺墓出土〈论语·知道〉简初探》，载《文物》2016年第12期

◎ 田旭东《浅议〈论语〉在西汉的流传及其地位——从海昏侯墓出土〈齐论〉说起》，载《秦汉研究》（第十二辑），西北大学出版社，2018年

◎ 王子今《“海昏”名义补议》，载《南都学坛》2018年第5期

木牍

上书有“南海海昏侯臣贺昧死再拜皇帝陛下”等文字，属于奏牍类。木牍上的汉隶优美典雅，是那个时代书法艺术的真实呈现。

“刘贺”玉印

这枚“刘贺”玉印，是汉代常见的“方寸之印”，印面边长2.1厘米，通高1.5厘米。印文“刘贺”二字为阴刻篆书，左右等分。字迹线条粗细基本一致，空间分割讲求匀适，古朴端重。印钮为“鸱鸮”的造型，在此前我国的汉代考古中从未发现过。

错金青铜编钟

先秦编钟“清秀颀长”，西汉编钟则“矮胖敦实”。海昏侯墓出土的这套青铜钮钟共十四件，造型和纹饰均带有西汉早期编钟的特征，其形状为合瓦形，与先秦编钟（如曾侯乙墓钟）相比，其整体形态更偏浑圆。

麟趾金

西汉时期制造了多种形状的黄金铸币，如柿子金、马蹄金、麟趾金等。《汉书》记云：“‘往者朕郊见上帝，西登陇首，获白麟以馈宗庙，渥洼水出天马，泰山见黄金，宜改故名。今更黄金为麟趾、褭蹏以协瑞焉。’因以班赐诸侯王。”说明麟趾金等，主要是用来赏赐诸侯王的。

海昏侯墓出土了大量麟趾金，上或有“上”“中”“下”的文字标记。

马蹄金

马蹄金是西汉时期的称量货币，底面呈圆形，内凹，中空，状如马蹄。海昏侯墓出土的马蹄金分大小两种，大马蹄金分别刻有“上”“中”“下”三种文字，对此专家还未得出完整结论。

青铜鎏金博山炉

吕大临《考古图》云：“香炉象海中博山，下有盘贮汤使润气蒸香，以象海之回环。”相传汉武帝好熏香，遣人专门模拟传说中的博山制作了一种造型特殊的香炉，是为博山炉。

海昏侯墓出土的这件博山炉，保存的完整度和形态几乎可与河北西汉中山靖王刘胜墓出土的那件相媲美，可以说是我国目前出土的、同时期中最好的博山炉之一。

贴金片漆盒

长方形，银扣，里外都运用了髹漆工艺，上贴有图案繁复的金饰纹样。

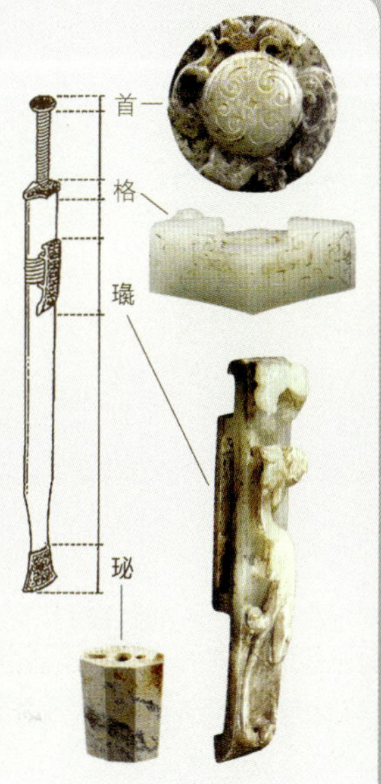

玉剑具

春秋战国晚期，玉剑首、玉剑格、玉剑璏、玉剑珌四部分俱全的玉剑饰逐渐形成，这些玉质装饰物被称为玉剑具。西汉时，成套的玉剑具成为王公贵族佩剑上重要的装饰品。

剑首装饰的是剑的头部，一般为圆形；剑璏装饰于剑鞘上方一侧，可穿系于腰带上，将剑固定于腰间，所以都是长条形，中间有孔，用于穿腰带；剑格位于剑柄和剑身的连接处，中间中空，可套在剑柄之上；剑珌则是套在剑尖上的饰品。

刘瑞

中国社会科学院考古研究所汉唐研究室研究员

第八讲

汉唐长安城

——十三朝古都的兴衰史

说起“古都”，总会想起西安，这座城市的历史可以追溯到6000多年前新石器时代晚期的半坡遗址。悠久的历史赋予了西安许多不同的名字，镐京、西京、大兴、咸阳，然而她最为动人的名字，或许应该是“长安”。

前几年发掘渭河桥时，发现了一艘很小的木船，这艘船居然有很多榫卯结构，但并不是中国造的，而且是第一次出现在远东太平洋地区。我们后来查资料，认为它是罗马船，这种长距离、跨区域文化的交流，超出了文献的记载，意义非凡。

唐长安城有宫城、皇城，还有庞大的外郭城，外郭城城墙里的面积是84平方公里，它是汉长安城面积的2.4倍左右，明清北京城的城墙里只有60平方公里，唐长安城是它的1.4倍。也就是说，唐长安城的面积一直到很晚，才被后来的城市超过，而在当时，它无疑是全世界最大的城市。

1 十朝都会一城中：为什么这么多朝代都定都长安？

关中——沃野千里的“天府之国”

在中国古都当中，长安名列第一——在此定都的王朝，从早期的西周到后来的秦、汉，到最后的唐，中间还有西晋、前赵、前秦、后秦、西魏、北周、隋等一系列比较短的王朝，加起来林林总总有十三个之多，这充分说明，长安有其独特的地理优势。

洛阳和长安古时被称为“两京”，历来是建都的常备之选。长安的历史与关中之地密不可分，周文王从关中出发灭掉了大邑商，完成统一；秦始皇以关中为基础，向东灭六国，完成统一；刘邦也以关中为根据地，向东完成了统一。《史记·留侯世家》和《汉书·张良传》里都讲到了楚汉争霸结束后，刘邦择立都城的事情。刘邦手下的谋士娄敬（后被赐名刘敬）认为应当“都关中”，但由于汉代的开国将领很多都是“山东”人，他们建议刘邦定都洛阳——这个“山东”是指崤山以东，跟今天的山东是两个概念。张良则支持娄敬的看法，他向高祖陈词，指出关中之地“左殽函，右陇蜀，沃野千里，南有巴蜀之饶，北有胡苑之利”，认为这里可谓是“金城千里，天府之国”也。什么叫“天府”？唐人颜师古说：“财物所聚谓之府。”言关中之地物产饶多，可备赡给，故称天府也。“天府之国”原先指的不是四川，而是陕西关中之地。刘邦听从张良之说，最后把都城建在了长安。

唐代时，关中地区的优势仍在，名将郭子仪也曾论述过这一点。他指出雍州之地（即关中）古称天府，并引用了张良之言，“右控陇蜀，左扼崤函；前有终南、太华之险，后有清渭、浊河之固”，即前有秦岭，后有渭河、黄河，这个地方是“神明之奥，王者所都。地方数千

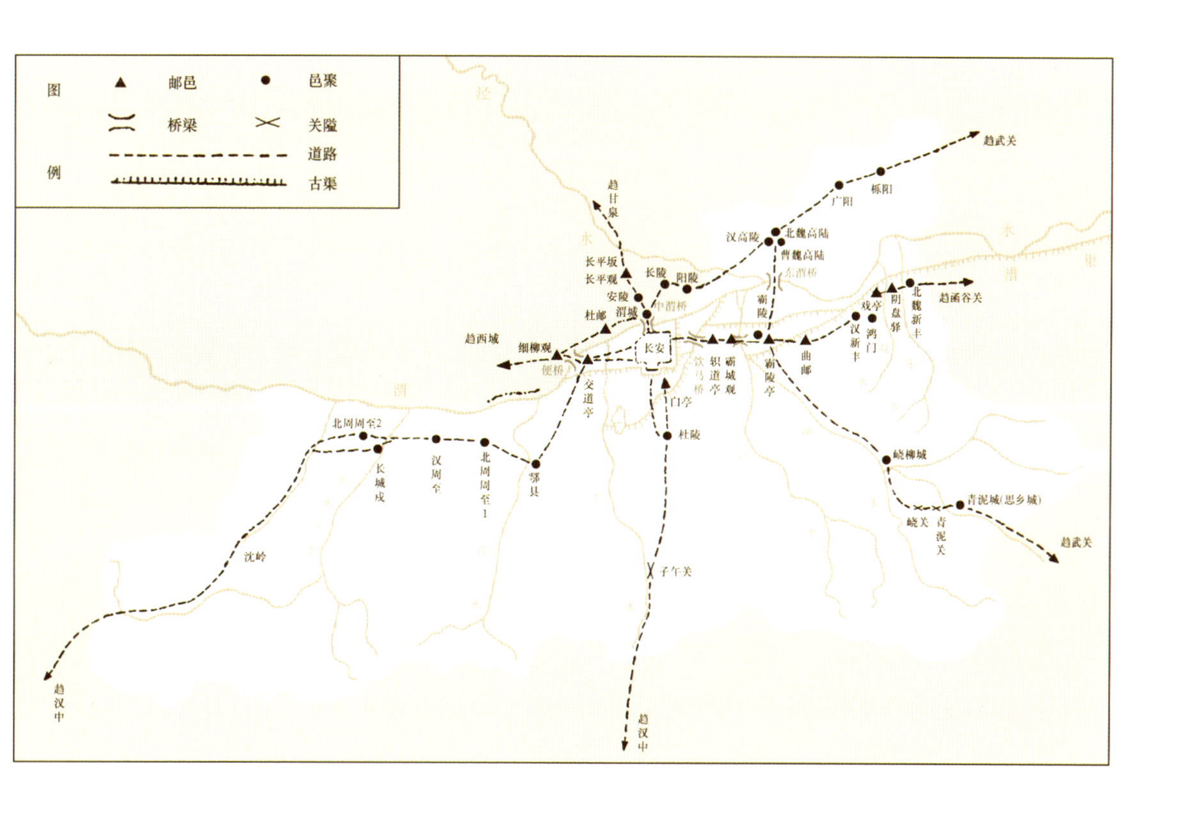

西汉至北周时期长安附近陆路交通示意图

里，带甲十余万，兵强士勇，雄视八方”。有利的时候可以出攻，不利的时候可以退守，“此用武之国，非诸夏所同”。郭子仪认为“秦汉因之，卒成帝业”，正因秦汉在这么好的地方立国，后来才完成了统一。

如此优越的自然条件，因此无论是周还是秦汉、隋唐，以及唐之前那些小王朝，都以此地为都。

关中的开发史

关中不但有自然地势，还有人文传统。从大荔人、蓝田人……到之后半坡遗址、杨官寨遗址、客省庄遗址等，说明在很古老的时代，关中就已经有人类繁衍生息了。

按照文献的记载，最初的秦人是给周王牧马的。清华简里讲到秦人从东方而来的，他们先到达甘肃一带，然后一步步繁衍，扩张到关中，再到雍城（今凤翔）。秦德公定都雍城，修大郑宫，在之后三百多年里，秦国逐渐壮大，尤其在西周灭亡后，乘机扩展，出现了春秋五霸之一的秦穆公。但秦穆公的大业其实很短，之后的秦国内部一直不稳定。为寻求稳定的发展，秦献公二年（公元前383）的时候，将都城迁到了栎阳（今西安市阎良区武屯镇官庄村与古城屯村附近）。在这之后，到了秦孝公时，出现了“商鞅变法”，在一系列改革后，于秦孝公十二年（公元前350）时，秦国迁都咸阳，以咸阳为根据地，由此重新强盛了起来。秦孝公去世后，商鞅被斩首，但商鞅之法却保留了下来，秦人走向了胜利，最后的结果是秦统一天下。

关中是“沃野千里”，但“沃野千里”只是自然状态和面积数字。关中曾经有很多土地并不适于种植粮食，因为渭河以北的土地盐碱化很高。战国时期韩国的著名水利家郑国在关中修水利，把泾河比较浑浊的水引过来灌溉土地，降低了盐碱度，这就是著名的郑国渠*。郑国渠修好之后，整个渭北地区得到了泾河的灌溉，粮食产量迅速增长。粮食多了，人口自然也会繁衍，由此为秦国的强大提供了最基本的物质支持。

即便如此，关中地区要养活大量的非农业人口，光靠本地的粮食显然是不足的。因此，张良提议可以顺渭河而下，把地方的粮食运来；汉武帝时又修了漕渠，从此，关中粮食的运输就克服了渭河涨水的季节限制，首都圈的粮食供应在一年四季都能满足。后来几个朝代立国，首都圈的运营都得益于此。

* 郑国渠建于秦王政元年（公元前246），当时韩国因惧怕秦，就派水工郑国入秦，献策修渠，希望借此来消耗秦国的国力，结果却适得其反，反而促成了秦国的强盛。《史记·河渠书》：“渠就，用注填淤之水，溉泽卤之地四万余顷，收皆亩一钟，于是关中为沃野，无凶年，秦以富强，卒并诸侯，因命曰‘郑国渠’。”——编者

“八方辐辏，人员聚集”的长安

人的生存孕育了文化。从战国中晚期开始，人口流动越来越频繁，诸子百家、侠客、匠人等人才的争夺战，在整个中国范围内打响，而最后取胜的是秦人。变法的商鞅、修水利的郑国、当上丞相的李斯，都不是秦国的“本地人”，就连秦始皇也是在邯郸出生、成长，实际上得到了很多东方文化的教育，是当时典型的“国际人”。这么多高级知识分子、军事政治家、杰出匠人后来都集中在秦人故地，他们的见识、眼界、思想交相融合，形成更新、更前卫的文化，并不断传承。我们在咸阳北塬上就发现了六国宫馆的遗存，秦始皇统一六国后，在这里修建宫室，提供给六国之人定居。

到汉代的时候，关中的长安作为文化中心的基点又得到了一系列的强化。除了长安城，从汉代开始，首都圈附近还建设了很多陵邑，比如长陵邑、茂陵邑，在这些陵邑建设的过程中，诸功臣家、关东大族、高訾富人及豪杰之士多被强行迁移到陵邑，是为“强干弱枝”。这些人一旦离开故土，没有了原来的基础，就没那么容易造反了。

这种迁移，不是一个人或者一家人，而是一族都迁过来，甚至很多为大族服务的农民、匠人都会随之而来。所以，看上去只有几户几个姓，但实际上人口很多。《汉书·地理志》记载，长安城的人口都不如茂陵多，这是我们现代人想象不到的。这些人原来的故地，比方说齐鲁之地，文化比较发达，他们来到关中之后，也就把故地的文化带到了关中，提高了这里的整体文化水平。所以在整个首都圈，陵邑不仅财富集中，文化程度也相当高。董仲舒、司马相如、司马迁的家都在茂陵。可以说，长安城里主要是皇帝和官署办公的相关建筑，主要的人口集中在陵邑里。几百年里，这些家族在这里繁衍生息，把关中文化推向了高峰，成为当时全国的政治中心、经济中心、军事中心和文化中心。后来的那些小朝廷，比如西魏，也在这里定都。没有人的地方，不会成为都。

关中这片“沃野千里”的土地，孕育了悠久且深厚的历史文化，留下了长安这座“八方辐辏，人员聚集”的重要都城。在长达一千多年的历史里，它是中国的核心。一直到今天，汉唐长安城所在的地点还在祖国大陆的核心，大地原点、授时中心都在这里。现在我们有便捷的交通，但在古代，近距离和远距离交通错杂，空间上的中心格外重要。长安在空间上的中心位置，便于管理各方势力，聚集四方财物，这也是它长久作为都城的重要基础。

“丝路一号古船”——汉代的第一艘木板船

前几年，我们负责发掘渭河桥的时候，在渭河桥的北端，发现了一艘很小的木船。这艘船对考古来说很重要，因为它是汉代的第一艘木板船。甫一发掘，我们就找到了中国造船技术史最权威的专家徐龙飞先生，他到现场看后非常惊讶，发现这艘船居然有很多榫卯结构，一般认为，榫卯是元明时期才出现的，但是这艘船上就有了，而且还不是中国造的。

徐先生当时并没有指出它具体来自哪里，我们后来查资料，认为它是罗马船。这种榫卯结构是第一次在远东太平洋地区被发现，意义非凡。这艘木船让我们思考，是谁把这个技术带来的？除此之外还有多少？古代长安地区的造船技术水平肯定是很高的：春秋时有“泛舟之役”——晋国发生灾荒，向秦国请援，秦国就用小船送粮食，顺渭河而下到了晋国，一艘接着一艘，像船队一样。汉武帝时要灭南越，也有派楼船将军在昆明池操练水军的说法。虽然在渭河上修船造船的历史很早，但秦汉时期的船到底是什么样子，我们一直都不知道。

这艘船的出土，远远超出了我们想象。这种长距离、跨区域文明的交流，超出了文献的记载——文献上从来没有说过关中用的船是罗马式榫卯，所以我们称这艘船为“丝路一号古船”。

这种“万万没想到”也正是考古魅力的体现，它总能给我们提供很多没有文献记载，或记载中语焉不详的东西，甚至会改变很多记述。

中国考古学从1928年发掘安阳殷墟开始，至今已近百年了。而就关中来说，汉唐长安城的发掘从20世纪50年代中期到现在，也已经有六十多年。经过这么多年几代考古学家的努力，我们对汉唐长安城的平面和里面的结构都有了长足的了解。可在此之前，我们对这两朝都城的了解，只能基于后人的追溯和当事人语焉不详的记载。比如唐长安城具体有多大，虽然不同考古发掘的数据都有一些差异，有的大、有的小，但是有了这些数据后，我们对它的了解就真实地确定下来了。《长安志》对唐长安城的东西南北是有里数记载的，我们最后经过实地测量，发现有的地方是几十米，有的可能上百米，这些都是考古学揭示出来的实际情况。

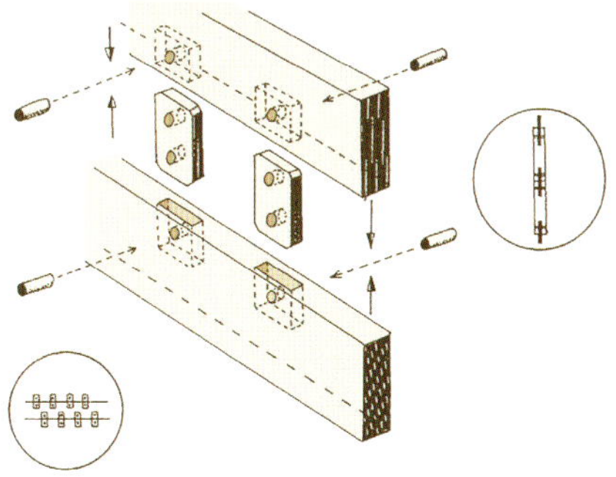

1 丝路一号古船（由西南向东北）
2 丝路一号古船船板连接榫卯细部
3 罗马时期地中海区域木船广泛使用的榫卯结构

2 长安城到底有多宏伟气派？

唐长安城——当时全世界最大的城市

现在很多人都住在大城市里，觉得城市很大，但对于唐长安城这样一个历史上的空间，我们很难去想象它的体量。或许几个数据，能够带给我们实际的感受。

汉长安城墙里的面积约 34 平方公里，城墙外侧还修了庞大的上林苑，上林苑东到蓝田，西到周至，南到南山，北到渭河，文献记载是 300 余里，也有说 400 余里，相当于今天 2000 多平方公里的土地。在长安的旁边，还修了大量的帝陵，帝陵旁是很大的陵邑。我们之前讲了，为了强干弱枝，汉代的中央政权把东方豪族迁过来，安置在陵邑里，这些陵邑的人口同样也归长安管理。长安城再加上上林苑、陵邑，有将近 3000 多平方公里的面积，都属于长安首都圈，放到全世界来说，它比罗马还要大。

唐长安城的面积更是空前。唐长安城有宫城、皇城，还有庞大的外郭城，外郭城城墙里的面积是 84 平方公里，它是汉长安城面积的 2.4

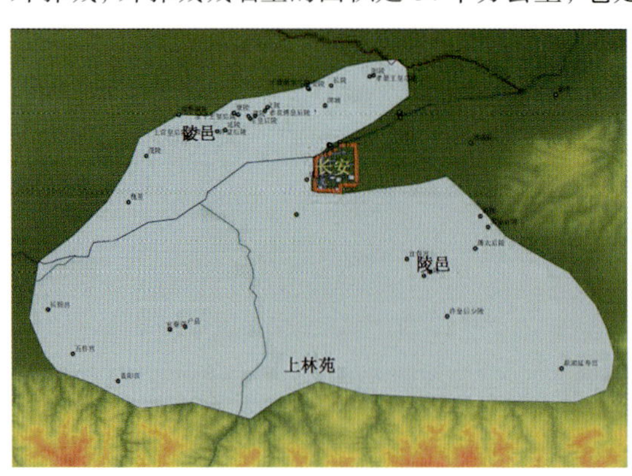

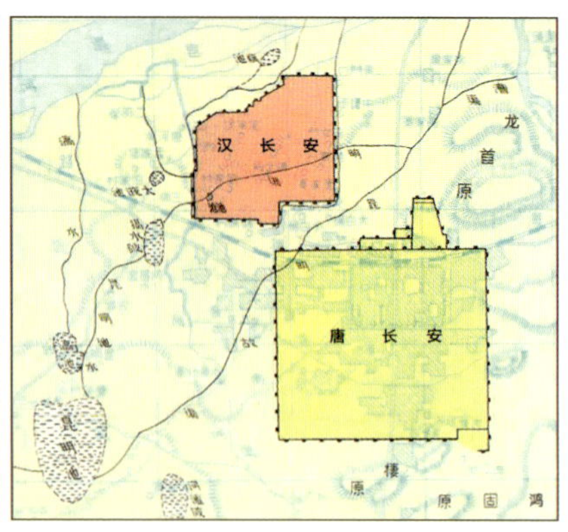

1 汉长安城加上上林苑、陵邑后，面积近 3000 平方公里，是当时罗马面积的两倍以上

2 汉长安城及唐长安城对比

倍左右，比 73 平方公里的北魏洛阳城还要大 1.2 倍，而隋唐洛阳城是 45 平方公里，唐长安城是它的将近 2 倍。

一直比较下来，可以比较到明清北京城。明清北京城的城墙里只有 60 平方公里，唐长安城是它的 1.4 倍。也就是说，唐长安城的面积一直到很晚才被后来的城市超过，而在当时，它无疑是全世界最大的城市。这里，我们只给出了唐长安城城墙的范围，实际上在它的旁边，尤其是北边，还有大范围的禁苑。禁苑是只有皇帝才能出入游玩的地方，它东边一直扩张到浐河、灞河，北到渭河，南边一直顶到唐长安城的北墙，面积很大，有上百平方公里，甚至有人估计有二三百平方公里。因此，就宏伟广大而言，唐长安无出其右。

体现秩序和等级的南北轴线

我们都知道，北京是有中轴线的：从永定门开始，一直向北，经过前门，到天安门、午门，再到太极殿，然后到中和殿、保和殿，出神武门，到景山，之后过钟楼、鼓楼，一直到现在的奥林匹克公园。

梁思成先生说，明清北京城的伟大就体现在一条轴线上。很多人不知道，这条轴线的历史可以追溯到很早，最起码在唐长安城的设计上，宏伟的布局就是通过轴线体现出来的。这里说唐长安城实际并不太确切，应该说隋大兴唐长安城。

隋开皇时期，人们认为汉长安城做了太长时间的首都，地下水咸卤，不能饮用。《隋唐嘉话》里记载，隋文帝梦到洪水冲了长安城，所以决定在龙首原南侧重修这座都城，当时派宇文恺做的设计。

设计时，首先就确定了一条南北向的轴线。轴线的最北端修宫城，宫城的南侧是皇城，皇城外是更庞大的外郭城，我们现在所说的 84 平方公里就是指这个范围的面积。在轴线最顶端的，是最权威的皇帝所住的宫城，轴线一路下来，是一系列门：首先是承天门，然后是朱雀门，最后是明德门。轴线两侧分布里坊，当时称作“六街一百零八坊”。

里坊数当然不是一成不变，长安是在几百年间不断修建而成的。就像外郭城，一直到唐开元年间才最后闭合。这些里坊也是分分合合，从一百零八坊到一百一十坊，还有一百零九坊。里坊有大有小，在轴线终边两侧的四牌坊是最小的，皇城东墙以东和西墙以西的几列坊最大，而在皇城以南，四牌坊的旁边坊次之，所以分成了几个等级。

因为有轴线，有规划，所以长安城内城市秩序井然。什么人住什么地方，住多大的面积，实际上都有规定。比方说，皇城和宫城东西两侧里坊里住着的人都比较高贵，而其他地区的居民可能多是普通官员、老百姓。居住上的秩序，正是通过轴线来体现的。

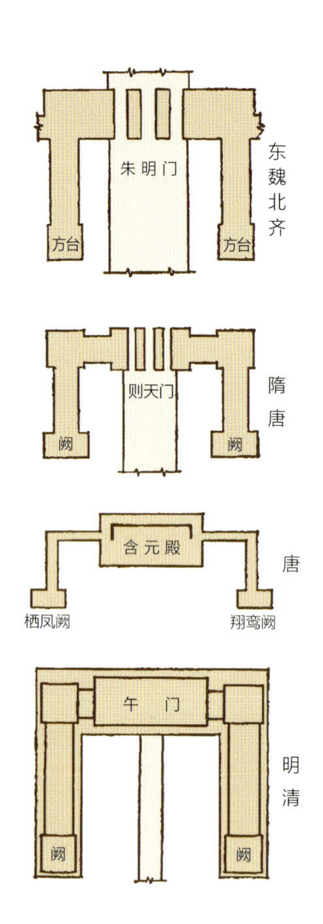

唐长安城有轴线，那汉长安城有没有轴线呢？汉长安城也有，只不过和我们现在所认识的轴线不一样。通过考古，我们发现汉长安城的四边有门，每边有三个门，不过在四边十二道门中间，只有东侧三道门的门外有阙。什么是阙呢？北京故宫午门两边伸出来的两栋建筑就是阙。现代人喜欢讲门面，那么阙就是这个门面。在故宫里，只有南边的午门有阙，北边没有，东边和南边也不会有，总之，哪边有阙，哪边就是正方向。

汉长安城正方向朝东，当时一开始建设的时候，轴线是东西向的，是霸城门和直城门的轴线，在轴线的南侧是长乐宫和未央宫，是当时最重要的宫殿之所在。轴线北侧就是次一等的宫殿，比如桂宫、

1 | 3
2

1 长安之阙拓片

2 朱明门遗址和隋唐明清各阙的平面形制

3 汉代长安城遗址平面图 引自《地下长安》

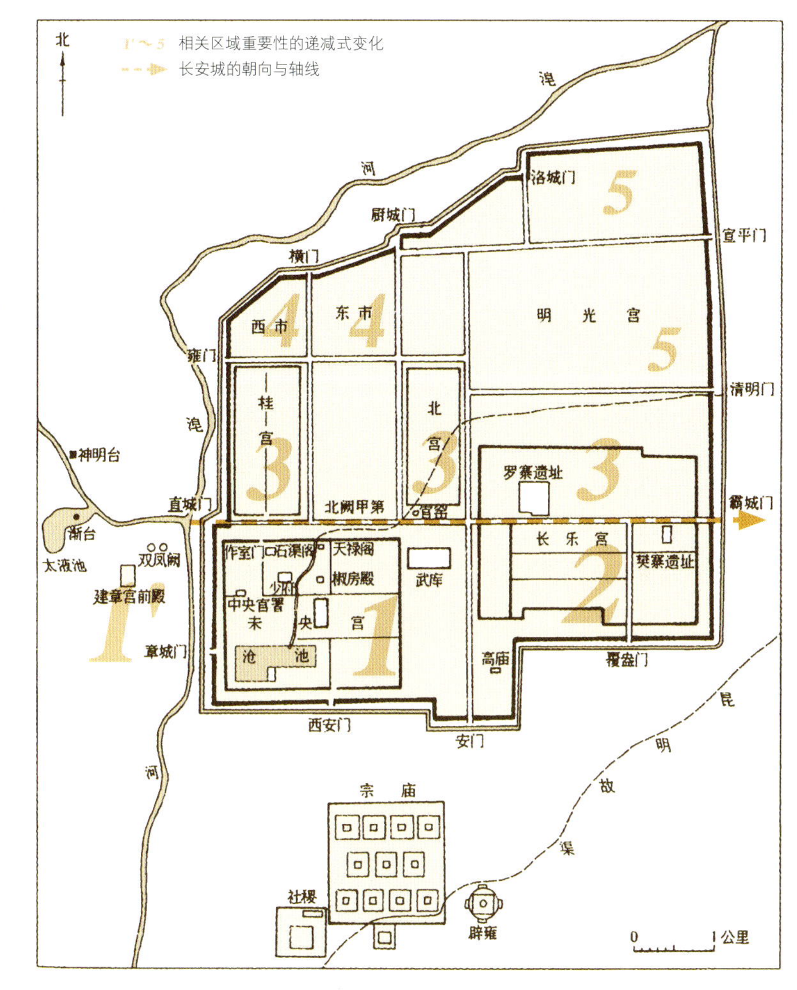

北宫和明光宫，这三个宫再往北，才是老百姓的闾里。

不过，到了汉代中晚期，汉长安城的方向发生了变化。特别是到元成哀平这四个帝王时，长安城方向的变化经过了一次又一次的反复，最后王莽篡位，长安城变成了一个南北向的城市。这个城市的轴线，应该是经过中间的厨城门，一直向北延伸到三元的天井岸，向南穿过了南郊礼制建筑，更往南一直到了秦岭，可能有 70 多公里。这条轴线所确定下来的制度，就被后世都城所遵循。

我们还可以说说东汉的洛阳城，它被覆压在北魏洛阳城之下，所以我们对它的了解并不是太多，根据文献记载，它有南北二宫，所以是否有南北轴线还不好讲。但是东汉帝陵里是有南北轴线的，并影响了北魏洛阳城和在这之前的魏晋洛阳城及其后的邺城，再往后集中体现这一秩序的，就是唐长安城。

轴线的秩序确定后，一直传承，到了宋的开封、元的大都、明清的北京,这条南北居中而行的轴线,一直得以延续。“中国”称之为“中”，在我们的建筑、都城上，这个“中”非常重要，通过“中”才能体现它的秩序、等级，还有宏伟的气势。

想象一下，在今天的北京，我们通过了一道又一道的门，从永定门一路走，过了午门，来到太极殿，会被这庞大的气魄所震慑。而我们穿越回到唐代，从明德门，经过天街，一直到朱雀门、承天门，再到达太极宫时，宏伟的太极宫建筑也会让我们目瞪口呆。

最后也是最大的里坊城市

汉唐长安城的等级和秩序如此严谨，那么当时老百姓住哪里？宫殿在哪里？又是通过什么样的制度来维系城市的秩序呢？

前文讲过,汉长安城有34平方公里,但大部分都是宫城,像长乐宫、桂宫、明光宫、北宫这一系列的建筑，已经占了大量的面积，多是宫廷人员在居住。另外，东阙甲第、北阙甲第这些地方，是高级官员在居住，而老百姓大多住在陵邑。

这种居住体系到唐长安城时期有了较大的变化。宫城和皇城的面积在整个城市占的比重已经很小，大量的建筑是里坊。里坊居住的有官员，也有老百姓，里坊四边有门，实施门禁制度。在唐太宗以前，每晚有人喊“开门喽,关门喽”,以喊话的形式来确定关门、开门的时间。关门之后所有人都不能进出了，这就是宵禁。唐太宗以后，宵禁的形

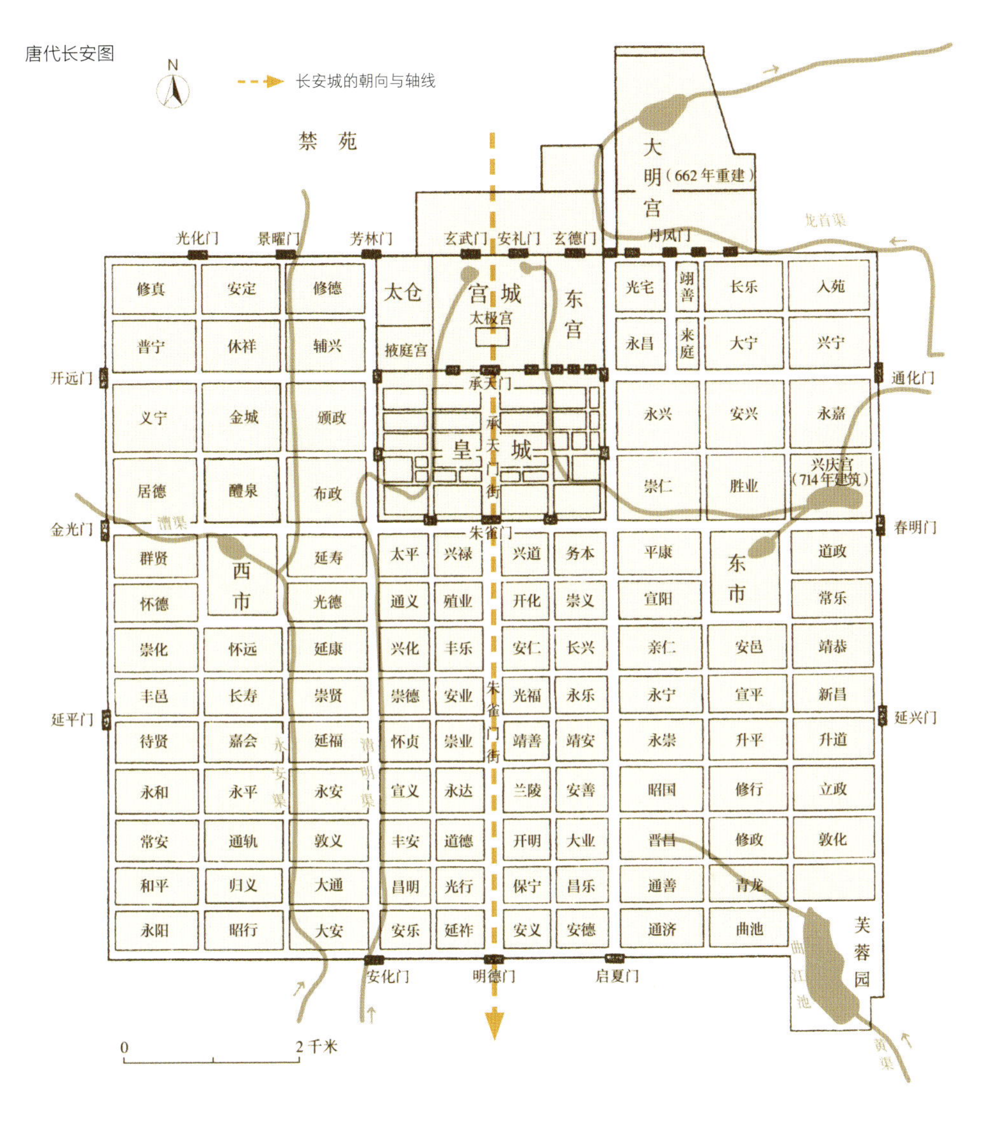

唐代长安图

式变为击鼓，比如从承天门开始敲，之后一鼓一鼓地传声过来，将人撵回里坊。所以，入夜之后，城里基本是空空荡荡的，人们在闭合的小里坊里各干各的。

里坊里是什么样子的呢？通过考古勘探，我们确定了里坊的大小、里坊的门和道路等系统。里坊中有十字街，十字街里还有更小的街道，街街岔岔，房屋林立。住在里坊的有老百姓，也有大量官员，比如白居易就住过大雁塔旁边的里坊。同时，里坊中还有很多寺院，它的管理实际上与里坊是一致的。早上里坊开门，晚上里坊关门，这些寺院里的僧人和其他人一样，按时开门，按时关门，还要按时记录。

这种严格的制度，并不适合商品经济的发展，所以到后来实际上也慢慢被打破了。最后，宋代推倒坊墙，再也不用这种严密的管理制度，改换更适合经济发展的街巷制。唐长安城也就成为最后也是最大的里坊制城市。

考古学中的长安城

长安城一百零八坊的人口，实际上没有确定数量的统计，考古上目前也没有揭示，但是我们发现了很多里坊的名称。宋代吕大防的《长安图》、清末徐松编撰《唐两京城坊考》，以及其他的一些文献和石刻碑铭，可以帮助我们复原唐长安城的里坊。文献记载和考古发现可以互相印证，于是我们能渐渐掌握这种里坊居住的人员结构，看清它的社会情况。

隋唐长安城的建设，实际上一开始就有很多寓意。比如皇城两侧南北排列了十三个坊，是因为当时有闰月，一年十二月再加闰月就是十三个月；而皇城正南是东西四列坊，四列以象四时；南北是九坊，取《周礼》中王城有九逵之制，这些都是有深刻寓意的。

里坊的设置数量很规范，里坊的名称也都很美好。比方说新道坊、开化坊、安仁坊、光福坊、靖善坊、安义坊、保宁坊、开明坊等，这些名称都代表了当时人对美好生活的向往。这些名称会标识在哪里？我们推测可能是在坊门上边。因为里坊四边有墙，墙上开门，门上面应该会有字、匾之类的，但尚未得证。

时过境迁，特别是在唐末，长安已经不是首都了，沦落为西北的地方城市。有关长安的记载和记忆也都慢慢模糊起来，里坊的名称逐

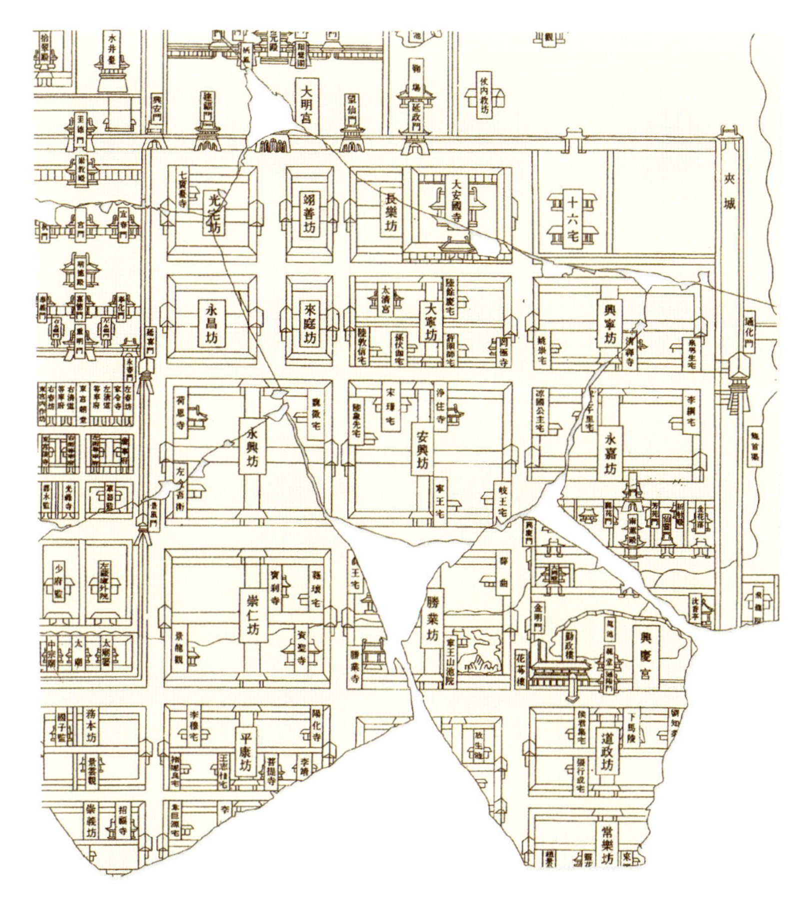

吕大防《长安图》残石部分摹本

渐淹没无名。但出土的墓志因为记录了时人居住的里坊名，所以能够在这一方面进行有效的补充。西北大学的李建超老师根据石刻资料做了《增订唐两京城坊考》，就补充了很多内容。如果没有这些庞大的墓志及其他石刻资料，那么长安城可能永远停留在有限文本的描述之中，我们的认识超不过徐松、吕大防，也超不过这些文字记载。

因为有了很多考古资料，特别是墓志资料，我们才能了解到唐代里坊的生活是如此丰富，如此美好。平面的文字霎时间就变成了立体的印象，生动活泛起来了，这就是考古学的魅力。

3 长安城最繁荣的商业街

著名的东西市场

我们一直认为，作为都城来说，长安城可能是很繁华的，但实际上远非如此。汉长安城里大约三分之二的地方都是宫城，只有很少的人口住在这里，更多的人住在离长安城很远的陵邑。城里的居民住在里坊之中，管控严格。汉长安城也有消费场所，就是市场。文献记载，汉长安城有长安酒市、柳市等。在考古工作中，于汉长安城未央宫往北靠近城墙的地方，发现了两个闭合区域，里面有铸钱、铸陶俑的遗址，考古学家认为这是东市和西市，这也成为我们现在断定都城里市场所在的重要参考。不过，当时市场与里坊的管理是一致的，也是晨钟暮鼓、早开晚关，跟今天的繁华完全不同，这种情况到唐代仍在延续。

隋唐长安城，也有两个市场，也称为东市和西市。市中间是井字形的街道，占两坊之地，在井字形街道里有各种作坊，店铺产销两旺。东市两边的坊主要居住达官贵戚，它的繁华程度反而不如西市。西市

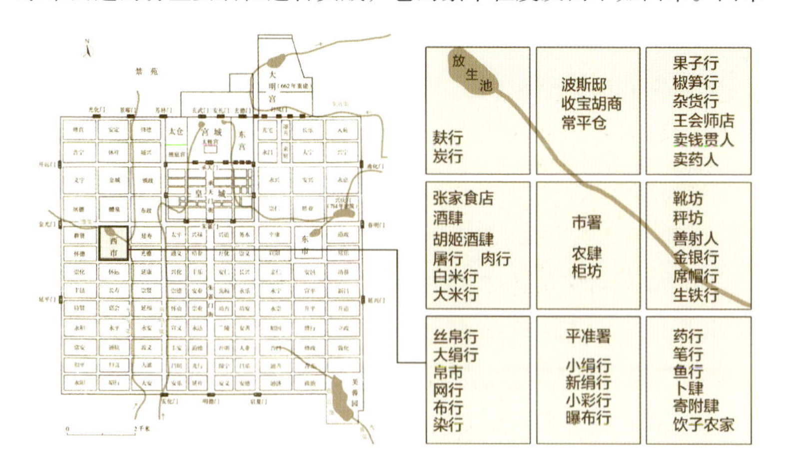

唐长安西市复原图

里很多都是西域胡人，还有新罗人、百济人、日本人，还有从南亚、东南亚诸岛国来的人，各国奇珍、八方异宝，应有尽有。所以，西市是非常重要的贸易市场，住在附近的老百姓很多，一般的官员也不少。这两年，东市、西市的考古工作都取得了很大的进展。从现有资料看，很可能在唐代之后，西市在较长的时间里还存在着，因为我们发现了很多晚期的瓷片，这种情况在东市就比较罕见，也就是说，西市的生命力更旺盛。

东西市之外的繁华之最
——延寿坊、崇仁坊、夜市

随着唐代工商业的发展和整个社会的不断进步，大约在高宗以后，长安城的工商业就逐渐突破了东西市限制，进入了其他里坊，在文献中留有不少当时贸易的记述。比如说，平康坊里有卖浆果、卖吃食的，长兴坊里有毕罗店和服装店，全平坊里有卖油的，延寿坊则有卖金银珠玉的。

在这样的发展中，延寿坊变得愈加繁华，延寿坊西临西市，东对皇城，北边是金光门大街，按当时人所说应该是“繁华之最”，整个长安城也就不说什么东西市了，反而是这个延寿坊经营的商品最多。

除此之外，还有一个地方也很有名，就是崇仁坊的北街。它北临皇城东面的景风门，南对春明门大街，东到东市，与东市隔街相连，开了很多店铺。原来开店铺是东西市的特权，现在崇仁坊北街也出现了很多店铺，称之为“一街辐辏，遂倾两市”，把两个市都比下去了。而且到中唐以后，还逐渐突破了定时开关门这个贸易限制，一些里坊甚至出现了夜市。当然夜市也是有限的，主要在崇仁坊北街，据说是“昼夜喧呼”，灯火不绝，京中各个坊都没法和它相比。

唐朝政府也逐渐放宽了对官员入市的限制。原来管得很多，官员

唐醴泉坊

开皇三年（583）三月丙辰，隋文帝着常服冒雨迁入在汉长安城西南新建成的大兴城，标志着这一规模巨大的城市正式投入使用。规划严整的大兴城在北中部宫城、皇城的两侧及南侧修筑了一百零九（一说一百零八）个坊以及东西两市。按照《两京新记》《长安志》《唐两京城坊考》记载坊名位置的传统排列顺序，以都城南北中轴线上的朱雀门街为计算起点（含朱雀门街），街西第四街街西，自北向南之第四坊即为醴泉坊。

据调查推测，醴泉坊坊域南北838米、东西1032米，四面坊墙围绕，每侧坊墙中部各开一门。坊内有十字街通向四面的坊门，街道宽约15米。据韦述的《两京新记》残卷本和宋敏求的《长安志》等书，长安城内宫城和皇城东西两侧的三排坊内均设有十字街，分别称之为东、西、南、北四街。十字街将坊域分为东北、东南、西南、西北四个区域，每个区域之内又由小十字街再行划分出四小区块，合计一坊之内就有十六个基准区块。醴泉坊的区划格局大体也是照此安排的。

隋唐时期的醴泉坊一直保持着原有的规划，是长安城内为数不多的面积较大的坊里。它不仅靠近人流如织的西市，离军机重地、皇室宫掖也不远，且水陆交通均十分便利，在长安城的人流、物流活动中发挥着主干大道的作用。曾寓居醴泉坊中的皇亲贵胄、仕宦官吏以及各类中外僧俗数量颇多，正所谓“浮寄流寓，不可胜计”。有研究者认为，醴泉坊的住户约在1700余户，人口在万余人左右。

下面拟从坊内四个方位分别探讨醴泉坊建制和布局的沿革。

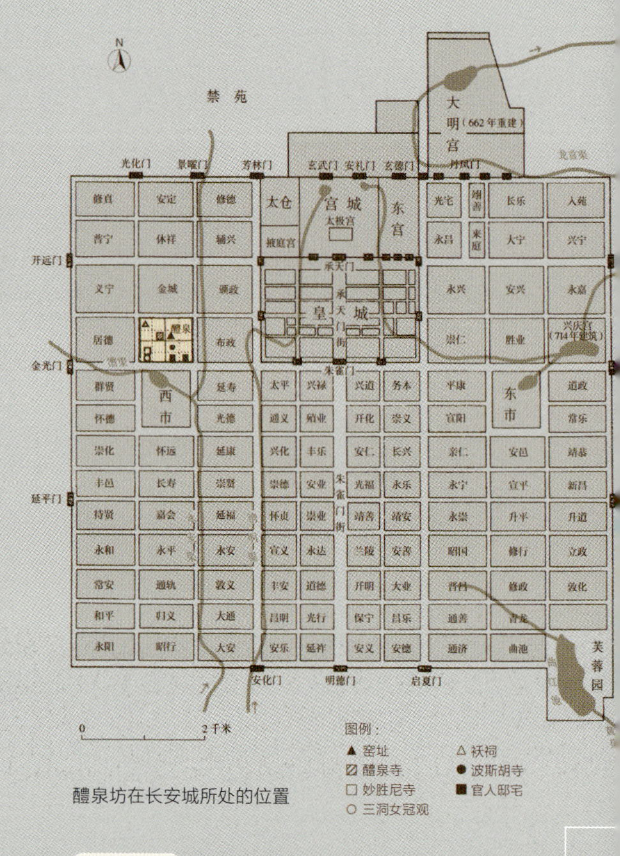

醴泉坊在长安城所处的位置

西北区域

中晚唐时，醴泉坊中的醴泉寺是京城六大密教寺院之一，奉敕设灌顶坛。西域及大唐的多位高僧曾先后在醴泉寺译经和讲学。其间，日本入唐僧空海、灵仙、圆仁等人曾先后前往醴泉寺向高僧大德请教。此外，唐代在醴泉坊西北隅还设有祆祠

降三师明王坐像

东北区域 三彩窑址就位于这个区域

三彩残片

单色蓝釉碗

三彩豆

三彩釉提梁罐

陶立俑及俑模

三彩釉陶卧驼

东南区域

醴泉坊四个区域之中，最热闹且引人注目的要数东南区域了。首先是颇具流亡政府色彩的波斯胡寺。据《旧唐书》记载，萨珊王朝被大食所灭后，波斯末代王子毕路斯奏请于此置波斯胡寺（677），位置在坊内“十字街南之东”。后来唐中宗的宰臣宗楚客以及赫赫有名的太平公主都在这块区域置有过宅邸

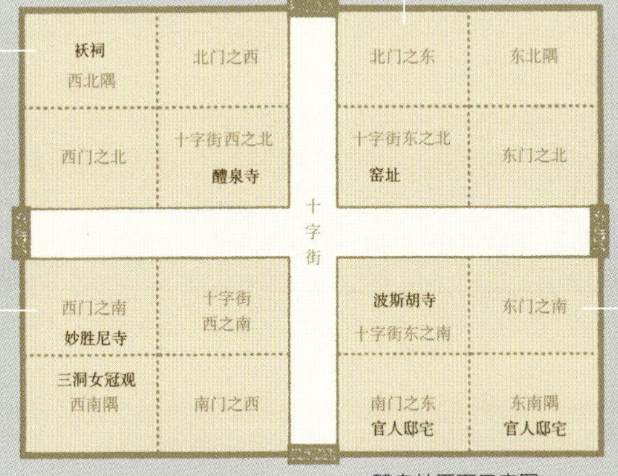

醴泉坊平面示意图

西南区域

醴泉坊西南区域的史料不多。有妙圣尼寺、三洞女冠观

三彩俑立像

出土玻璃碎块

彩绘骑马女俑

三彩釉陶武官俑

不能到东西市过多交易。唐代宗时，宰相刘晏有次早朝路上就买了早点吃，还跟其他官员说“美不可言”。虽然直到宋代才推倒坊墙，但在唐代中后期，商业区域已经逐步有所突破，从原来的东西市，走向了零零星星的里坊。这些繁华里坊的分布有一定规律，第一要靠近达官贵人的居所，这样才有消费人群；第二要靠近东西市，这样才有货品来源。东西市里的交易已经不能满足人们对物品的需求，所以贸易行向旁边扩展，是一个自然的过程。

东西市都卖些什么？

长安城按照当初的设计，是东西二市，各占两坊之地。东西市的消费群体肯定有差异，东市旁临兴庆宫以及达官贵戚的豪宅，因此它面向的大都是这些人，文献记载东市里面有二百二十行，有很多卖奢侈品的店铺，“四方征珍奇，皆所积集”。

这两年，我们不断在东市进行发掘，发现里面有很密集的道路，还有仿生瓷，出土了很多精美的白瓷和青瓷。考古发现，东市土层很厚，也就是说，它在三百多年的发展过程中，可能每过一段时间，里面的建筑就要翻新甚至重修，然后继续经营。东市有很多水井，这是市场发掘里比较重要的一个设施。当时可能有些店铺前面在销售，后边是作坊在生产。生产中需要用水，自然就要打水井。在水井里边，还会清理出很多当时的器物，有瓷器、陶器、象牙、玉器，甚至我们想象不到的奇珍异物。

但东市商业发展不如西市，《长安志》记载“商贾所凑，多归西市”。在西市的发掘中，出土了很多珍贵物品，像象牙瓶、陶器、瓷器等，可见当时的繁华程度。从空间上来说，从西市向西不远，就能出唐长安城西城门，然后一路向西，便踏上了我们后来说的丝绸之路。

丝绸之路的起点——渭桥的发现

丝绸之路的起点在哪里，大家可能没有太确切的概念。对于汉长安城而言，丝绸之路可能从未央宫出发，也可能从甘泉宫出发。对于唐长安城而言，有人说起点在大唐西市，因为这里胡人很多；有人说在大明宫含元殿，因为这里是政治中心；也有人说应该以太极宫、太极殿为主；当然，也有人说是长安城的城门。那么，丝绸之路的起点究竟在哪呢？

大家有没有想过，每天开车时，公路的零起点在哪里？在很多地方，是找不到的。比如到西安，导航会告诉你距西安还有多少公里，但这个终点绝对不是西安的几何中心。在北京前门外边有一个公路零起点，那是 21 世纪初才立的，而在这之前，是没有公路零起点这个概念的。

历史上丝绸之路的零起点在哪呢？在城门。唐朝开远门外立着一个柱子——堠，这是一个标志里程的建筑，然后由此计算此去西域多少里。《资治通鉴》“自安远门（即开远门）西尽唐境凡万二千里”，开远门外立堠，上书“西极道九千九百里”。元稹《和李校书新题乐府十二首·西凉伎》有“开远门前万里堠，今来蹙到行原州。去京五百而近何其逼，天子县内半没为荒陬，西凉之道尔阻修。连城边将但高会，每听此曲能不羞”，讲的也是这个。古代文献有很多“三里沟”“五里铺”“十五里沟”的说法，表示的就是该处到城门的距离。因此若丝绸之路是一条路的话，它的起点肯定不会在城墙以内。

汉长安丝绸之路的起点有两个最大的可能。因为汉长安城是四边开门，北侧有三个城门。从 2012 年开始，我们与陕西省考古研究院、西安市考古研究所、西安市考古研究院一起合作，开展了汉长安城北渭桥的发掘。渭桥在渭河故道、长安城北，是丝绸之路上一处非常重要的发现，已经发现了两组六座渭桥。

我们发掘的厨城门一号桥，桥桩两侧外皮间是 15 米左右，按今天2米多一个车道来说的话，是双向六车，规模非常大。比如，福建泉州宋朝万年桥才5米宽，鼎鼎有名的隋朝赵州桥也才9.6米宽，一比较，就可以想象渭桥的规模有多大。可以说，它是1900年前世界上最大的桥梁，这种桥梁的建筑，代表了帝国最高级的造桥技术和土木工程技术。

在渭桥遗址，我们发现了1吨多重的铁墩子，大桥的桥夯以及八九米长的桥桩直接埋在了湍急的渭河河道之中，就像今天在长江口、珠江口修大桥一样。可能会有人觉得不可思议，但实际上汉朝时，工匠们就是这样筑基修桥的，这真实地反映了西汉时期的桥梁建筑技术。

根据文献的记载，渭桥又称石柱桥，它正好在两个政区的交界上。它既是起点，也是终点，因此我们说它是丝绸之路上的第一座桥梁，也是丝绸之路的起点。这一点还有其他佐证。匈奴跟汉朝打了好多次仗，后来呼韩邪单于归顺汉朝，到了长安之后，要行礼，最后确定就在渭桥行礼。汉宣帝到了渭桥，呼韩邪单于匍匐称臣，群臣都站在旁边，臣服汉朝的蛮夷君长及随从，据说有数万人，都站在渭桥下夹道观看。从此之后，历史上少数民族首领到中原首都来朝拜，讨论用什么样的仪式来迎接时，礼官一般会说四个字——“渭桥之礼”。后来到唐朝，太宗当政初期，国力还比较弱，突厥打到了西渭桥。太宗很沉得住气，亲自到渭桥上跟突厥可汗隔河谈判，让突厥不战而退，所以渭桥在唐代仍然非常重要。

随着渭桥的发掘以及对相关文献的梳理，我们对丝绸之路的起点以及它背后所映衬的社会繁华和

1 厨城门一号桥北端发掘遗存分布图（2014年）

2 3 厨城门一号桥的桥桩

科技水平有了新的认识。今天到意大利罗马参观，还可以看到很多古罗马时期的桥，都是石构桥梁，跟渭桥是两种形式。根据《旧唐书·职官志》的记载，“木柱之梁三，皆渭川”，在整个唐代的所有桥梁里，木梁柱桥在渭河上有三座，东渭桥、西渭桥、中渭桥，这三座桥都是国家工程，代表的是天朝上国的气势。宋代以后，西去道路被阻断，海上丝绸之路兴起，渭桥没有人维护，也就慢慢消失在历史之中了。

繁华的丝路——物资和人员的交流

丝绸之路的繁华是大家所津津乐道的，但是考古对丝绸之路做了很多重要的阐释和旁证工作。比如，我们在甘肃发现的简牍上就看到长安城到某处是多少里，这种对道路里程的记述是非常重要的。

在很多中亚或更远地方的墓葬里，发现了汉朝的丝绸、铜镜，甚至还发现了汉代风格的瓦当，这就印证了当时的丝路贸易往来中，不仅有物品的交流，也有民俗生活的融合。此外，在北方，比如蒙古甚至俄罗斯北部很多地方，发现了大型的墓葬，与中原地区那种木椁墓的构造形式完全一样，墓主人就好像是按中原风俗埋葬的，当然他们会穿着自己民族的衣服，也有很多丝绸在里边，这也是丝绸之路繁华的一个外向表征。

在长安也发现了很多外国人的墓葬，胡人的生平故事、来华经过，乃至如何在异国奋斗并发家致富都记录在墓志中，他们埋葬的石棺床里，也发现有各种玻璃、金币、串珠。这些人带来了西方的物品、技术、文化、风俗，他们在长安定居，去世之后，他们的后代仍然在长安继续生活。

丝绸之路一开始是一条政治性的道路，汉武帝为了联合大月氏发动对匈奴战争，所以派张骞去开通丝绸之路，称之为“凿空”之旅。后来张骞汇报给武帝，说在西方看到四川的特产，像蜀布、筇竹杖等东西，认为向西南还有一条路，可以绕过北边匈奴的管辖，因此武帝就派人开通西南丝绸之路。也就是说，一开始的时候，丝绸之路是为军事政治服务的；但它开通之后，却实实在在地打通了东西方之间物资的交流、文化的融合以及人员的来往。

这些交往在文献记述中有很多，考古又发现了更多。比如我们在西安北郊的一座墓葬，就发现了很多好像皮带扣的小陶范，都是北方风格，而不是中原地区的带钩。类似的陶范，之前在上林苑里封号地区也有发现。

在唐朝，外国人可以在唐中央政府机构任职，甚至能当到很大的官，就这一点来说实在是非常开明开放的。唐朝能吸收外来文化和外来的人，没有人种的歧视，没有族属的限制，大家可以在这里平等交流。西域各部首领对唐太宗感恩戴德，说我们都是唐朝的属民，到天至尊这里来，就像见到父母，请在回纥、突厥部开一路，命名为“参天至尊道”（也就是“参天可汗道”），让我们世世代代为唐朝的臣属，唐太宗因此又被称之为“天可汗”。

广义的丝绸之路不仅仅是往西去，日本和朝鲜也可以理解成丝绸之路的东端。日本先后派了遣隋使、遣唐使来中国学习，日本的学习是全方位的，从政治制度、城市建设到文学文化，这种全方位学习的痕迹至今可见。日本飞鸟时代的首都飞鸟京的皇宫就模仿了大唐皇宫，其大极殿完全是仿照长安太极殿设计建造的。奈良时代首都平城京的模仿规模更大，完全就是按照隋唐长安城的布局设计，典型的棋盘格，中轴对称，设东市西市。

1 2 3 秦墓出土的陶模具
4 秦墓出土的铜带钩
5 秦墓出土的料器

日本遣唐使当时来了很多学生，也有很多僧人，僧人在古代日本是有文化的识字阶层。西北大学曾经收藏了一块唐代墓志，记载当时日本国一个遣唐使来长安学习，他学完没有回国，而是在长安做职官，当官的同时也还在学习，最后他在这里去世。

汉唐长安城的历史记载有很多，考古发现也很多，把平面的文字与立体的实物结合起来，我们对这两座历史中的城市的了解才能更生动形象。

舞马衔杯纹仿皮囊银壶
——以小见大，文化融合

到陕西历史博物馆，会发现它里面有个非常漂亮的银器——何家村窖藏舞马衔杯纹仿皮囊银壶。匠人在这个皮囊状的银壶上做了一个马的造型，马嘴衔着杯子，做起舞状。关于舞马，文献有记载，说在唐朝皇宫的一些喜庆场面上，会把这种经过训练的马放出来，指挥它们跟着音乐的节拍翩翩起舞。不仅人会跳舞，马也会跳舞，这是当时的一种娱乐活动。

据记载，在“安史之乱”中，叛军进了宫城，抓住了一些马。他们并不知道这些马受过特训，只要听到音乐就会跳舞。有一天，他们在宴饮作乐的时候，马听见了乐曲声，就跳起舞来。叛军觉得这是妖异之象，就把这些马给宰了。舞马没有流传下来，对唐代文化来说是个很大的遗憾。

不过随着何家村窖藏的发现，舞马衔杯的艺术形象证明了文献的记载没有问题，舞马不但切实存在，而且还非常有灵性，有艺术美。皮囊壶是一种外来的器型，应该来自北方草原地区。这个银壶是长安城广纳百川、四方辐辏、人员聚集、文化交融发展的一个重要体现。

发现史

◎ 唐人韦述于开元年间撰作的《两京新记》，留下了唐时长安的盛况。

◎ 宋代后的文献碑刻，如宋敏求的《长安志》、李好文的《长安志图》、吕大防的《长安图》、徐松的《唐两京城坊考》等，都在试图还原那座历史中的“长安城”。

◎ 1906～1910 年，日本人足立喜六在陕西任职期间，调查了西安附近汉长安城的遗址，并撰成《长安史迹研究》一书。

◎ 1956 年起，中国科学院考古研究所开始对汉长安城及隋大兴唐长安城遗址进行系统全面的考古勘察和重点考古发掘工作，对长安城址的平面布局、宫殿分布等都有了进一步的认识。

◎ 2000 年以来，汉唐长安城的考古工作仍在推进，更多城市细节的挖掘让历史中的“长安”越发的立体化。

推荐阅读

◎ 刘瑞《汉长安城的朝向、轴线与南郊礼制建筑》，中国社会科学出版社，2011 年

◎ 中国社会科学院考古研究所汉长安城工作队、西安市汉长安城遗址保管所编《汉长安城遗址研究》，科学出版社，2006 年

◎ 宿白《隋唐长安城和洛阳城》，载《文物》1978 年第 6 期

◎ 向达《唐代长安与西域文明》，商务印书馆，2015 年

◎ 宋敏求、李好文《长安志 长安志图》，辛德勇、郎洁译，三秦出版社，2013 年

◎ 辛德勇《隋唐两京丛考》，三秦出版社，2006 年

◎ 杨鸿年《隋唐两京坊里谱》，上海古籍出版社，1999 年

◎ 荣新江《隋唐长安：性别、记忆及其他》，复旦大学出版社，2010 年

◎ 徐松《唐两京城坊考》，中华书局，1958 年

◎ 张国刚《胡天汉月映西洋：丝路沧桑三千年》，生活·读书·新知三联书店，2019 年

◎ 葛承雍《大唐之国：1400 年的记忆遗产》，生活·读书·新知三联书店，2018 年

◎ 马伯庸《长安十二时辰》，湖南文艺出版社，2017 年

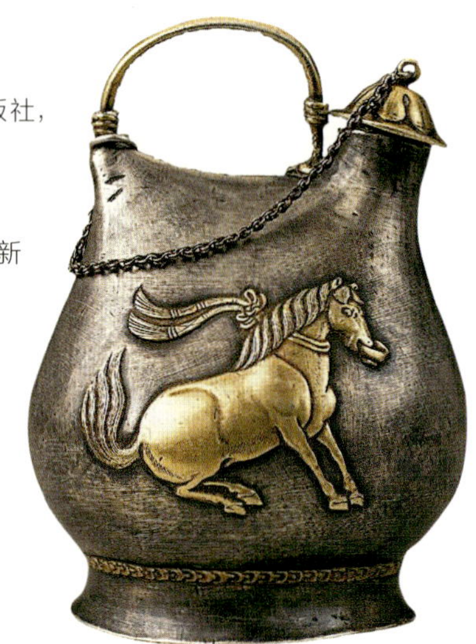

舞马衔杯纹仿皮囊银壶

"万岁"瓦当

汉代

当面为圆形，内有篆书"万岁"二字，笔画纤细圆劲，疏密得当，布局严整。是西汉文字瓦当中的佳品。

彩绘车马纹铜镜

汉代 直径 25.5 厘米

汉代的青铜镜。青铜器产量少，成本高，所以青铜的铜镜很贵，早期只有皇宫贵族才可以使用。即使到了汉代，也只有上等阶层才能用得起，普通百姓通常用水盆来照脸。到了宋代，铜镜才开始平民化。

陶井

汉代

井栏为井字形，四边各出两头，中间为方形井，井身为瓶状束颈，肩部为多道弦纹，井架的顶为四阿式顶，有瓦脊。

彩绘陶钫

汉代 高 47.5 厘米，口径 12 厘米

方口，束颈，鼓腹，圈足呈方形。带盖，盖上有四凤鸟纹钮。腹部两侧贴塑对称的兽面衔环铺首。器形个体较大，纹饰精致，色彩鲜艳，是同类器物中难得的精品。

蝴蝶纹滑石盂

唐代

石质洁白，盂身扁平，近似椭圆形，兽蹄状足。盂身两侧分别雕刻由如意纹及云纹组成的蝴蝶纹，其余均刻席纹。

彩绘持果盘女立俑

唐代

女俑头梳回鹘髻，面庞丰满，细目小口，身着男式圆领袍衫，腰带系于髋部，脚穿尖头鞋。右手持果盘，左手抬于胸前，头和身躯微微右转，重心落在左脚上。身姿婀娜，好似在细步前行等候主人的吩咐。

鎏金蔓草纹银羽觞

唐代 高 3.2 厘米，长 10.6 厘米，宽 7.5 厘米

银羽觞侈口，内壁有折枝莲四株，空白处填以流云纹。底部饰以团花，器外长边两侧饰有站在莲瓣上的鸿雁和鸳鸯，短边两侧饰鸳鸯和鸿雁。通体饰花纹，纹样鎏金。

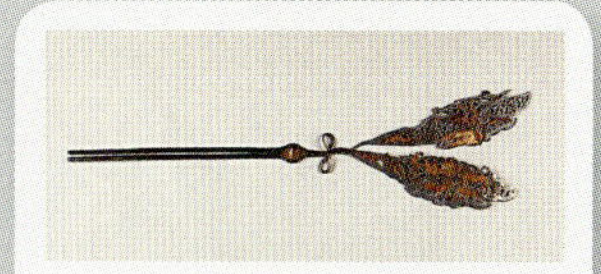

鎏金蔓草蝴蝶纹银钗

唐代 长 35.5 厘米

通体鎏金。钗柄分为两股，长短基本相等，钗托为花蕾形，其上錾刻纹饰。钗面各有一片花叶，每片花叶上镂刻出一只展翅的蝴蝶，颇具灵动感，其下衬以蔓草纹。这件银钗装饰考究，工艺精湛，是研究唐代妇女服饰的重要实物资料。

银平脱双鹿纹椭方形漆盒

唐代

漆盒身呈椭方形，盖与底微鼓，盖面饰银平脱雌雄奔鹿。盒四周为疏朗的银平脱花叶，盒内置一小勺。

崔勇

广东省文物考古研究所副所长
中国第一批水下考古队员
南海 I 号的考古发掘领队

第九讲

南海Ⅰ号

——一艘价值连城的沉船，一段尘封海底的历史

“南海Ⅰ号”遗址发现的南宋古沉船是中国迄今为止发现的年代最久远、船体最大、文物储存最多、保存最完整的远洋贸易商船，距今有800多年历史。“南海Ⅰ号”整体打捞的成功案例，见证了中国水下考古从无到有、迅速发展的历程。

2007年，我们顺利打捞起沉箱，并把它运进博物馆，然后开始考古发掘工作。一直到2017年下半年，全部工作才结束。也就是说，这条沉船从1987年首次发现，到2007年整体打捞上来，再到最后完成考古发掘工作，花了30多年的时间。

水下考古是考古学向水下的延伸，沉船是一种特殊的遗址，就像时间胶囊，它把某一个时代切片完整地保存下来；沉船既是最小的等级社会，又是高度浓缩的生存单位，将沉船当作一个完整的聚落形态进行考量，它所能反映的不单单是船载货物，还有时代和航路等时空信息，更反映了当时的政治和社会生态，是极其难得的研究宝藏。

1 中国水下考古的诞生

“南海 I 号”的发现

1986 年，英国的海上探险和救捞公司发现中国的南海海域有一条叫“莱茵堡号”的沉船。英国专家在荷兰阿姆斯特丹的海事博物馆里，查到了很多关于这条沉船的资料，对这条船的沉没原因及时间、最后存活了几个人都进行了详细的调查。于是英国人根据资料和广州救捞局签订了一个调查协议，希望能够寻找到“莱茵堡号”。

他们在沉船所在的广东台山上下川岛海域，利用旁侧声呐系统到处寻找，一旦发现疑似的东西就用抓斗往海里抓。经过将近一年的时间，1987 年终于有了突破性进展。有一天，一抓斗下去，抓上来 247 件器物，其中有 142 件完整的瓷器和锡器，还有一条 1.72 米长的大金腰带。看到这个情况，当时中方的负责人尹干洪说：“这肯定不是英国人要找的莱茵堡号，这是一条我们中国的沉船。”并及时制止了继续用抓斗取物，这一措施，给中国保下了一艘国宝级的沉船，那就是“南海 I 号”。

“南海 I 号”是一艘木质古船，船体残长约 22.1 米，最大船宽约 9.35 米。这是一艘价值连城的沉船，1987 年被发现的时候，它已经在海底沉睡了 800 年。“南海 I 号”是我们迄今发现的最大、保存最完好的宋代古代商贸沉船。发现、调查、打捞和发掘过程都有很多故事，它的发现说明，福建、广东沿海地区曾经存在一条非常繁忙的海上丝绸之路。

“南海 I 号”1987 年出水文物

为什么中国会开展水下考古?

在 1984 年的时候，西方海上盗捞者迈克·哈彻（Michael Hatcher)，在南海海域打捞了一艘名为“哥德马尔森”（Geldermalsen）号的沉船。根据记载，1752 年（清乾隆十七年）冬，这艘东印度公司的商船满载着瓷器和黄金从中国南京出发，驶向荷兰阿姆斯特丹，航行 16 天后，在中国南海水域触礁沉没。哈彻通过仔细查阅档案，终于找到了这艘沉船，打捞出清康熙年间的青花瓷器百万余件，但正当船上的工作人员惊喜万分之时，哈彻却下令将这些瓷器砸碎。他深知收藏市场的定律：物以稀为贵。他仅保留了 23.9 万件青花瓷器、125 块金锭，还有两门刻有荷兰东印度公司缩写的青铜炮。挑选和毁坏工作结束后，他把这些“战利品”拖到公海。一年后，他以无人认领的沉船允许拍卖为由获得拍卖许可，委托荷兰佳士得拍卖行进行公开拍卖。

1986 年 4 月，荷兰佳士得拍卖行为这批文物举办了规模盛大的专场拍卖。中国驻荷兰大使馆立即将消息传回国内，而国家文物局想要制止这场拍卖会的时候，翻遍了国际海洋公约、各国海洋法，也找不出一条可行的法律依据。当时中国关于海洋文化遗产保护方面的法律也是一片空白。“买回来”便成了留住这批文物的唯一方法，中国故宫博物院派了两位专家，一位是冯先铭，一位是耿宝昌，带了 3 万美元去参加拍卖。但在接下来 3 天中，中国专家连一次举牌的机会都没有，因为每一件瓷器的起拍价都在估价的 10 倍以上，各地的收藏家一路叫价，最终，近 24 万件珍贵瓷器尽数落入旁家。此次拍卖使迈克·哈彻获利 2000 多万美元，他的名字也在一夜之间家喻户晓。但是，他始终拒绝回答“哥德马尔森”号打捞点的详细位置，成为考古界的一大谜题和遗憾。

这件事情极大地刺激了中国的考古界，引起了国家的重视，下决心要成立自己的水下考古机构。1987 年，国家博物馆成立了水下考古研究中心，馆长俞伟超先生极力想把这个项目往前推进，但要想推进就要求我们得有相应的资源，也就是说我们得有一艘沉船。正在这个节骨眼上，恰好发现了“南海Ⅰ号”，这条船成为中国水下考古工作的起源。1987年底，也是我走上水下考古这条路的开端。

艰难的起步

“南海Ⅰ号”的发掘过程充满曲折。比如发现“南海Ⅰ号”后，中英联合打捞的工作就结束了。英国打捞公司没有找到“莱茵堡号”，而意外找到“南海Ⅰ号”，按照中英签订的协议，这是中国的船，他们不能动，结果这个公司破产了。但最初找到古沉船，其实利用的是英方的声呐技术。沉船发现后，中国自己没有经验，无法继续打捞并开展考古工作，因为我们还不具备这种能力。

当务之急，我们得马上组建一支自己的水下考古队伍。有一个很纠结的问题，到底是让潜水员去学考古呢，还是让考古人员去学潜水？后来算了一笔账，潜水员学考古要花4年时间，考古人员去学潜水，只要花半年时间。中国有这么多年轻的考古人员，估计找几个去学潜水并不难。幸运的是，我当时正好年轻，通过了很严格的体检，就去学了水下考古。

1987年刚接触水下考古时，我们请日本水下考古学研究所所长田边昭三教授来给我们上过一次课，属于“扫盲”性质。到了1989年，国家文物局、国家博物馆和澳大利亚阿德莱德大学联合举办了国内第1期水下考古培训班，由澳大利亚老师来进行培训。参加培训班的共有11个人，被分成了两组，老师把年纪大的、身体不太好的人都放在一个组里，把身体好、潜水技术好的人放在另一组。我们说，一个叫“老弱病残组”，一个叫“明星组”。我是“明星组”的组长，那位“老弱病残组”的组长已经39岁了。老师分配任务都是同时派

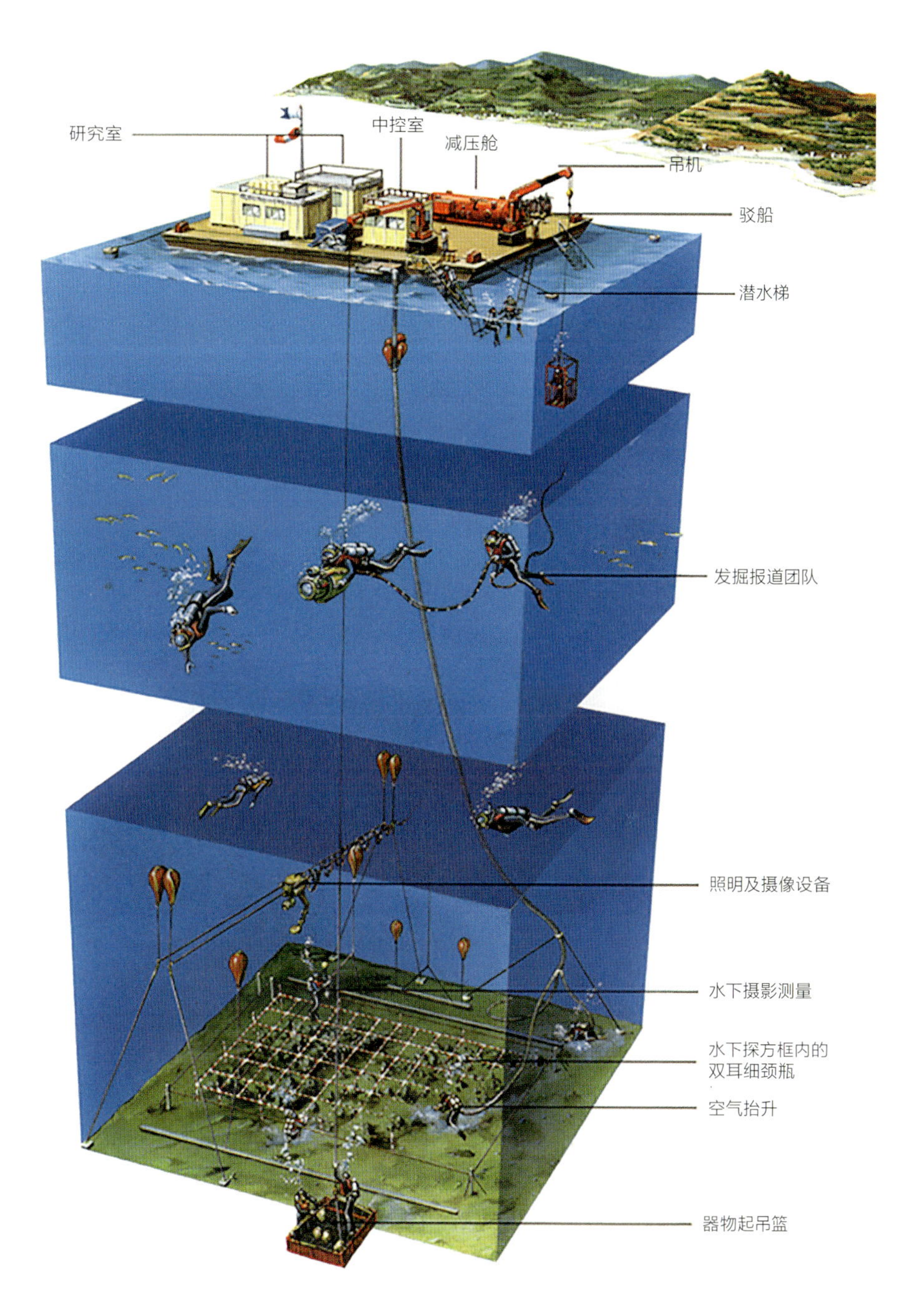
研究室
中控室
减压舱
吊机
驳船
潜水梯
发掘报道团队
照明及摄像设备
水下摄影测量
水下探方框内的
双耳细颈瓶
空气抬升
器物起吊篮

水下考古发掘流程图

给两个组。但是后来发现，同样的任务，最后总是“老弱病残组”做得比“明星组”好。这给了我们一个启发：水下考古不是能力强就能干好的，一定要协调好，要有团队精神，才能把这个工作干好。经过培训，我们终于掌握了基本的水下考古知识和技术。

在这期间，不少国外的打捞公司都希望与中国合作，共同打捞“南海Ⅰ号”，但都被我们拒绝了。1989 年 11 月，我们和日本再次组成了联合调查队，准备进行一次全面勘察。不巧那个季节东北季风开始吹了，海况很差，继续进行工作有一定的难度，而且耗资也非常惊人——3 天就花了 27 万元，对于那个年头的陆地考古来说，这简直是一个天文数字。我们一方面觉得有些承担不起，另一方面，这个工作又不能不做，只好先将“南海Ⅰ号”搁置，从小的项目开始做，同时培养人才。刚好在这个时候，辽宁绥中三道岗发现了一条元代沉船，于是中国的水下考古者，从 1992 年到 1997 年，一直在做这艘船的考古工作，积累了很多经验。1996 年又去了一趟西沙搞调查，都是为远洋调查和“南海Ⅰ号”的考古发掘做准备。

从首次发现到最后完成考古工作，花了 30 余年

2001 年，我们终于可以重新对“南海Ⅰ号”展开一些工作了。2001 年到 2004 年是规划性工作阶段，首先找到“南海Ⅰ号”的准确定位，然后进行了 4 年的调查和试掘。虽然采集了 6000 多件很完整、很漂亮的瓷器，但是因为海况确实不好，能见度很差，基本没有采集到多少考古资料，比如绘图、照相、影像等都采集不到，这不像是一次考古，倒更像是一次打捞。

后来有一次看电视时，我看见考古学家李济先生发掘殷墟的时候用了整体提取的方法，于是就想，我们可不可以也用整体提取的

方法把沉船打捞起来呢？但问题是：怎么捞？用什么方法捞？当时有一位工程师叫吴建成，他提出用沉箱的方法，就是把一个巨大的沉箱整个套在沉船上，再把沉箱底上一封，船就能捞上来了。这个方案听起来不错，但是要真正实施，必须经过很多次的模拟试验。最难的是吊放沉箱。这个沉箱有 33 米长、14 米宽、500 多吨重，分上下两层。水下定位非常难，而且沉箱放下去以后再调整位置，几乎是不可能的，所以必须一次放准。最后，真的是一下就放准，成功了。

在对“南海Ⅰ号”进行整体打捞的同时，我们还在实施另一项计划，就是建造一座博物馆，即广东海上丝绸之路博物馆。为什么要建这个博物馆？一是为了让捞起来的沉船有地方放，二是为了方便人们来参观。无论如何，这是一个冒险的方案，因为如果我们打捞不起来沉船，这个博物馆就白建了。虽然很纠结，但是这个方案还是通过了。为此，我们新建了一条 450 米长的路和一个码头，从海滩一直通到博物馆里。

2007 年，我们顺利打捞起沉箱，并把它运进博物馆，然后开始考古发掘工作。一直到 2018 年下半年，发掘工作仍然没有结束。

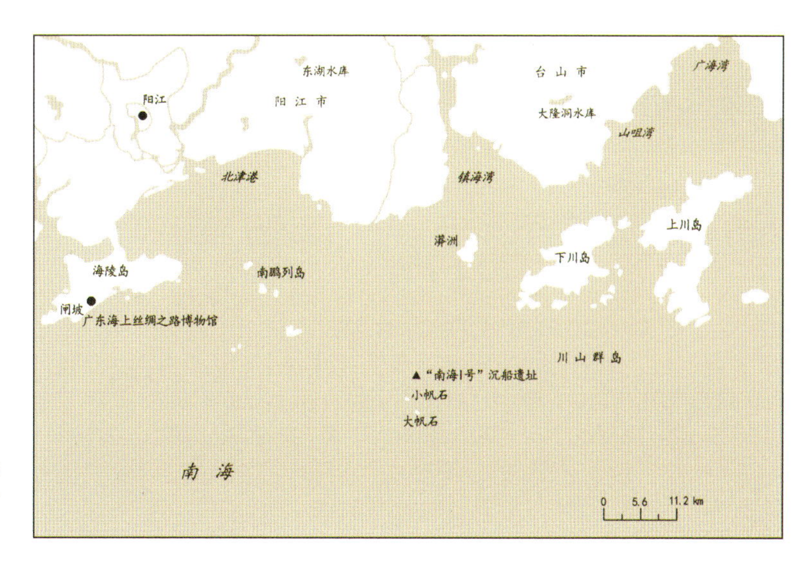

“南海Ⅰ号”与广东海上丝绸之路博物馆相对位置图

1
2
3

1 2007年12月22日上午11时，阳江海域。随着亚洲第一吊“华天龙”号二十几层楼高的巨臂微微上扬，一个巨大的橙色沉箱带着泥沙从湛蓝的海水中徐徐升起，在海底沉睡了八百多年后，举世瞩目的“南海Ⅰ号”终于重见天日

2 入驻“水晶宫”前水陆分离（2007年12月28日），耗资两亿元打造的广东海上丝绸之路博物馆，由“一馆两中心”构成，中间的大椭圆为存放“南海Ⅰ号”的水晶宫，另有陈列馆、水藏品仓库

3 沉船全景（2014年）

也就是说，这条沉船从 1987 年首次发现，到 2007 年整体打捞上来，再到 2019 年最后完成船货清理考古发掘工作，花了整整 32 年的时间。现在看来，“南海Ⅰ号”整体打捞的方法确实是很有前瞻性，这在世界是第一次，也是唯一一次，以后再难模仿。

采集到的考古数据可以精确到毫米

“南海Ⅰ号”刚开始打捞的时候，捞上来很多精致的龙泉窑瓷器，还有一条纯金腰带。当时我们以为这也许是“南海Ⅰ号”上比较有价值的文物了，但现在通过发掘，证明这仅仅是冰山一角。从“南海Ⅰ号”上发掘出的黄金、饰品，几乎每件都可以论斤计算，一共有上百件这样的东西。

通过这个沉船的发掘，我们认为，这种整体提取的发掘方式很有必要。在水下没有能见度的情况下，如果靠盲目地去摸、盲目地去捞，根本达不到考古的目的。而现在，所有的考古信息都保存得非常完整，包括那些木器上的文字，可能还会发现一些纸质的东西，那简直就是奇迹了！

为使“南海Ⅰ号”能长久保存，目前沉船被置于博物馆的“水晶宫”内，模仿它原来所处的海水环境。现在的考古，是通过非常现代的技术，包括激光三维扫描、近景摄影测量等来进行现场保护发掘。同时，我们还有一个大的实验室，这也是全世界唯一的一个，可以在精确控制的环境下发掘一条沉船，最大限度地把信息保存下来。我们可以清晰地看见，船上共有 15 个舱，每个舱都各有特点，每个舱里的瓷器，包括它们是哪个窑口烧制出来的，都能看得清清楚楚。因此，我们采集到的考古数据都可以精确到毫米。从水下考古发掘来说，世界上还没有一个国家的水下考古能做到精确至毫米的测量。

2 浓缩了海洋时代的南宋商船

“南海Ⅰ号”为什么沉没？

在“南海Ⅰ号”发掘过程中，我们一直在讨论一个问题，“南海Ⅰ号”是怎么沉没的？很多人考虑是台风、触礁、撞船，或者是超载等因素，对此做了多方面的研究。我工作接触“南海Ⅰ号”的时间较长，从 1987 年广州打捞局移交 247 件文物时，就参与了接收文物的工作，又是 2001 年第一个摸到沉船的人，所以对它很有感情，它的沉没原因始终在我头脑里萦绕着。

首先说说台风因素。每年因台风沉没的船非常多。古代没有气象预报，台风可能是造成沉船最多的一个原因。古代航行都是靠“顺风相送”，就是靠风力进行航海。航行一般从中国泉州港和广州港出发，这是宋元时期两个最大的东方大港，也是世界大港，与印度、阿拉伯地区的海上商贸往来大多从此出发。出发之后，船往东南亚方向航行，肯定要借助东北季风。这就有一个把握好时间的问题，每年的 11 月下旬到第二年 3 月上旬，正好是东北季风，所以中国瓷器往往是在这个时段被船运出去的。

“南海Ⅰ号”装的大多是福建、江西还有浙江的货，所以它很可能是从泉州港出发的。广州当时有西村窑，如果从广州出发的话，应该装有西村窑

中国夏季和冬季季风风向图

宋代的航海者已经掌握了东至日本、高丽，南到东南亚，直至中东的季风规律。结合“南海Ⅰ号”船载文物大多以中国东南沿海的江西景德镇窑青白瓷，福建德化窑青白瓷，磁灶窑酱釉、绿釉瓷，闽清义窑青白釉以及龙泉窑青瓷为主，由此可以推测，“南海Ⅰ号”是在冬季从中国东南沿海顺风顺水向东南亚方向航行。

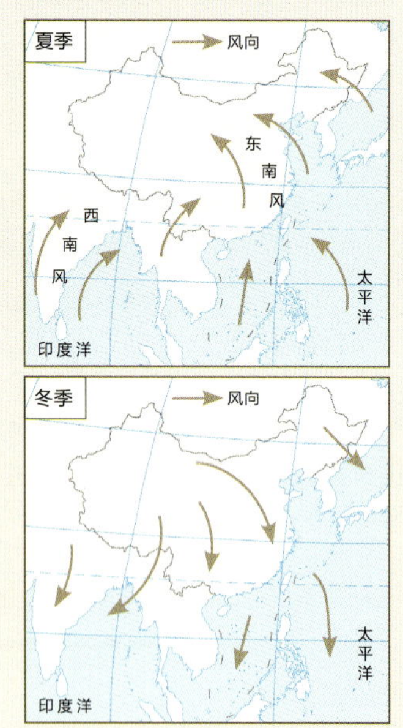

的东西，但我们目前没有发现，所以推测船应该是从泉州走的。从泉州走，就是从东北方向近岸航行，顺着海岸线，经广州到雷州半岛，然后过海再出洋。11 月下旬到第二年 3 月不是台风季节，因为有东北季风存在，台风是过不来的。但是，东北季风也有可能会大到八九级，这可能是“南海Ⅰ号”沉没的原因之一。

我们现在还发现，“莱茵堡号”触礁是撞上了大小帆石，台风和触礁叠加才造成“莱茵堡号”的沉没。资料记载，它虽然沉没，但活了 5 个水手，可能还有水手长，最后他们到了澳门。“莱茵堡号”走的是印尼的巴达维亚（今雅加达）到澳门的一条航线，是从西南到东北航向。而每年 3 月底或 4 月初，一直到 10 月或 11 月初都会有台风，这个季节一旦遇上台风，船操控不稳，触礁的可能性就很大。根据幸存者回忆，他们就是撞到了大小帆石。

“莱茵堡号”是在大小帆石的东北面 2 海里多的地方沉没的，英国打捞公司的调查范围也是在这个地区，这符合船的航行逻辑。“南海Ⅰ号”也沉没在那片区域，但它还没有走到大小帆石，所以触礁的可能性不大。而且还有一个问题，“南海Ⅰ号”行驶到这里时已经走很远了，应该已经适应了海上的情况，但居然也沉了。现在通过整体发掘，我们才发现，它在装载上是有问题的，而且这种装载问题在中国船只

泉州—广州—蓝里—故临—大食航线

《岭外代答》中记载“中国舶商欲往大食必自故临易小舟而往”，而“大食国之来也，以小舟而南行，至故临国，易大舟而东行”。大食是中古时代阿拉伯“诸国之总名”。这条路线基本是沿唐代的“广州通海夷道”走，起点在中国，终点在波斯湾。中国把丝织品、瓷器、纸张、麝香等运至阿拉伯地区，再运回香料、药材、犀角、珠玉等。

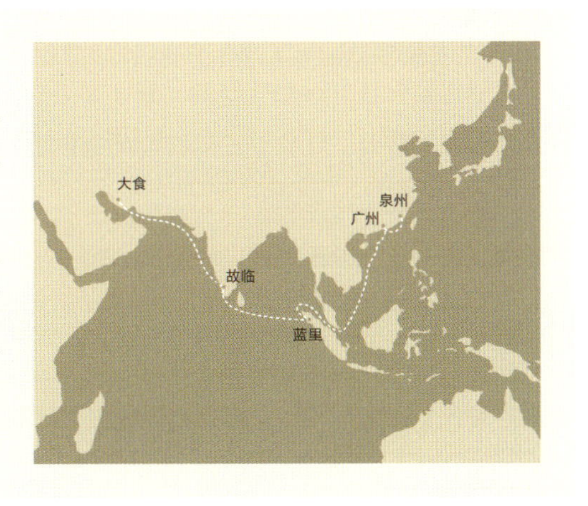

上不是个例——中国船和外国船相比，最大的区别是上重下轻。这就涉及经常讲的压舱石之类的东西。像我们发现的“南海Ⅰ号”“南澳Ⅰ号”“绥中三道岗”“华光礁Ⅰ号”，还有青岛“胶南Ⅰ号”“白礁Ⅰ号”等中国船，都没有压舱石，而且都有一个特别奇怪的现象，铁器装在上面，瓷器装在下面。

为何没有压舱石？

所谓压舱石，就是说底舱装满石头，让船体下重上轻，这样船不容易翻，稳性很好。我们翻了一些外国船的资料，外国船的底舱是全部装满石头的，而中国船装的都是相对较轻的物体。这就给我们提出一个问题，“南海Ⅰ号”为什么要这么装？

稳性和摇摆周期是一对矛盾。好比不倒翁，你轻轻碰一下，它就会使劲地甩，但永远不会翻。与此类似，船的稳性越好，也就越晃。下重上轻，一点点力就可以改变它的方向。但变向以后，它会通过惯性自然恢复过来，自我修正得很快。它永远都在自我修正的过程中，所以不会倒。可如果把它倒过来，它修正不了，就会倒。

中国船有个特点，重心高，稳定性差，但是它会改变摇摆周期，让摇摆周期变慢。中国船主要是装瓷器，要考虑货损率。装一船东西出海，一定要保证这一船瓷器都完好，如果船体摇晃得厉害，运到国外就是一船碎瓷片。所以就要减缓船的摇摆周期，通过装载方式改变重心，把重心提高。

除了瓷器，中国还大量出口铁器，所以中国船是瓷器和铁器混装。现在发现的所有这个时期的沉船，也包括一些明代、清初的船，只要是铁器和瓷器混装，全是铁器在上面。不管是哪个地方先装货，哪个地方先卸货，即便是在山东青岛的“胶南Ⅰ号”，也是铁器在上面，瓷器在下面。

把铁器放在上面，就是让摇摆周期变缓。摇摆周期变缓了以后，还要解决其他摇摆问题，比如横摇、纵摇、斜摇，还有就是上下起浮。绕着龙骨的横摇，是最常见的一种摇摆方式，对瓷器的安全会造成隐患。但如果把瓷器放在尽量靠底的地方，甚至靠近龙骨，因为越靠近龙骨、以龙骨为轴心时，就像一个圆周一样，它的半径就越短。半径变短以后，摇摆幅度就变小了。也就是说，只要把铁器放在上面，摇摆周期变慢，摇摆幅度变小，瓷器的完整率就会变高。如果把铁器放在下面，肯定不会翻船了，但是运到目的地的就是一堆碎片，谁要呢？“万历号”上有10多吨的瓷片，只有4000多件完整器物，就是这个结果。

现代造船业有专门的措施来减缓船的摇摆幅度，提高舒适度，在保证稳性的情况下抬高重心，但是古人没有这个理论和技术，完全是靠个人经验来简单处理。这种处理方法虽然简单，但它跟中国造船技术中的水密舱、平衡舵一样，都是智慧的结晶。

目前来看，很多沉船的考古结果都可以证明中国船是没有压舱石的，“南海Ⅰ号”上面的铁器总共清出来120多吨。“南海Ⅰ号”航行的时候，装了满满一船的货物，而且是上重下轻，只要有一点恶劣天气，不一定要台风，哪怕是强烈的季风也可能造成翻船事故。

“南海Ⅰ号”装了满满一船的货，铁器因为凝结成凝结物了，所以总共是120多吨，已经发掘的瓷器接近7万件，还有一半待发掘。就是说，这条沉船装了可能有十几万件瓷器，铁器如果也算成件的话，肯定要超过20万件，另外还有几万枚铜钱。可以想见这个船装得有多么的满，里面的货物包括金银铜铁锡、漆器、朱砂，各种陶瓷器，碗、盘、盆、碟，人能想象的所有器物几乎都有。除了这么多常见的器物，我们还发现了丝绸的痕迹，有一个舱全是淤土，没有其他东西，但那个淤土，可能正是丝绸蛋白。

就目前发掘情况看，这个船装的货肯定有三四百吨重了，它是宋元时期典型的大商船，要是完整复原了，应该有30~35米长。航海贸易船要有一定的体量，载货够多，才能达到商人利益的最大化。

海底铁器凝结物与瓷器的关系

所以我们推测“南海Ⅰ号”的沉没原因，就是强烈的季风，加上合理但不安全的装载方式，但古人用一种悲壮冒险的方式，为我们留下了一笔不可估量的物质和精神财富。

沉没多年却没有腐烂

从2005年开始做整体打捞方案，2006年方案细化，2007年4月正式开始整体打捞“南海Ⅰ号”，直到2007年12月22日出水，12月28日送进博物馆水晶宫。整体打捞后发现，“南海Ⅰ号”保存得非常好。

相比之下，像“华光礁Ⅰ号”就是水下考古工作条件较好，沉船保存反而较差。“华光礁Ⅰ号”的水下能见度有十几米到20米，我们可以在船上做所有的绘图、照相、发掘，但“华光礁Ⅰ号”海床的底子比较硬，沉船沉没在珊瑚礁盘上面，所以过了一段时间，船的整个结构就松散了，船板坍成了一片片的状态，没有船型了。全部板材取回来以后，要复原成一艘船，有很大的难度。

另外，比如“南澳Ⅰ号”，大概有三四米的水下能见度，我们也能做一些传统的水下考古工作，但是它埋了一小半在土里。被埋在土里的部分保存得很好，露出来的部分全都散了架。所以只能做一个现场的原址保护。

打捞工作最难的就是“南海Ⅰ号”，大部分时间水下能见度是零，但它有将近30米厚的淤泥，“南海Ⅰ号”沉没以后，因为自身的重力和洋流的作用，很大一部分埋在淤泥下面，被淤泥埋下以后，就造成一个无氧的环境。古代船体是木质的，船体的腐化大多是生物的腐化，有一种海生物船蛆，以木头为食，像陆地上的白蚁一样。但如果船在很短时间内就被淤泥盖住，它就是无氧状态，船蛆没法生存，木头就能很好地保存下来。“南海Ⅰ号”正沉在很厚的淤泥层里，这提供了宝贵的保护条件，也给我们提供了整体打捞的基础。

如果在完全没有能见度的情况下，靠瞎子摸象去进行“南海Ⅰ号”的发掘，就只能捞一些瓷器，画不了图，录不了像，做不了测量，所有考古元素的信息都会被忽略。但我们是考古，考古要附加很多信息在里面。信息不能完整提取，会损失太多的东西。所以我们才计划对它进行整体打捞。“南海Ⅰ号”整体打捞成败比率大概各50%，打捞不成的话，散架了就没法再捞了。很幸运，整体打捞成功了，虽然有点赌博性质，但我们赌赢了。

“南海Ⅰ号”和“华光礁Ⅰ号”的年代非常接近，可能就相差十几二十年，或者更短。海上丝绸之路是一条无形之路，不像现在的公路，知道从什么地方到什么地方，途中经过哪里。我们在无形的路里面，怎样把它化成有形呢？就是通过不断发现沉船，发现一个点，我们在这里点下去，然后再发现一个点，再点下去。通过这一点又一点，从而连成一条实线，就是一条海上丝绸之路的航线。

时间胶囊般的“南海Ⅰ号”

沉船和通常的陆地遗址堆积不一样，陆地遗址在地层中通常有不同年代的堆积。而沉船的特点，是在短时间内把同一时段的很多东西都包裹在一起，沉没到海底。“南海Ⅰ号”就同一个浓缩了南宋海洋时代的时间胶囊一般，将那个时代极具代表性的东西和人类生活的缩影，统统密封存入海底，等待未来人将它打开。

田野考古通常面对的是墓葬、房屋、灰坑、火塘、道路等遗迹，我们发掘单体遗迹时，都是解剖其中的一种功能。田野考古发掘到后来就逐渐发展到聚落考古的层面，大范围地对所有遗迹现象进行发掘并综合起来研究，才能复原出一个有机的、立体的古代生活环境。而沉船在几百平方米的范围里，高度浓缩了人类所有的生活，所以我们也应把它作为一个聚落考古来看待。

除了货物，还有很多人在船上面生活过。按照记载，像这么一条船上可能有超过一百个人，但这只是记载，现在也没能确切发现有多少人，只是发现了四个个体的骸骨，但也不知道是同一个人的四处不同部位，还是四个人，所以只能说是四个个体。

有这么多的人在船上生活，而且靠季风航行，速度是有限的，那么一条船怎么来保障这批人在这个有限空间里的基本生存？也许都谈不上是“生活”，只能说保障所有人员的基本生存要素，比如说食物、水，还有其他的基本需求。

“南海Ⅰ号”上有丝绸吗？

船上人的生活，不外乎就是衣、食、住、行几大要素。我们在船上发现了骸骨，却没有发现完整的衣服。但整体打捞的这种细致发掘，确实提供了很多研究和想象的空间。

我们是按照舱位而不是完全按照探方来进行发掘。上层是被淤泥覆盖的部分，可以以探方为单位，到了船舱，就以船舱为单位来发掘。“南海Ⅰ号”从头舱一直到尾尖舱共有十五个隔舱，每个舱纵向还分成三个，从左到右分别为A舱、B舱、C舱。

从前面数第十个舱的C舱——最右边的舱，里面没有发现什么器物，但有很黑的淤泥。我们对淤泥进行了一些解剖，发现它跟一般船上的泥沙或带贝壳的土不一样，非常纯，而且含有大量动物蛋白。通过丝绸博物馆的进一步检测，我们认为这种蛋白有很大的可能是丝绸蛋白，因为丝绸由蚕丝制成，这也符合海上丝绸之路的要素。

如果大量的丝绸蛋白变成了淤泥，就可以想象很多船员的衣物也应该已经腐烂，跟泥混在一起了。我们没有办法确切知道船员穿什么，因为衣物不容易提取、不容易发现，但是织物大量集中的地方还留有一定的迹象。当我们找到这个迹象时，就可以反推船上应该还有别的衣物。

一般来说，如果是在水下发掘，我们就会把这些泥抽走，根本不会对泥做检测。因此回过头来看，整体打捞和细致发掘确实非常有必要，不然我们也不会发现“南海Ⅰ号”上可能有丝绸了。

C10船舱右半部疑似丝织品的痕迹

衣，我们发现了迹象，而在乘船航行过程中，要保证这些人的基本生存，食是最重要的生存要素。

首先是淡水的问题，当然，沉船上的淡水肯定被海水稀释掉了，不可能再发现有什么淡水。其次是吃什么的问题。人的食物结构大致是以蛋白质、脂肪、碳水化合物和维生素构成。蛋白质从肉类获取；脂肪可以从肉类动物脂肪和坚果中的植物脂肪获取；碳水化合物可以从谷类、淀粉类食品里获得，并会转化为糖；维生素是通过各种水果获取。

“南海Ⅰ号”上已经发现了大量的动植物遗存，这也是整体打捞给我们的红利。动植物遗存包括鱼类等水生动物，还有陆生动物，如鸡、鸭、鹅、猪、牛、山羊和绵羊等，此外，我们还发现了一罐保存完整的咸鸭蛋。

虽然发现了鱼类，但从科学严谨的角度分析，应该暂时把它排除掉，其原因是沉船在海底经历了近千年，有很长一段时间起到了人工鱼礁的功能。根据鱼类的习性，只要有突出来的地貌，鱼类就会聚集安家。如果是淡水鱼，那就又不一样了，可以研究，但如果都是海洋性鱼类，我们就暂不将其作为食物构成之一，虽然它也可能是食物构成，但是自然死亡在这里的鱼类，我们没有办法剥离出来，如果有别的地方的鱼制品，比如咸鱼，或产自别的海域的鱼，倒是可以放进来讨论。

陆生动物，如鸡、鸭、鹅、猪、牛、羊，是蛋白质和脂肪的基本保证，可以列入食物的类别。我们现在有冰箱可以保存肉类，但古人只有两种途径：一种是腌制，以前在沉船里发现过腌制的东西，英国的一艘沉船上还曾发现过腌制品的清单；除了腌制食品，还有一种就是活的动物。过去我们去西沙调查的时候，发现渔民会在船上放一笼活鸡，虽然后期鸡都瘦得没法吃了，只能拿来煮汤，但要保鲜，就必须是活体，但活体喂养是很不容易的。我们现在确切地知道，船上有很多肉类，但大多是腌制过的。文献记载也有带活羊上去的，就是不知道能活多久。

船上发现的咸鸭蛋，就是我们现在吃的咸鸭蛋，保存得非常完整。在以前的考古里，从来没有发现过这些东西，因为太脆弱了，很容易就被忽略掉。

至于维生素和碳水化合物，“南海Ⅰ号”上发现了大量的植物遗存，其中绝大部分是可食用的植物，也有一部分药材，不是直接食用的。植物遗存又可以分成水果、瓜类、谷物和香料。

水果类有核果和坚果。核果一般指带核的水果，果肉保存不下来，但可以根据它的种子来判断是什么水果。目前发现有梅子、槟榔、橄榄、南酸枣、滇刺枣、葡萄籽，还有荔枝。所有的水果，特别是橄榄、南酸枣，维生素含量都特别高，但口感一般不好，略带酸味。十年前在广东高明发现的古椰贝丘史前遗址，也保留了大量的南酸

“南海Ⅰ号”发现的部分植物遗存

枣和橄榄，古人从5000年前开始摄入这些植物，主要就是满足对维生素的需求。有一种航海病（就是现在医学上统称的败血症），主要就是因为缺乏维生素C导致的，必须吃新鲜水果蔬菜才能防治。

瓜类也是航海中非常重要的食物结构，其种类可根据发掘出土的种子来甄别判断。我们先后发现了一些冬瓜子，因为航海带蔬菜不容易，如果是绿叶菜，两三天就必须吃完，不然就烂掉了，只有冬瓜、南瓜这种蔬菜，因为有外壳包裹，存放的时间相对较长。这也说明古人有多年的航海经验，知道蔬菜里面的瓜类是比较好保存的。也许带了叶菜，但不好保存，我们也就很难发现。

坚果含有淀粉、植物脂肪、植物蛋白，是沉船食物链中不可或缺的一环。沉船上的坚果，锥栗的数量最多。锥栗就是像板栗一样的坚果。其他还有银杏、香榧子、松子。松子像瓜子一样，适合炒了嗑着吃。

谷物就是稻谷这一类的。谷壳能留下来，保证碳水化合物的摄入。

至于香料，则有花椒、胡椒之类。胡椒在那个时候堪比黄金，这说明船上人吃东西还讲究味道，生活也不是那么枯燥。

1 2
3 4

1 铜镜
2 锡牌饰
3 铜天平、砝码
4 锡粉盒

社科院考古研究所植物考古学家赵志军教授专业能力很强，被我们戏称为“植物人”，他根据“南海Ⅰ号”出的植物种子和类别，把“南海Ⅰ号”上的饮食生活形容成“舌尖上的航海”——“看起来，为了应对远洋航行，船上的‘美食家’们做了精心的挑选和储备”。

住在“南海Ⅰ号”上

住，是比较难解决的一个问题。现在发现的所有沉船都没有甲板以上的建筑，为什么呢？因为沉船不是整个埋在水底下的，它的船舱部分被淤泥覆盖保存了下来，但还有一部分露在淤泥以上，被船蛆蛀蚀后就消失殆尽了。我们现在还可以发现一些漆皮，漆皮蛀蚀不了，就保留了下来。

大部分人肯定是住在甲板以上，但也有货主会住在货舱里。按照以前的记载，船上有形形色色的人——船主、水手、货主、客商。宋代朱彧在《萍洲可谈》里讲过，大船能装数百人，小船也能容纳百余人，舶船深阔大概数十丈，每个商人在船的不同地方放货物，每个人也拥有一个不大的容身空间。一般是下面储货，货上面铺个板子，就能直接睡在上面。

在清理C11舱的A舱时，我们确实也发现了这种情况。清理到一定深度时，发现这里铺了一张大约1.5米双人床这么大的平板，下面堆有瓷器，这就和朱彧《萍洲可谈》的记载特别吻合。

水下考古要了解古人住的问题很难，因为保存不好，但“南海Ⅰ号”C11舱保存得很好，正切合了“下以贮物，夜卧其上”的记录。这块板子，如今在现场还可以看得到。

航海人怎么打发时间

一艘船的空间是有限的，可以“行”的地方就那么大。但从大的层面来理解，这个船又是一个行走的聚落、一个移动的社会。这就超越了我们通常考古发掘对遗迹中道路、车辙和车马这些东西的研究。海上的道路是无形的，船载着大家在无形的道路上走。它有方向、有区域，但没有具体的点。船，才是海上丝绸之路最直接的载体和实物。

除了衣、食、住、行以外，我们还可以对船上的人进行精神层面的考察。这些人都需要挣钱，改善生活，所以他们才去做这个生意、去冒险。但船上的冒险生活要有具象表现，他们在船上是怎么过的呢？没有航海经验的人不知道，航海其实是很枯燥的，只有头一两天你会兴奋，要是晕船则会更痛苦，那么在船上怎么打发时间呢？

我们在“南海Ⅰ号”上发现了骰子这种赌博的工具。这还不是孤证，在“南澳Ⅰ号”也发现有骰子，甚至还发现了围棋，民国时期的“中山舰”上也有骰子。就是说，骰子在船上是一种比较常见的赌博娱乐工具，一般是用骨头做的。骨质的东西比较致密，所以容易保存下来。“南海Ⅰ号”活灵活现地保留了古代人生活的方方面面，成为揭示古代航海人精神层面的一扇窗口，可研究的东西非常多。

1 玉雕观音像

2 “南海Ⅰ号”仿古帆船

3 “来样加工”的国际贸易形式在宋代就出现了？

从“南海Ⅰ号”出水瓷器看宋代外销瓷

“南海Ⅰ号”船载文物以瓷器为大宗，主要有江西景德镇青白瓷器，浙江龙泉青釉和青黄釉瓷器，福建德化青白瓷器、闽清义窑青白瓷器、磁灶窑黑釉和绿釉瓷器等。从出水瓷器的数量、种类来看，福建窑口的产品量最大，龙泉窑、景德镇窑的东西也不在少数，揭示了宋代南海贸易的繁盛景况。

宋瓷外销历史背景

宋代是我国陶瓷产品百花齐放、名窑争艳的时代。名窑迭出，反映了陶瓷经济的活跃，而瓷器外销的发展和成熟就在这个时候。瓷器以商品的形式向外传播应该始于中晚唐，但数量较少。到了宋代，经济重心南移，而且宋代统治者意识到对外贸易带来的丰厚利润，采取了“既鼓励，又控制”的基本贸易政策，使得宋代的对外贸易达到空前繁荣的局面。

瓷器的普遍流行，不仅改变了中国的“社会面貌”，而且对国外的社会生活也有较大影响。精美、实用、价廉的宋瓷，适应了海外地区人民的生活需要，改善了他们的饮食习惯，提高了生活水平。许多国家和地区在中国瓷器输入之前，饮食多用陶器、竹木器、金属器皿，甚至有的国家还用植物的叶子盛食物，《诸蕃志》中记述了登流眉国（在今天的马来西亚马来半岛）“饮食以葵叶为碗，不施匙筯，掬而食之”。在波斯国（今伊朗）只有国王才用瓷器来盛饭。自从我国的瓷器进入这些国家以后，为他们提供了精美和实用的器皿，那种原始的生活方式才得以慢慢改变。宋瓷顺应他们日常生活的需要，价格又不贵，是他们买得起的日用品。而这些中国瓷器，器表釉料润泽，胎质坚硬细密，不容易滋生细菌且易于擦洗，还不会与食物发生任何的化学反应，作为食器实在是再合适不过了。

“南海I号”出水瓷器

宋元时期海外贸易的大发展，促使东南沿海地区的窑业迅速成长，获得极大繁荣，出现了大量以外销为主的瓷窑体系。以下为大家简要讲述一下“南海I号”出水瓷器的主要瓷窑。

福建闽清义窑、德化窑及磁灶窑

宋元时期福建的重要窑址主要沿福建三大水系及其支流分布：在福建北部和中部沿闽江流域有建窑、茶洋窑、闽清义窑、福清东张窑，福州长柄窑等。这些窑口的产品多通过闽江水道顺流而下，经福州港远销海外。福建中南部的晋江水系则分布着德化窑、磁灶窑等窑址，它们所产的瓷器多经晋江及其支流水运至泉州港外销。

福建陶瓷的品种十分丰富，主要包含以建窑为代表的黑釉器类型、仿景德镇的青白瓷类型、仿龙泉窑的青瓷类型、同安窑类型的“珠光青瓷”和以泉州磁灶窑为代表的黑釉器、黄绿釉器以及酱黑釉剔刻花器等。

青白瓷是宋代南方烧制成的一种风格独特的瓷器品种，以景德镇窑所产质量最佳，南方各地纷纷仿烧，为福建地区宋元时期的重要瓷器种类。在福建地区的这些青白瓷窑址中，又以闽清义窑和德化窑最具代表性，不仅产量大，产品有特色，而且是外销瓷中被发现最普遍、数量最丰富的瓷器品种。

闽清义窑在宋代至明代的外销瓷窑场中占有重要地位，它是近几年来随着中日贸易陶瓷合作研究的不断加强，逐渐引起人们重视的一处意义重大的外销瓷产地。闽清义窑位于闽清县东桥镇义由村和青由

出水瓷器主要
窑址分布图

村沿安仁溪一带，其产品以青白瓷为主，被认为是福建宋元时期规模最大的青白瓷产地。其产品以实用器为主，常见的有敞口碗、敛口碗、花口碗以及各种壶、盒等，胎釉质量俱佳，胎体致密坚硬，釉色青白莹润。

闽南地区青白瓷的生产主要集中在德化地区，“南海Ⅰ号”出水最多的就是德化窑。德化窑真正的起步应该就是在宋代，外销瓷的需求量大，海外贸易刺激了这个产业。作为以外销为主的窑口，德化窑根据市场需要烧制了很多专门用于外销的瓷器品种，有很多不见于中国传统遗址墓葬的大型器物。大碗、大盘都是东南亚人喜爱的常用餐具。还有各种瓶类、青白瓷盒在海外市场也颇受欢迎。

宋元时期，晋江磁灶窑的陶瓷生产获得蓬勃发展，大量烧制下彩绘瓷、黑釉瓷、低温黄绿釉瓷等多个品种，其产品大量销往日本及东南亚各国。产品丰富多样，主要有碗、碟、执壶、炉、瓶、罐等，釉色有青、黑、酱、黄、绿。

景德镇窑和龙泉窑

在南方诸窑中，最重要的是江西景德镇窑和浙江龙泉窑。

景德镇一直是很发达的瓷业产地，不依赖对外贸易，但对外贸易也很重要。那里的工艺、瓷土也确实好。宋代景德镇生产一种色泽温润如玉的青白瓷器，胎釉精美，刻有纹饰，有“饶玉”之称。南宋至元代中期，景德镇的窑场大量采用覆烧工艺，生产芒口器，且流行印花工艺，从而产量大增，为当时内销及外销市场提供了充足的货源。

景德镇窑宋代烧造的青白釉瓷器，釉白中透青，釉厚处呈淡青绿色，是介于青白二者之间的一种釉，也称之为“影青”釉。种类很多，有日用的杯、碗、碟、盘等容器，有执壶、盏托等酒（茶）具，还有瓜棱罐、各式各样的小粉盒等，在青白色的釉下刻印花卉等图案，十分淡雅。

“南海Ⅰ号”船舱分布图及出水瓷器

木船体残长约22.1米，船体保存最大船宽约9.35米。沉船中共出土18万余件文物，展现了我国宋代繁盛的海外贸易体系，对研究我国乃至整个东亚、东南亚的古代造船史、陶瓷史、航运史、贸易史等有着重要意义，为海上丝绸之路的千年传承、我国与沿线国家商业与文化交流提供了坚实论据。“南海Ⅰ号”的保护发掘工作，按照发掘、保护、展示三位一体的先进理念，广泛运用多种科技创新手段，获得国际学术界的高度评价，成为全面真实展现古代中国和现代中国的绝佳案例。

出水物品分布状况

C1：推测上部残断，下部暂未发掘，装载物不明
C2：德化窑、磁灶窑、龙泉窑、景德镇窑/铁器
C3：德化窑、景德镇窑、龙泉窑、磁灶窑/铁器/网坠
C4：闽清义窑、德化窑、磁灶窑/金器/铁器/渔网、网坠
C5：德化窑、景德镇窑、龙泉窑/铁器
C6：德化窑、景德镇窑/铁器
C7：龙泉窑、德化窑、建窑/铁器
C8：磁灶窑、德化窑、景德镇窑、龙泉窑/铁器
C9：闽清义窑、龙泉窑、磁灶窑/铁器
C10：磁灶窑、龙泉窑、闽清义窑/金银器/锡器/朱砂/丝织品
C11：闽清义窑、磁灶窑、德化窑/金器/铁器/朱砂/铜钱
C12：德化窑、闽清义窑/银铤/铁器
C13：闽清义窑、德化窑/金器/朱砂/铜钱
C14：龙泉窑、德化窑/金器/铁器/朱砂/铜器
C15：龙泉窑、德化窑/铁器

出水瓷器

德化窑 青白釉刻划花卉纹折沿大盘 口径30.6厘米、足径9.5厘米、高8.1厘米

磁灶窑 绿釉葵口碟 六瓣葵口，口沿平折，印有缠枝葡萄纹。器身内外满施绿釉

沉船正射影像

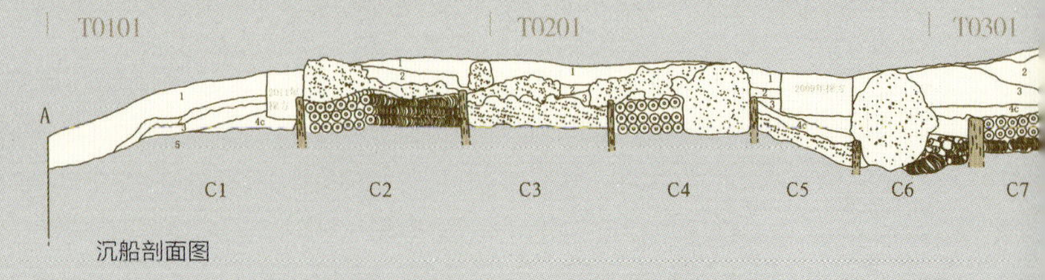

沉船剖面图

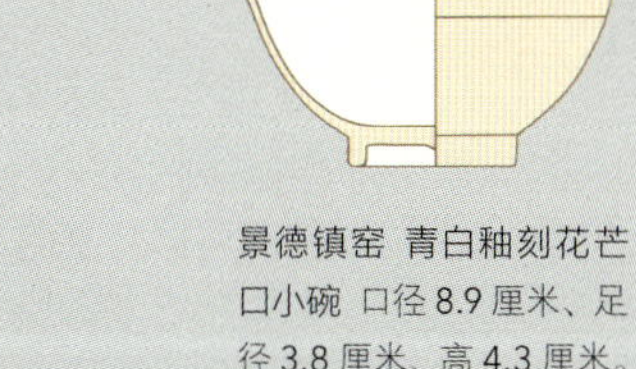

景德镇窑 青白釉刻花芒口小碗 口径8.9厘米、足径3.8厘米、高4.3厘米。胎色白，胎质细腻，青白釉，釉面光亮，芒口，除口沿外均施釉

集中出土金器地点

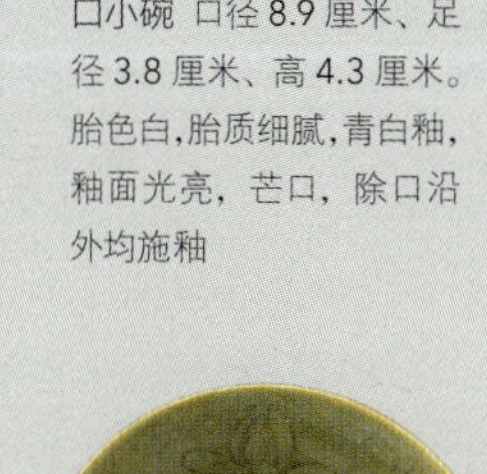

龙泉窑 青釉菊瓣碟
瓷釉厚润如水

闽清义窑
青白釉刻花葵口碗

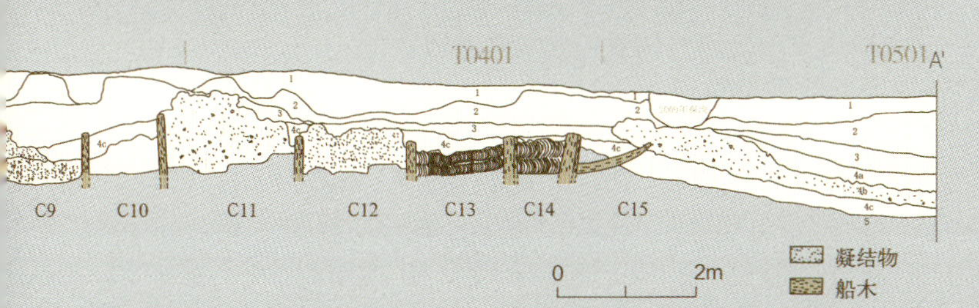

1. 沙层
2. 黄褐泥
3. 深褐泥
4a. 黑灰沙泥
4b. 凝结物
4c. 灰褐沙泥
5. 海泥

关于宋元时期龙泉青瓷的外销，古代的文献中多有记载，也就是文献中经常提到的“处瓷”“处州器”等。宋元时期，龙泉青瓷通过各个港口大量运销海外。龙泉瓷器在北宋时期尚处于初创阶段，青黄色的釉和划花纹饰，受了越窑很大影响，到南宋中期以后，才有较大的变化。瓷器种类除日用的碗、盘、碟、盏、壶之外，还有水盂、笔筒等文房用具和香炉等供器。

“来样加工”，宋代初现雏形

“来样加工”是现代贸易常见的一种形式，这种形式是什么时候出现的，现在还在考证中。但从“南海Ⅰ号”发掘来看，“来样加工”的形式在宋代、最晚南宋就已经出现了。为什么这么说？

可举一个例子作为对比。1998年德国打捞公司在印尼勿里洞岛海域发现了一艘唐代的沉船“黑石号”。这艘船上出了大量以长沙窑为主的中国瓷器，但其中没有发现任何外国元素。我们考证过，“黑石号”可能是阿拉伯的船，但运的是中国的物品。商人买了中国的瓷器，到国外去做贸易。

最初的海外贸易就是将中国的瓷器和丝绸卖到国外，但是中国瓷器不一定能满足当地的审美，而当地没有技术条件，没办法仿造，所以到后来，很多商人就要求中国工人按照他们的审美和喜好，在瓷器上做出具有异域风格的图案。有的外国人甚至拿一个实物样例，让中国人仿照着来做（这里也有一定的推测，还需要考证他拿的到底是图纸还是实物）。比如外国商人拿一个银的执壶，要求你给他烧一个陶的执壶，形状花纹都按这个实物来做，这就是“来样加工”。

我们在唐代的沉船上没有看到这种类型的器物，但在宋代，“来样加工”的雏形就出现了。“南海Ⅰ号”除了中国特色的常见器物外，还出了很多明显带有异域风格的器物，比如西亚、阿拉伯风格的六棱

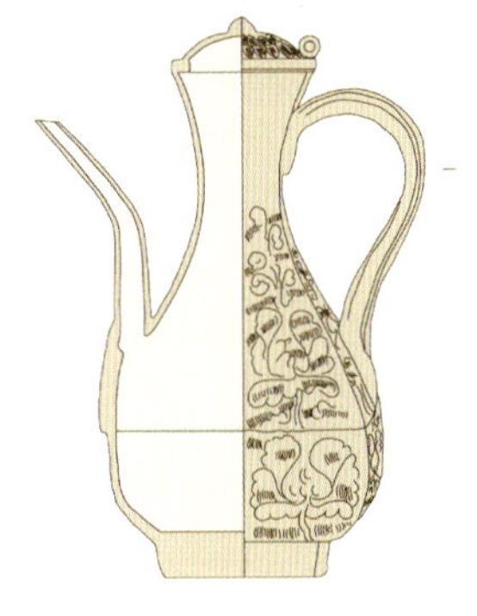

执壶。这种执壶从外形看更像银器。中国瓷器一般都是轮制拉坯，出来的器物都有一个同心圆，而这种带棱角的，显然不是轮制拉坯出来的，应该是手工或用模具成形。在“南海Ⅰ号”上，看到了很多模具做出来的瓷器，我个人推测这很可能是根据外商的要求制作的。

后期的“南澳Ⅰ号”明代沉船上还发现有漳州窑大盘、克拉克瓷、汕头器，这些都是在陆地遗址中极少见到的，但是在沉船和国外收藏界就比较常见。广东台山花碗坪遗址是古代中欧进行贸易的一个场所，那里出了很多青花瓷，上面有高鼻深目的西方人图案，更加说明来样加工的盛兴。有的瓷器上面直接就以葡萄牙圣十字架作为底款，肯定是西方人定制的东西。清代的“广彩”也是特别典型的“来样加工”。

“南海Ⅰ号”上“来样加工”的金器

1 德化窑的青白釉印牡丹纹六棱带盖执壶

2 金腰带 1987年试发掘时出水。腰带全长1.72米。这种腰带形制不见于国内，专家推测为中东地区器物样式，是海上丝绸之路的又一实物见证

除了瓷器，金银器也有“来样加工”的线索。“南海Ⅰ号”是目前出金银器最多的南宋遗址，金饰品达到181件/套（除金质货币外），总重量2449.81克。出土位置多在遗址的上层，多分布于船体中、后部。主要器形包括腰带、项链、戒指、手镯、耳环、缠钏等。它们有一个很大的特点，就是加工得很好，但很多都像是半成品，比如戒指的戒面留了一个镶宝石的位置，大的有1平方厘米，扣宝石的扣都留

在那里，但是上面没有宝石。而且这样的饰品不是个例，很多首饰镶宝石的位置都空着。

“南海Ⅰ号”的发掘工作非常细致，细到什么程度？我们可以发现两根宋代人的头发丝，这在以前的水下考古工作中是难以做到的。可以把考古做到这么极致，那么指甲盖这么大小、1平方厘米的宝石，应该是能够被发现和提取的。这么多的金银首饰上都没有发现宝石，但发现有珍珠，有一枚戒指有八个镶嵌宝石的位置，但仅镶嵌了一颗珍珠，没有其他宝石。因为中国产珍珠，所以它就镶嵌上去了。由此可以判断，这些金器可能是半成品。

唐代时，中国的金器加工已相当成熟，拉丝、焊珠等工艺都特别精致。但中国不产宝石，中国出现的大量宝石都产自斯里兰卡。宋代的航线很多就是去那里的。中国船行驶到东南亚，到印尼，然后通过马六甲海峡，穿越印度洋，再到斯里兰卡。这条航线的目的比较清楚，即金器的初加工在中国，然后运到斯里兰卡去镶宝石，这样可以大大节省成本。所以我们推测，“南海Ⅰ号”装载的金器大多也是这种情况。

“南海Ⅰ号”出现的这些器物，再次证明“来样加工”贸易的雏形在宋代已经形成。虽然不能确实肯定，但是发展脉络已经很清楚：唐代没有，到宋代出现，再到明清成熟。“来样加工”这种形式是由海外贸易的需求而促成的。唐代“黑石号”的瓷器完全是满足实用需求，到宋朝“南海Ⅰ号”的器物，则已经上升到审美的需求，这是一个很大的进步。

“南海Ⅰ号”还出了很多银锭、金叶子以及铜钱，各种各样的东西太多了，成为那个时代海上生活的

缩影。这些文物证明“南海Ⅰ号”是一个宝藏，有太多的子课题可以做。在发掘过程中，每每出现新的情况，都得去熟悉这方面的材料。只有不断发掘，不断熟悉，不断学习，不断消化古人用如此悲壮的方式留给我们的史料，才觉得对得起这条船给后人留下的信息。

地理大发现后世界贸易的改变

宋代虽然内忧外患，不像唐帝国那样发达，但积累了很多财富，是中国海上贸易最强盛的时期。航海和造船技术达到了前所未有的高度，指南针开始大量装备到远洋船舶，极大提高了远洋航行的技术保障水平。从中国通往西亚阿拉伯地区的航线是当时海上丝绸之路的重要航线之一。商船满载着瓷器等船货，从广州、泉州等港口出发，经交洋与上下竺（今越南东海岸、暹罗湾与奥尔岛一带海域），再经三佛齐国（今印度尼西亚苏门答腊岛东部）与马六甲海峡，又经故临国（今印度半岛西南端的奎隆），到达阿拉伯半岛以东的波斯湾和以西的红海沿岸国家（如大食）。

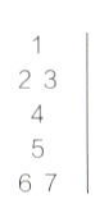

1 金戒指
2 数枚出土的金戒指中，有一枚椭圆形的大宝石镶空，估计可镶得下一颗“鸽子蛋”
3 虬龙金手镯
4 金镯
5 金项链
6 银锭
7 金叶子

欧洲国家与中国直接进行贸易是在地理大发现之后。欧洲航海全面铺开，绕过非洲好望角开辟“印度新航线”，后来又通过美洲的麦哲伦海峡，承担起各大陆间的运输往来，形成世界贸易的雏形。明清时期，“来样加工”的产销模式才真正成熟，但中国的海上贸易已经无法和别人相比了。

发现史

◎ 1986 年，英国海上探险和救捞公司联合广州救捞局（后分拆为打捞局和救助局），试图在中国南海海域寻找东印度公司的沉船“莱茵堡号”。

◎ 1987 年，联合打捞在广东阳江海域发现了一条沉船，但并非“莱茵堡号”，而是一条满载货物的南宋中国沉船。

◎ 1989 年，中方与日本水下考古合作，对这艘沉船进行探查，后将之命名为“南海Ⅰ号”，这次调查被誉为中国水下考古的起点。

◎ 2001～2004 年，“南海Ⅰ号”水下考古队成立，先后进行了 7 次水下调查，确定了沉船精准位置和沉船的性质与年代。

◎ 2004 年，“南海Ⅰ号”整体打捞方案确定。2007 年，“南海Ⅰ号”整体打捞出水，之后移驻位于广东的海上丝绸之路博物馆。

◎ 2013 年底，“南海Ⅰ号”沉船的全面考古发掘启动，到 2019 年已完成船货清理考古发掘，清理出的船载文物多达 18 万余件。

推荐阅读

◎ 国家文物局水下文化遗产保护中心、中国国家博物馆、广东省文物考古研究所、阳江市博物馆编《南海Ⅰ号沉船考古报告之一：1989～2004 年调查》，文物出版社，2017 年

◎ 国家文物局水下文化遗产保护中心、广东省文物考古研究所、中国文化遗产研究院、广东省博物馆、广东海上丝绸之路博物馆编《南海Ⅰ号沉船考古报告之二：2014～2015 年调查》，文物出版社，2018 年

◎ 广东省文物考古研究所编《2011 年“南海Ⅰ号”的考古试掘》，科学出版社，2011 年

◎ 李岩《南海Ⅰ号沉浮记：继往开来的航程》，文物出版社，2009 年

◎ 南海Ⅰ号考古队《来自“南海Ⅰ号”考古队的报告》，载《中国文物报》2014 年 12 月 30 日

◎ 崔勇、徐蓓《水下考古，不仅仅是海底捞宝》，载《解放日报》2017 年 3 月 24 日

磁灶窑点褐彩梅瓶

盛装流质液体的容器。小口，斜直腹，口沿处施一周酱釉，其余无釉，素胎。胎体灰白，砂质，粗糙。

磁灶窑褐釉扁陶瓶

灰陶，胎较薄。酱褐色釉，底未施釉。底面墨书一“黄”字。

兔毫盏

里外施黑釉，碗内有白色放射状条纹，形如兔毫。釉色为窑变釉，黑色与茶叶末色相交融。色彩富于变化，韵味别具，是宋代斗茶的产物。

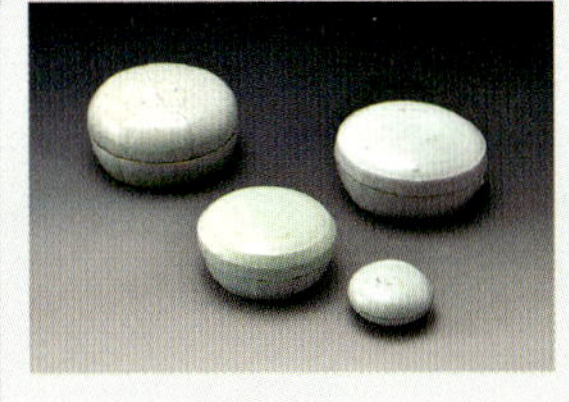

德化窑青白釉粉盒

圆形，子母口，平底微凹，带盖，青白釉，除底部以外，内外皆施釉。盖面模印花卉，亦有素面的。此类粉盒数量庞大，大小规格不一，适用于不同的需求。

德化窑青白釉印花四系罐

釉色白净、明亮。罐内有四小瓷瓶，反映了古代远洋瓷器贸易中货物的原始摆放状态。

德化窑青白釉刻划花带盖碗

敛口，弧腹，圈足，荷叶形盖，管状盖钮。施青白釉，器表刻有规整的蓖纹。器形庄重大方。

景德镇窑青白釉印花葵口碟

菊瓣形口，整体模印呈葵花瓣形。青白釉，釉色晶莹。碟内底模印一花卉纹。

龙泉窑青釉刻划菊瓣碟

菊瓣口，内壁刻划菊瓣纹，犹如“出筋”，盘心刻一团菊花。施青釉，釉厚而莹润，仿如盘中盛水。

鎏金虬龙纹环

虬龙，盘曲的龙。古代传说云，有鳞曰蛟龙，有翼曰应龙，有角曰虬龙，无角曰螭龙。该环两头饰虬龙头，两龙头对接处留出空隙。

樊锦诗
敦煌研究院名誉院长
中央文史研究馆馆员
看莫高窟，不是看死了千年的标本，而是看活了千年的生命。
初到敦煌，工作之余感到非常寂寞，夜深人静的时候，万籁无声，只听到九层楼的铁马叮当，连缝补衣服的针掉到地下的声音都听得那样真切，这种时候往往就非常想家、想孩子。

第十讲

敦煌莫高窟

——璀璨的艺术宝库

敦煌莫高窟始建于366年，从十六国时期延续至元代以后，至今保存石窟735个（其中有壁画及塑像的492个），壁画4.5万平方米（如按1.5米高计算，可长达30公里），彩塑2000多身。

莫高窟及其藏经洞，是一座博大精深、兼收并蓄、璀璨耀眼的世界文化艺术宝库。藏经洞出土的文献和艺术品以及莫高窟艺术，涉及宗教、历史、地理、政治、经济、文学、语言文字、民族、民俗、科技和艺术等许多领域，为中古时期的中国、中亚、西亚、东亚、南亚的研究，提供了珍贵资料。在国际上诞生了以藏经洞文物和莫高窟艺术为研究对象的“敦煌学”，并成为汉学中的显学。

樊锦诗1963年从北京大学历史系考古专业毕业后，到敦煌文物研究所工作至今。主要致力于石窟考古、石窟科学保护和管理，是享誉国内外的著名敦煌学者。

1 为什么会在大漠之中建造石窟群？

我是怎样来到敦煌的

我与敦煌的结缘是一种偶然也是一种必然。中学时候，喜欢历史和艺术，也喜欢参观博物馆，被关于敦煌艺术宝藏的课文深深打动。后于北京大学考古专业学习，有了接触石窟资料的机会，看到了优美的绘画。1962 年的毕业实习，我争取到了去敦煌实习的机会。

到了敦煌，才知道大名鼎鼎的莫高窟处于偏远的山沟，四周是戈壁和沙漠，住的是土坯房，没有电灯，没有自来水，喝的是咸苦味的泉水，消息闭塞，和北京、上海的生活反差实在太大。由于水土不服、饮食不习惯，身体逐渐不适，实习到一半只得离开敦煌回去了。回到学校后并没有想过还会再来莫高窟。

敦煌文物研究所职工在大泉河砸冰取水（1963 年 12 月）

毕业分配时，学校将我分到了莫高窟。在那个年代，祖国的需要就是我们青年人的志愿，于是我就接受了分配。父亲得知分配消息，出于担心我的身体，给学校领导写了封信，寄给我嘱我转交。因为我已表示服从分配，也已接受了到敦煌的分配，为人不能言而无信、出尔反尔，再说专业是对口的，敦煌还是有吸引力的，故我没有将父亲给学校的信上交，就这样来到了敦煌。

初到敦煌，工作之余感到非常寂寞，夜深人静的时候，万籁无声，只听到九层楼的铁马叮当，连缝补衣服的针掉到地下的声音都听得那样真切。这种时候往往就非常想家、想孩子，也非常希望能一家团聚，但“文化大革命”期间无人过问这些事。随着我在敦煌时间久了，对敦煌逐渐产生了感情，是调走，还是继续留在敦煌，思想上很矛盾。说实在的，真要走，还真有些舍不得。

最终，我的先生理解我，他支持了我，离开武汉大学，调到敦煌来工作。如没有先生的支持，我也只得离开敦煌回家去了。除了我先生的支持外，也离不开敦煌艺术魅力的吸引以及前辈的激励！

大漠之中的石窟群

世界上最大的一片陆地是欧亚大陆，在这片大陆腹地的东边，有一条历史上著名的走廊，叫作河西走廊。敦煌就位于河西走廊的最西端，现在中国甘肃省的西部。它的西面是与新疆塔克拉玛干大沙漠相接的库姆塔格沙漠，北面是戈壁和北山，南面是祁连山脉。祁连山脉的冰雪融化形成了许多河流，其中一条小河名叫宕泉，宕泉东面是三危山，西侧是鸣沙山，因为在库姆塔格沙漠的边缘，所以常有流沙。

根据唐代《李克让修莫高窟佛龛碑》（又称《圣历碑》《李义碑》《李克让碑》《李君碑》等）记载，366年的一天，一个名叫乐僔的和尚，从中原云游到了敦煌东南方宕泉河畔的鸣沙山前，忽见对面三危山上万道金光，在金光中仿佛有千佛化现，乐僔认为这是佛在感召，他所到之处一定是参禅修行的好地方，于是在鸣沙山崖壁上开凿了一个石窟，用于参禅。不久，一个名叫法良的和尚也来到这里，在乐僔的禅窟旁边又开凿了一个石窟。从此以后，这里连续千年开窟不断，形成了宏大的石窟群，名叫莫高窟。*

“莫高窟”之名，最早出现在莫高窟一个隋代洞窟的墨书发愿文中，有“莫高□（窟）□（记）……”之记载。此后，唐圣历元年（698）《李克让修莫高窟佛龛碑》和第156窟前室咸通六年（865）的“莫高窟记”也均有记载，但又都没有对“莫高窟”之名进行详细的诠释。从海拔上看，莫高窟海拔高1330米，敦煌县及其乡村的海拔高1138米，莫高窟要

1995年仲夏，莫高窟雨后的一个傍晚，我正在宕泉河边组织人员防洪，眼角的余光瞥见对面三危山山峰之上的天空，一片金光，光芒四射，三危山峰在金光的映照之下，颜色黯淡。于是使我联想起366年，在鸣沙山的断崖上开凿第一个石窟的乐僔和尚，看到对面三危山上“忽见金光，状有千佛”的情景。现在来看，乐僔和尚选莫高窟这个地方开窟真是有眼光。因为它背山、面水、避风，绿树成荫，是一个极佳的修行之地。良好的选址，才得以在此千年连续不断开窟。至今保存了735个洞窟，2000多身彩塑，4.5万平方米壁画，5座唐宋窟檐，以及藏经洞保存的5万多件文物，成为名闻遐迩的佛教艺术宝库。

丝绸之路示意图

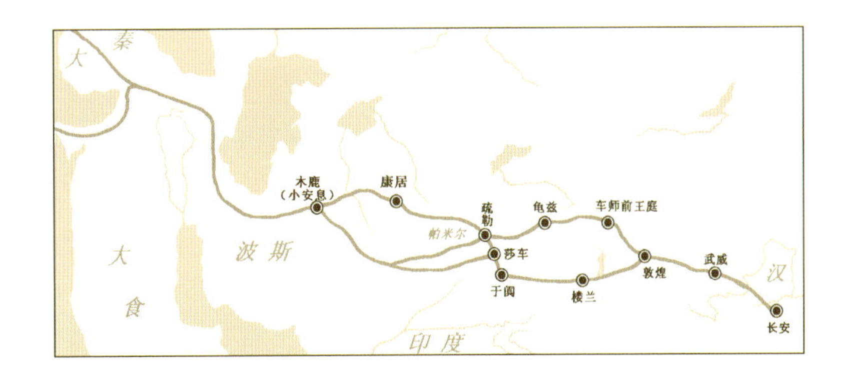

比敦煌县及其附近乡村高出近 200 米。望文生义，我们推测“莫高窟”是因敦煌附近没有比它更高的地方而得名的。

那么为何要选择远距敦煌 20 多公里的鸣沙山崖壁开凿莫高窟呢?

原因之一是这里是符合佛教参禅修行要求的安静场所。此处有宕泉，在鸣沙山前形成了一片小绿洲，它远离繁杂喧闹的城市，是既可安静修行又能生活的理想之地。

原因之二是这里有雄厚的文化基础。考古资料说明，敦煌的历史可上溯到 4000 年前，战国至秦朝之前的敦煌和河西走廊先后有塞种人、乌孙人、月氏人在此游牧，秦汉之间蒙古高原的匈奴人驱逐了月氏等民族，占领了敦煌和河西走廊。

西汉经过六七十年休养生息，具有了强大的武力，公元前 138 年和公元前 119 年，汉武帝两次派遣张骞出使西域，本想去联络西迁中亚的大月氏和西域（今新疆）的乌孙，共同来夹击匈奴，这个目的虽没有达到，却使中国与欧亚大陆之间的交通干道（也即 18 世纪后所称的“丝绸之路”）全线打通。

---

* 碑文之原文是：“莫高窟者，厥前秦建元二年有沙门乐僔戒行清虚，执心恬静，尝杖锡林野，行至此山，忽见金光，状有千佛……造窟一龛。次有法良禅师，从东届此，又于僔师窟侧，更即营建，伽蓝之起，滥觞于二僧。”——编者

公元前121年，西汉王朝打败匈奴，于公元前111年，采取“列四郡、据两关”的举措。行政上将甘肃兰州以西的河西走廊纳入版图，由东向西设武威、张掖、酒泉、敦煌四个郡。* 军事上在四郡北面修筑长城，敦煌西面设置玉门关、阳关。这样，敦煌就成为进出汉王朝和西域的重要关口，也可以说是汉唐王朝西部边疆的门户。与此同时，汉朝还采取了积极开发边疆的措施，即从内地向河西走廊和敦煌移民，移民给敦煌带来了中原先进的农耕和灌溉技术，及以儒家思想为主的汉文化。这些举措为敦煌文化的发展打下了坚实的经济和文化基础。

原因之三，敦煌处于丝绸之路的“咽喉之地”。在9世纪之前，中国古代海运还不发达的时候，敦煌和甘肃河西走廊是陆上中国通向西域的主要交通干道。因为河西走廊的南北均是大山和高原，只有1200公里长的河西走廊地势较为平坦，有河流、水草和绿洲。

汉代河西走廊西端的敦煌，向东，可通往长安、洛阳，继续向东延伸，可到朝鲜半岛、日本列岛；向西，经过西域的南北两道，越过帕米尔高原，可通向中亚诸国、南亚印度、西亚波斯，乃至地中海的古希腊和古埃及；向北，越过戈壁沙漠，是经蒙古草原和西伯利亚通到中亚、西亚和欧洲的草原丝绸之路。

汉唐王朝时期西部边陲的敦煌，由于处于丝绸之路战略要地的位置，既是东西方贸易的中转站，也是宗教、文化和知识的交汇处。伴随丝绸之路兴盛繁荣的一千年，东西方文明长期持续的交融荟萃，催生了4~14世纪的莫高窟艺术和藏经洞文物的硕果。

---

* 汉武帝设置了河西四郡，河西四郡最西边的是敦煌。《汉书·武帝纪》记元鼎六年（公元前111）置敦煌郡，有人认为应该稍迟一点，在元封四、五年间（公元前107~公元前106）。敦煌置郡是敦煌有正式的历史记录之始，一般说的“敦煌两千年”，就从这里算起。——编者

我们通过考古工作所见到的莫高窟遗迹

石窟前曾有殿堂式建筑

初到敦煌，我配合莫高窟南区危崖加固工程，参加了第 21~61 窟前和第 98~108 窟前考古发掘工作，清理出不同时期的 22 座窟前殿堂遗址。所谓窟前建筑遗址，是指紧接洞窟前修建的木构建筑物的遗存，是以洞窟为主体的附属建筑物，与洞窟本身构成了统一的整体。它与洞窟前后相连接，绝大多数相当于洞窟的前室。后室（也即主室）凿于崖体内，前室则延伸到崖壁外，采用了木结构建筑，故多数形成前殿后窟形式的建筑格局。窟前建筑的修建，往往与洞窟内的开凿或重修有着密切的关系。在清理出的遗址中，就建筑结构而言，多数是有包砖台基的殿堂式建筑（包括台基、台阶和殿身），另一种是没有包砖台基的土石基窟檐式建筑（包括土石基和窟檐，其遗址地面大多垫硬土）。一般前者规模较大，占遗址的多数，后者规模较小，数量也不多。

这些窟前建筑遗址最早的修建于五代，相当于五代、宋的曹氏归义军政权时期进行的整修，是莫高窟的外观达到了历史上最为宏伟壮观的时期。后来西夏、元也有修建。唐代并没有修建窟前建筑，因为

1964年莫高窟第26窟窟前遗址发掘

唐代洞窟还是悬空开凿的。根据窟前发掘提供的资料，大约在中、晚唐以后，由于上层洞窟崩塌和洪水冲积等原因，窟前沙石堆积逐渐增高到一定高度时，才有可能修建窟前建筑。唐代以前洞窟之间的交通可能是采取栈道形式解决的。

洞窟曾建有木构栈道和窟檐

考古组的同事腰系绳索，攀登崖壁，测绘崖壁上的各种遗迹，许多洞窟的窟口周围有梁孔、椽孔、地伏孔等遗迹。各个洞窟下方的地伏孔证明，古代洞窟与洞窟之间有木构栈道相连；许多洞窟上方都有梁孔和椽孔说明，原来几乎每个洞窟都建有一个木结构窟檐，或几个洞窟合建一个木结构窟檐。之后，由于莫高窟近四百年无人管理，这些木结构栈道和窟檐已毁坏殆尽，现仅剩下五座唐宋木构窟檐。如唐代《李府君修功德碑记》说：“凿为灵龛，上下云矗，构以飞阁，南北霞连。……檐飞雁翅；……前流长河，波映重阁。”

这些文字的描述，使我们了解到，在唐代，莫高窟的整个崖面上，分布着许多窟檐，洞窟之间用栈道通连。当时的宕泉河在窟前流过，因而可以看到洞窟外观的倒影。虽然崖面上的这些建筑物多已不复存在，但从现存的五座唐宋木构窟檐实物和栈道残梁，以及崖面上的梁孔、椽孔等遗迹看，以上文字记载，应是可信的。

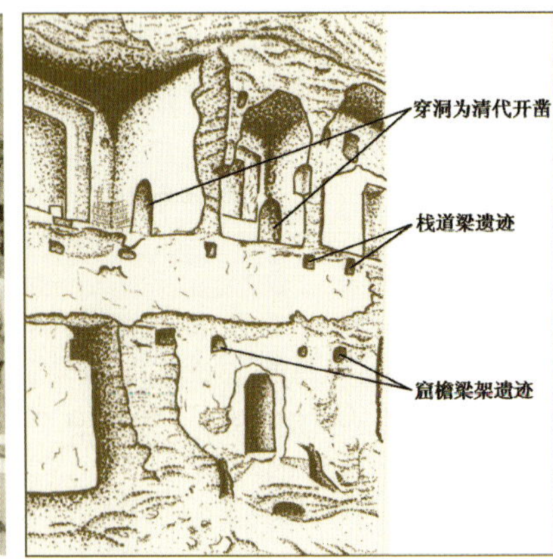

莫高窟北区洞窟的发掘和收获

莫高窟北区在20世纪90年代发掘之前，经历了种种推测，大多猜测是画工窟。经过1988~1995年六次对莫高窟北区洞窟的大规模发掘和清理，终于揭开了莫高窟北区神秘的面纱，在北区长达700米的崖面上共有洞窟248个（含已编号的第461~465窟），每个（或组）洞窟的结构、使用状况、功能和年代都比较清楚了。其中有僧众生活的僧房窟、修行的禅窟、仓储的廪窟、葬身的瘗窟等，最早的时代是北周，之后隋、唐、宋、西夏、元各代都有开凿。清理中还出土了不少遗物，有钱币类的波斯银币、开元通宝、宋代铜铁钱币、西夏铁币，木质类的木雕彩绘俑、回鹘文木活字，陶瓷类的脱塔、脱佛、影塑经变，金属类的铜质十字架、铁质削刀，以及文献类的汉文、西夏文、回鹘文、藏文、蒙文、梵文、八思巴文、叙利亚文等多种民族文字文献和日常生活用品等。遗迹和遗物说明，北区不是画工窟，而是僧众活动的区域。北区的发掘和清理，为了解莫高窟的全貌和营建历史，提供了宝贵的实物资料。

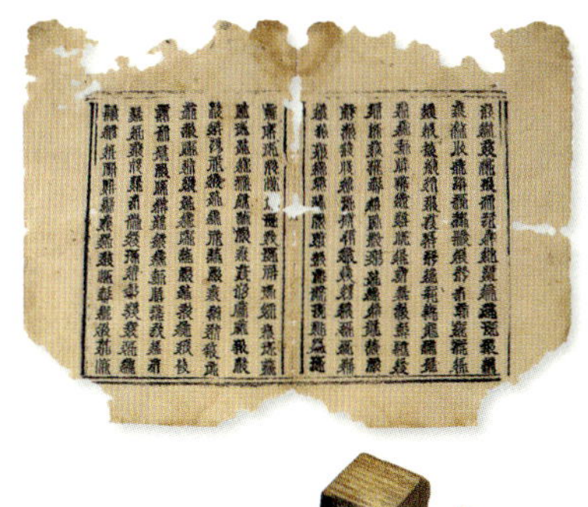

1 各个洞窟附近的地伏孔、梁孔、椽孔证明，古代洞窟与洞窟之间有木构栈道相连，洞窟前多建有木结构窟檐

2 西夏文活字版《诸密咒要语》及回鹘文的木活字 敦煌莫高窟北区出土

3 波斯银币 敦煌莫高窟北区出土

4 景教铁十字架 敦煌莫高窟北区出土

5 莫高窟北区外景

2 莫高窟，一座世界艺术宝库

敦煌艺术的来源

莫高窟是以佛教艺术为主题的石窟群。佛教创始人是古印度迦毗罗卫国（约在今印度、尼泊尔边境接壤地区）的太子乔达摩·悉达多（约公元前565～公元前486），他成佛后，人们尊称他为“释迦牟尼”，意思是释迦族的圣人。

佛教初创阶段没有自己的艺术，直到约公元前1世纪时，在印度西北部的犍陀罗（现今巴基斯坦白沙瓦地区）和印度北部的马图拉，分别产生了“犍陀罗”和“马图拉”佛教艺术。犍陀罗艺术是印度佛教文化和希腊、罗马、波斯艺术混合生成的艺术。马图拉艺术是印度本土的艺术。约公元元年前后，印度的佛教和佛教艺术经过丝绸之路传入了中国，从印度传来的这两种佛教艺术，影响了我国的早期佛教艺术。

敦煌地接西域，是我国较早接触佛教的地方。敦煌汉代悬泉置遗址出土的一枚东汉时的简牍，上面写着“浮屠里”的地名。“浮屠”是佛教的专有名词，表示佛塔。根据这枚简牍，可以推测早在东汉时期敦煌就有可能已接受了经过西域传入的佛教。到了两晋十六国时期，一些西域著名高僧来我国传教，十六国时期我国北方地区佛教石窟如雨后春笋般发展起来。

1 巴基斯坦拉合尔博物馆藏犍陀罗佛像

2 浮屠简 1991年敦煌的悬泉置遗址出土了一枚东汉以“浮屠里”作为地名的简牍：“少酒薄乐，弟子谭堂再拜请。会月十三日，小浮屠里七门西人。”

敦煌也在366年开始了石窟的开凿，《李君碑》里讲到的乐僔、法良和尚开窟的故事就发生在这一时期。莫高窟从4世纪十六国时期开始至14世纪的元代，开窟、塑像、绘画的佛事活动持续了千年之久。至今，在鸣沙山东麓1700多米长的断崖上，保存了735个洞窟，分成南北两区，南区492个洞窟，是礼佛的殿堂，里面有2000多身彩塑、4.5万平方米壁画；北区248个洞窟，是和尚修行和生活的场所，里面只有土炕和土灶。

交相呼应的形制、彩塑和壁画

莫高窟是集建筑、彩塑和壁画为一体的综合艺术。洞窟建筑因功能不同而采用多种形制，洞窟内的主体是动人的彩塑，又有灿烂的壁画布满全窟，三者互相呼应，交相辉映。

洞窟建筑形制

洞窟形制各异，主要有以下三类：一是供修行者坐禅修行的禅窟。二是供修行者入窟绕塔观像、礼佛的中心塔柱窟。上述两种形制受到了印度石窟形制的影响。三是殿堂窟，供修行者礼佛或讲法的场所，其形制受中国传统殿堂建筑设施的影响。还有一些特别的洞窟形制，如佛坛窟、大像窟和涅槃窟（又叫卧佛洞）等。

禅窟　受印度毗诃罗窟影响。正壁开龛塑像，左右两侧壁各开两个或四个仅能容身的斗室，供修行者在内坐禅修行。如第268（包括267、269、270、271窟）窟、285窟。

中心塔柱窟　来源于印度支提窟。在洞窟中间凿出连地接顶的方柱，柱的四面开龛塑像，象征佛塔，供修行者入窟绕塔观像与礼佛。

殿堂窟　其形式受到中国传统殿堂建筑的影响，平面方形，正壁开龛塑像，其余壁面和窟顶都绘壁画。为修行者礼佛的场所。

洞窟建筑形制

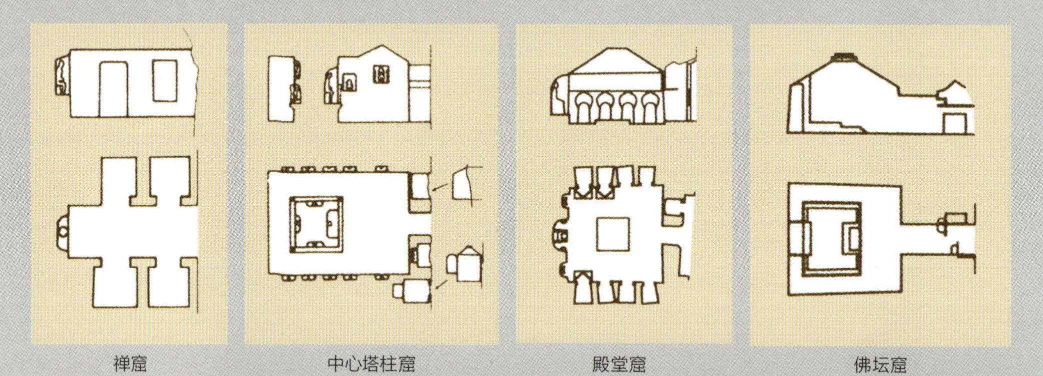

禅窟　中心塔柱窟　殿堂窟　佛坛窟

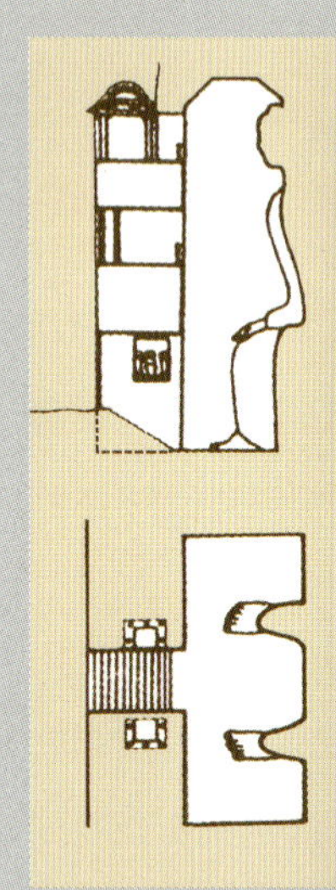

大像窟

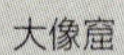

仰视第 130 窟大像

佛坛窟 其形式与中原寺庙佛殿，乃至世俗宫室殿堂格局相类似。大型洞窟主室中央凿出方形佛坛，坛后部有一道连接覆斗顶的背屏。彩塑群像高踞于佛坛之上，信徒可围绕佛坛右旋环通、礼佛观像。此类窟形到晚唐才开始出现，盛行于五代、宋。

大像窟 因窟中巨大的弥勒佛坐像而得名。大像窟洞窟高耸，主室平面方形，上小下大，贴正壁造石胎泥塑大像，佛座后凿出供信徒巡礼用的马蹄形通道。前壁上、中部各开一大型明窗，以供采光之用。

精彩的彩塑

我刚到敦煌不久，适逢院里正在维修莫高窟第130窟（即唐代所称的“南大像”）的壁画。我怀着好奇的心，想仔细看看大佛，就攀上脚手架，面对如此巨大的佛头，真是震撼啊！觉得自己很小，还没大佛的耳朵高。本想仔细欣赏大佛的容颜，但由于距离太近，所看到的大佛面容真不好看，嘴唇很厚，眼睛深陷，也无法见到佛头全貌。可当我回到地面上，再仰视这尊高达27米的大佛时，说来奇怪，看到的大佛比例适度、气势雄伟，并能清楚地看到大佛庄严、慈悲、威重的面容。

为什么在上面看不出这样的效果呢？经过请教雕塑专家，原来南大像的头就有7米之高，佛头前面开了明窗，塑匠在塑造眼睑的深度与表现嘴唇的厚度时，巧妙地利用了光线投射在形体上时所形成的阴影。这样，虽然佛头超出人体的正常比例，面部雕刻近看不合理，却解决了朝拜者由下而上仰视20多米，所造成的头部太小，面部形象不完整的缺憾，仍觉得大佛比例准确，能清晰地看到佛的面容。这反映了古代艺术家高超的智慧。

中央美术学院已故著名雕塑家傅天仇先生到敦煌带我看彩塑，当看到莫高窟第158窟卧佛时，他说这是他看到的世界上最美的卧佛。傅先生对这身卧佛的诠释，引起了我对所见卧佛的关注，第158窟的卧佛可称是无与伦比的极品。这尊卧佛造型洗练、睡态自然、神情恬淡，将“涅槃最乐”的境界表达得淋漓尽致。其所传达的魅力打动了所有的观者。

彩塑的题材内容，主要有最高智慧、大彻大悟的佛像，自身觉悟又能普度众生的菩萨像，虔诚修行、求得自我解脱的弟子像，彪悍勇猛、守护佛法的天王、力士等佛教神祇的塑像。莫高窟十六国、北朝时期的彩塑，表现了汉地中原艺术和印度衣服厚重的犍陀罗风格以及湿衣贴身的马图拉风格相融合的佛教艺术特点。到了隋唐时期，融合了中外艺术优点，形成了具有中国特色的佛教造像，成功塑造了许多比例准确、造型健美、衣饰华丽、神态逼真、个性不同的佛教彩塑艺术形象典范。

1 2 3 莫高窟第 45 窟 盛唐

4 莫高窟第 158 窟 中唐

5 “秀骨清像”“褒衣博带”莫高窟第 285 窟 西魏

6 凹凸晕染法 莫高窟第 428 窟

壁画艺术的珍贵价值和创新

中国传世的绘画作品，其时代大多在五代宋以后，唐代和唐代以前的作品十分罕见，而从六朝到唐代正是中国绘画艺术走向辉煌的重要阶段，敦煌壁画正好为我们提供了认识中国早期绘画的丰富资料。六朝以来绘画界推崇的顾、陆、张、吴四大家的绘画风格，都可以从敦煌壁画中找到踪迹。敦煌北魏、西魏时期壁画中的“秀骨清像”“褒衣博带”，正是顾恺之、陆探微一派的风格。敦煌北周时期，出现了明显带有“凹凸法”晕染、人物面部较短、体形健壮的绘画，正是张僧繇一派“面短而艳”的风格。唐代前期壁画中大量的人物画衣服飘举，笔法豪放，正是吴道子一派的“吴带当风”的特色。

敦煌唐代壁画的青绿山水画，为我们了解李思训一派山水画的原貌提供了真实的依据。盛唐以后的壁画中，还可以看到周昉一派的仕女画风。总之，敦煌壁画代表了 4~14 世纪中国美术史的重要成就。六朝到唐代佛教盛行，佛教寺院成为上自达官贵人、下至庶民百姓接触文化艺术的主要场所，中国画家们最重要的作品都画在寺院墙壁上。今天，长安、洛阳等地的隋唐寺院已湮没不再，敦煌隋唐壁画就成了我们认识那个时代绘画的珍贵资料。

壁画的题材内容有七类：**第一类是尊像画**，是指佛教诸神祇的画像。除了佛像、菩萨等，还有如天龙八部中的乾闼婆和紧那罗（即飞天）。乾闼婆即天歌神，又叫香音神，是以歌舞、香气、鲜花供养佛的护法神。紧那罗即天乐神，是专司奏乐的护法神。飞天虽没有翅膀，但飞舞的动作轻盈舒展，飘逸优美，千姿百态，身上的披巾和长裙，在微风的吹拂下，轻轻飘拂，翻飞展卷，给人以愉悦和美的享受，令人流连忘返。

第二类是释迦牟尼故事画。释迦牟尼作为佛祖，是修行者效仿的榜样，成为佛教艺术的重要题材。壁画表现了释迦牟尼的生平"佛传"故事、前世做善事的"本生"故事，成佛后说法、教化的"因缘"故事。以尸毗王割肉贸鸽的本生故事为例，讲古印度阎浮提洲国王心好佛法，立誓普救众生。天国的两位天神帝释天和毗首羯摩天欲试其志，分别变为老鹰和鸽子，老鹰追逐鸽子，鸽子飞到尸毗王怀中求救，尸毗王为了实现誓言，要救鸽子，也要满足老鹰吃新鲜血肉的要求，让人割尽了自己身上所有的肉，他说做此善事，只为成佛。最后，天宫震动，两位天神现出原形，以神力令尸毗王的身体恢复如初。

第三类是中国古代传说中的神仙形象。佛教是外来的宗教，为融入中国的社会和文化，洞窟中吸取了当时中国社会广为信仰的道家神仙传说。如在佛教洞窟中绘人身蛇尾的伏羲和女娲，伏羲是神话中人类的始祖，他与女娲是兄妹，传说人类由他们兄妹二人相婚而产生。伏羲始作八卦，教民结绳、作网罟、捕鱼猎兽，又创制琴瑟。而女娲则炼五色石以补苍天。壁画中还有东王公、西王母等不少神仙形象。

1 | 2

1 莫高窟第 57 窟说法图局部

2 莫高窟第 285 窟伏羲和女娲

第四类是经变画。所谓“经变画”，是将单部佛经的主题思想及主要内容演绘变成大幅壁画，这是隋唐时期以长安、洛阳为代表的中原地区著名画家独创的中国佛教艺术。他们将佛经思想和中国传统的人物画、建筑画、山水画、花鸟画、社会生活风情巧妙地结合在一起，创造了宏伟壮丽、气象万千的理想中的佛国世界。经变画是因隋唐时期中国化佛教宗派思想产生而创造的，绘画场面宏大生动，对弘扬佛教宗派思想起了很好的传播作用。现在只有莫高窟保存了三十余类经变画，如阿弥陀经变、法华经变、华严经变、金刚经变、千手千眼观音经变、梵网经变等。

第五类是佛教史迹画。它们主要是描绘佛教史的传说和故事，以及佛教圣迹，这些传说和故事有利于佛教传播。如莫高窟最大的佛教圣迹《五台山图》，长 13 米，高 3.6 米，面积 46.8 平方米。画中详细描绘了

1
2 3

1 莫高窟第 217 窟
观无量寿经变

2 莫高窟第 61 窟
女供养人像

3 莫高窟第 98 窟
于阗国王供养像

东起河北正定，西至山西太原，方圆五百里的山川地形和城市、关隘、桥梁、寺庙等 170 多处建筑；还有高僧、官吏、商贩、善男信女等各色人物，以及驮运、挑担、打柴、诵经、拜塔等社会生活场面，是一幅独特的将现实与想象结合的历史地图和山水画，内容丰富、意境深远。

第六类是供养人画像。即出资建窟造像的施主及其眷属礼佛的供养像。供养人身份复杂，主要有世家大族、文武官僚、僧官、僧尼、商人、工匠、牧人、行客、侍从、奴婢和善男信女等。这些现实社会中的供养人画像和其身旁书写的姓名、籍贯、职衔的文字题记，是研究莫高窟营建和敦煌历史的重要资料。

第七类是装饰图案。比如忍冬纹、莲花纹、火焰纹等纹样，繁缛精致、色彩缤纷富丽，既用于装饰洞窟建筑、彩塑和壁画，又像一条精美的纽带，将窟内的建筑、彩塑和壁画连接成风格统一的有机整体。

墙壁上的博物馆

汉唐时期的敦煌是中外文化交汇的国际都市，史书称敦煌是“华戎所交，一都会也”。敦煌壁画中的社会生活画和中外多元文明荟萃的画面，虽零碎不成体系，但为阐明佛经的内容、弘扬佛教思想、引导人们信佛、让信徒们能看得懂，便通过具体的现实生活场景和具体形象来感化人们，于是在壁画中就展现了多种多样的社会生活场面，反映的现实生活十分广泛。

社会生活画，如农牧业，有犁耕、播种、收割、打场等农业生产场面和各种农业生产工具，及捕鱼、狩猎等；手工业，有锻铁、酿酒、制陶、纺线等；商业，有酒肆、屠房、店铺、旅店等。军事画，有战马全身披挂铠甲的具装铠，还有烽火台、战争场景等。乐舞艺术，有吹奏、打击、弹拨、拉弦四类四十四种乐器，舞蹈画有宫廷舞、民间舞、西域舞、琵琶舞、巾舞、鼓舞等。百戏画，有顶竿、游泳、马术、射箭、相扑、举重、棋弈、武术等。婚姻嫁娶，有新郎迎接新娘的、新郎跪拜新娘作揖的婚嫁图。交通工具，有马、牛、骆驼等畜力牵引的车辆，还有肩舆（就是轿）以及海船、帆船等。民俗风情画，有一千多年前的手推四轮婴儿车、出家和尚清洁牙齿讲卫生、学堂和学生受体罚、男女谈情说爱场景等，堪称墙壁上的博物馆。

敦煌是多元文明荟萃之地，因此莫高窟壁画还保存了许多反映欧亚文明的资料。如莫高窟5世纪彩塑佛像贴泥条的袈裟，表现了罗马式长袍厚重的质地，明显是受到犍陀罗艺术的影响。壁画中的希腊爱奥尼亚柱式，表现出中亚接受的希腊化文化又东传影响了敦煌。莫高窟早期禅窟、中心塔柱窟等洞窟建筑形制，以及彩塑和壁画中的佛陀、菩萨形象表现了犍陀罗、马图拉和笈多等艺术风格。象鼻人身的毗那夜伽天等印度教神祇的图像，则是来自南亚印度的影响。壁画中还有身着亚洲不同地区服饰的各国国王形象，而唐贞观十六年（642）壁画中表现的康国女子表演胡旋舞，是中亚文化的呈现。还有武士骑马回身射虎图、战马全身披挂的具装铠、各种环形联珠纹图案、高透明度的玻璃器皿，以及莫高窟北区洞窟出土的波斯银币，都呈现了源于西亚波斯文化的影响。10 世纪绘制的《五台山图》中，描画了朝鲜半岛“新罗王塔”“新罗送供使”“高丽王使”的形象，是东亚古代文化交流的反映。

总之，莫高窟是丝绸之路上留下的多元文明荟萃的文化艺术宝藏，代表了 4~14 世纪中国佛教艺术的最高成就，这是我国对世界佛教艺术发展的重要贡献，在中国和世界美术史上占有重要地位。

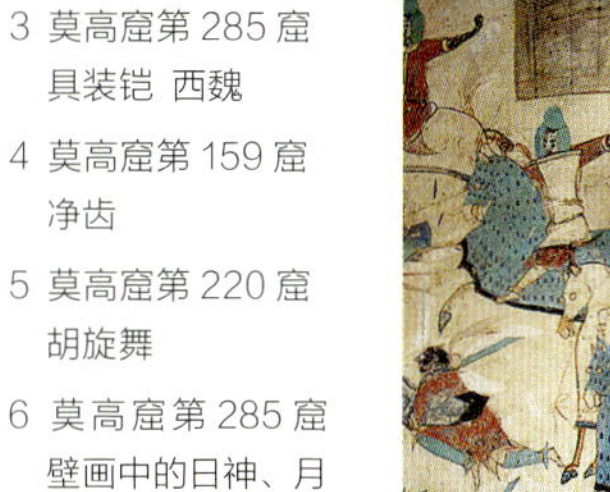

1 榆林窟第 25 窟 耕作 中唐

2 莫高窟第 61 窟 制陶 五代

3 莫高窟第 285 窟 具装铠 西魏

4 莫高窟第 159 窟 净齿

5 莫高窟第 220 窟 胡旋舞

6 莫高窟第 285 窟壁画中的日神、月神图像，既有印度和中亚粟特艺术的要素，又受到希腊和波斯艺术的影响

3 藏经洞有哪些珍贵的文物？

1900年，道士王圆箓在莫高窟第16窟甬道清沙时，无意间发现了藏经洞（即编号第17窟），出土了五万多件多种文字的5~11世纪初的古写本和少量印本，“方面异常广泛，内容无限丰富”。

藏经洞的文物，按主题内容，可以归纳成十类：

一、**宗教典籍**。佛经占敦煌写本的90%以上，这些经典中唐代和唐代以前的写经很多，有不少来自长安和洛阳等地的著名寺院，有的甚至是宫廷的写经。这些经在抄写后往往经过著名高僧的反复校对，具有较高的权威性，可以校正印本翻刻中出现的错误。尤为可贵的是，许多经典在中国和印度早已失传。

除佛经外，还有道教的《道德经》及其注疏本、《老子化胡经》等数百件典籍，一些经典补充了《道藏》的不足。

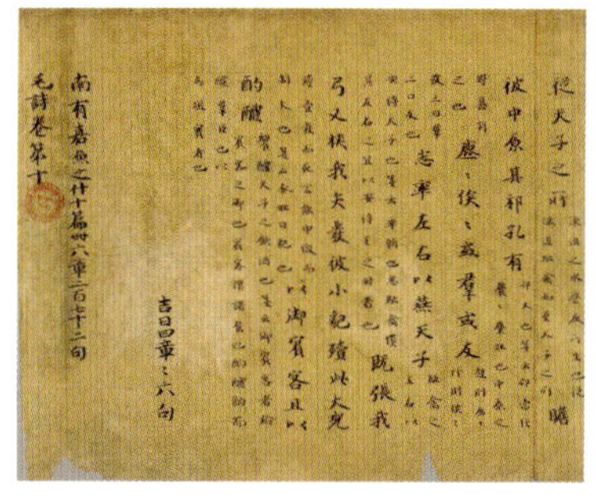

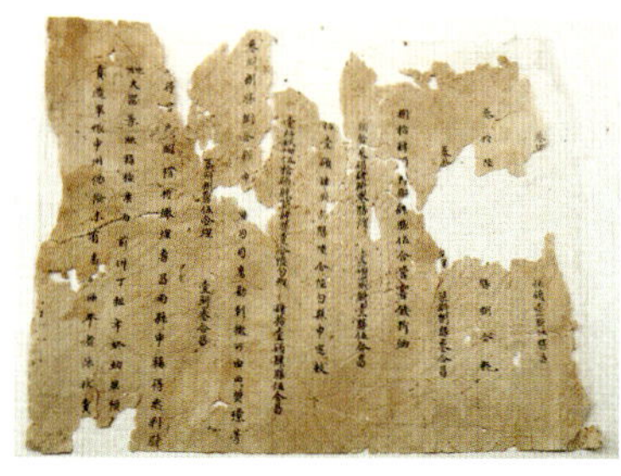

1 莫高窟第 17 窟（藏经洞）晚唐

2 道教《老子道德经》

3 大秦景教《三威蒙度赞》敦煌藏经洞出土

4 唐代 丁租牒 莫高窟北区 #B47 窟出土

外来的宗教文献，如用汉文书写的来自波斯景教（即基督教中的聂斯脱里派）的文献《三威蒙度赞》、摩尼教的解释性文献《摩尼光佛教法仪略》和祆教（即拜火教）的女神图像。

二、儒家经典。有《诗》《书》《易》《礼》《春秋》《论语》(并包括相应注疏本)的古写本,《古文尚书》、《毛诗音》、《孝经郑氏解》、《论语郑氏注》以及唐玄宗御注《孝经》等，都是宋以后失传的珍本。

三、历史地理文献。除《史记》《汉书》《三国志》等外，还有一些失传了的史书，像是有关敦煌历史的著作，如《敦煌名族志》《瓜沙古事系年》。

地理方面的文献，有记录全国地理的著作《天宝十道录》《贞元十道录》;也有敦煌地方志，如《沙州都督府图经》是研究古敦煌地理不可多得的著作。

四、官私文书。官私文书是非常珍贵的原始的社会史料，官方文书主要包括制、敕、册、令、教、符、表、状、笺、启、辞、牒、帖、榜文、判词、过所、公验、度牒、告身、籍账等，以及与户部、刑部、兵部、吏部相关的文书。这些资料为研究中古时期的文书制度、官制、兵制、均田赋役制度以及政治史提供了丰富的历史依据，如唐代《张君义勋告》，是官府授予张君义等 263 名立功战士勋官的任命书。

私人文书则包括契券、账历、书牍、分家产文书等内容，还有大量中古时期的民事契约行为与规范的第一手资料。如五代时期的《塑匠赵僧子典儿契》，是讲塑匠赵僧子质典亲生子苟子给他人，以担保债权的契约。类似这样具有重要研究价值的经济契约乃至法律文书，在藏经洞文物中很丰富。

五、科技文献。星象观测是天文学的基础，唐代的《全天星图》，著录了当时人们肉眼所能观测到的北半球星官1348颗星，是迄今世界上现存的、比较古老的、星数也较多的星图。

医药学资料也颇为丰富。隋唐五代时期，医学、药学已经相当发达，可惜这些著作在宋代以后大多陆续散佚。敦煌文献中保存了隋唐医药典籍70多种，因而敦煌的医药文献具有无可替代的重要补佚、校勘价值。这其中既包括医经诊法，也有医药医方、针灸医疗，如敦煌医药写本《本草经集注》,几乎被完整地保存下来。还有《灸法图》《新集备急灸图》等灸疗、针灸专著也是极为珍贵。

在造纸和印刷术方面，藏经洞出土的写本绝大部分写在纸上，北朝多麻纸，隋唐出现楮纸、桑皮纸等细纸，是研究造纸技术和造纸材料的绝好资料。敦煌文献记有“纸匠”和“打纸师”，说明敦煌亦能自行造纸。敦煌文献中保存有唐代雕版刻本《金刚般若波罗蜜经》（约868），这是目前世界上现存最早的印刷品之一。莫高窟北区考古还发现了西夏文活字版《诸密咒要语》的活字印刷品。

1 | 23

1 唐咸通九年（868）雕刻本《金刚般若波罗蜜经》

2 全天星图 敦煌藏经洞出土

3 灸法图 敦煌藏经洞出土

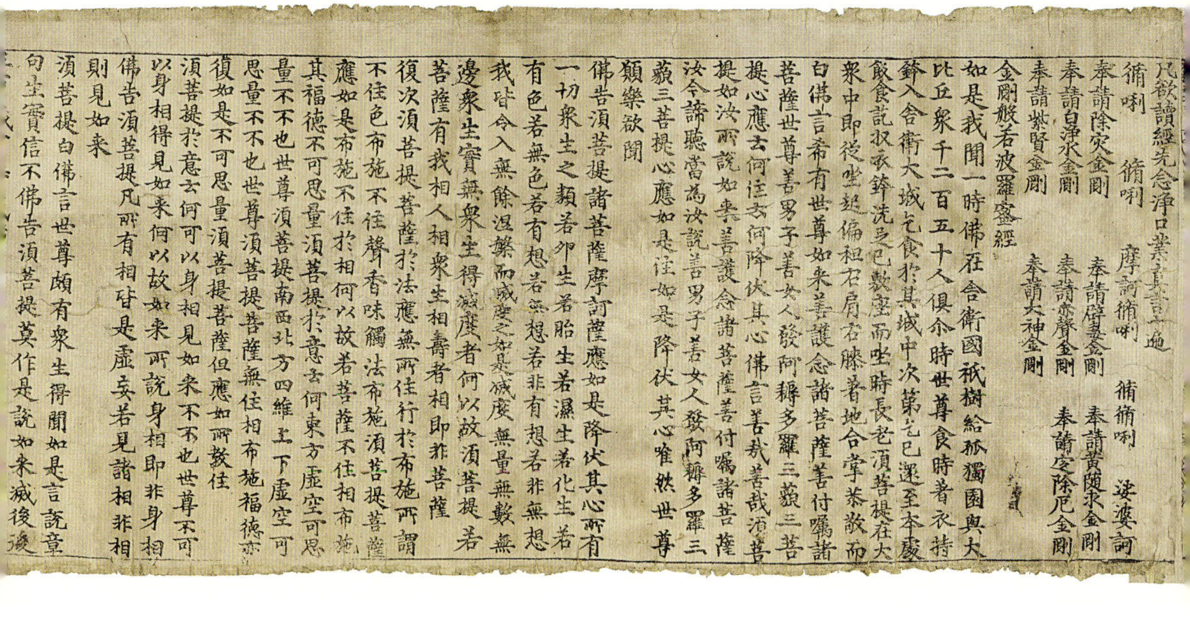

六、文学典籍。藏经洞出土的文学典籍范围广泛，一类是传统的古典文学作品，如我国最早诗歌总集《诗经》、文学作品总集《文选》和唐人选的唐诗等。另一类为俗文学的写本，俗文学是把佛经内容演化为便于说唱的通俗文词，是敦煌文学中最为重要的内容。

其中最丰富的就是变文、讲经文。唐代寺院里流行俗讲，一些高僧把深奥的佛教教义变为通俗易懂的语言，为大众宣讲。为吸引听者的兴趣，很多历史故事也加入到了变文的行列中，成为了俗讲的题材之一。藏经洞这些通俗文学写本的发现，对中国文学史的研究提供了重要的资料。

七、非汉文文献。包括有中亚粟特文（如《善恶因果经》）、回鹘文（佛经祈祷文）、吐蕃文（也就是古藏文，如《吐蕃赞普世系谱》）、印度梵文悉昙字（如《般若心经》），还有于阗文、突厥文、希伯来文等。

八、工匠和商行。藏经洞文献记载，称“匠”者共有二十余种，如织褐、皮匠、制鞋、画匠、塑匠、纸匠、木匠、石匠、打窟人、金银匠、弓匠、踏碓师、加工粮食的碾户、加工油料的梁户、金银行、木行、弓行、玉坊、纸店等。

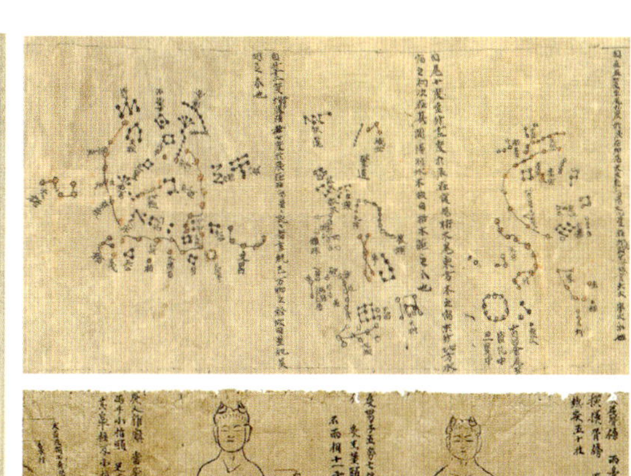

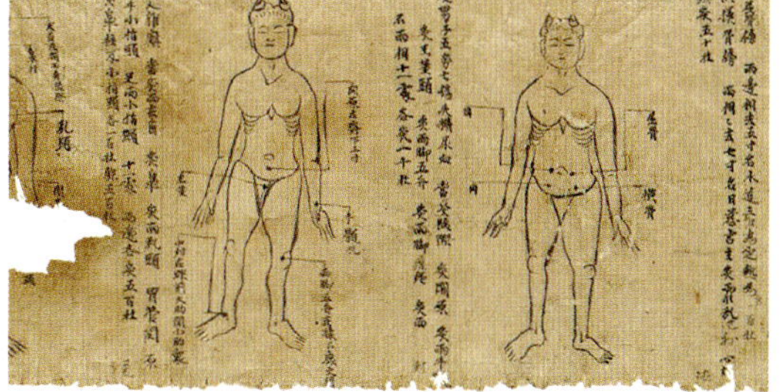

九、书法。敦煌藏经洞大量写本的发现，展现了从东晋直到北宋各个时代的书法真迹，而且真、草、隶、篆各书体都有，称得上是我国书法艺术的珍贵宝藏。

隋唐的写本除名不见经传的写经手所写外，有很多精品来自中原的大寺院和宫廷，都是出自当时的书法高手，代表了那个时代书法的最高水准。

除写本外，还有唐人临摹的王羲之《十七帖》，唐太宗《温泉铭》和欧阳询《化度寺塔铭》及柳公权《金刚经》等珍贵作品的唐拓本，这些拓本时代较早，与现存传世的拓本相比，更为接近原作。

十、绢画和刺绣等艺术品。大部分是佛教神祇画、经变画、佛教故事画。绢画中有一些独立的画幡是壁画中较少或没有的，如行道天王、引路菩萨、高僧像等。由于壁画和绢画的质地不同，表现出来的技法及效果也有差异，对于全面认识敦煌绘画有重要意义。

遗憾的是，在清末那个黑暗年代，藏经洞出土文物得不到有效的保护，大部分被西方列强劫掠而走，流散于英国、法国、俄国、印度、日本等十余个国家的三十多个博物馆、图书馆，而国内也有三十多个博物馆、图书馆藏有藏经洞的文物。

莫高窟及其藏经洞，是一座博大精深、兼收并蓄、璀璨耀眼的世界文化艺术宝库。藏经洞出土的文献和艺术品以及莫高窟艺术，涉及宗教、历史、地理、政治、经济、文学、语言文字、民族、民俗、科技和艺术等许多领域，为中古时期的中国、中亚、西亚、东亚、南亚的研究，提供了珍贵资料。在国际上诞生了以藏经洞文物和莫高窟艺术为研究对象的“敦煌学”，并成为汉学中的显学。

1
2

1 伯希和在敦煌藏经洞（1908 年）

2 藏经洞出土的唐代绢画

发现史

◎ 莫高窟始建于十六国时期，盛兴于隋唐，后逐渐衰落，元代后停止开窟。

◎ 1900 年，道士王圆箓在莫高窟甬道清沙时无意间发现了藏经洞。

◎ 1907 ~ 1914 年，英国的斯坦因、法国的伯希和以及日俄等国的冒险家掠走了藏经洞的大量文物。

◎ 1924 年，美国人用化学黏胶粘揭，盗走了莫高窟壁画二十块。

◎ 1944 年，国立敦煌艺术研究所成立，常书鸿任所长，标志着敦煌莫高窟保护与研究工作的开始。

◎ 1961 年，莫高窟被列为国家级文物保护单位。

◎ 1987 年，莫高窟被联合国教科文组织列入“世界文化遗产”名录。

推荐阅读

◎ 樊锦诗《敦煌石窟保护五十年》，载《敦煌研究》1994 年第 2 期

◎ 樊锦诗口述，顾春芳撰写《我心归处是敦煌：樊锦诗自述》，译林出版社，2019 年

◎ 樊锦诗、赵声良《灿烂佛宫：敦煌莫高窟考古大发现》，浙江文艺出版社，2004 年

◎ 敦煌研究院主编“解读敦煌”系列，华东师范大学出版社，2010~2016 年

◎ 敦煌文物研究所编《中国石窟：敦煌莫高窟》，文物出版社，1999 年

◎ 荣新江《敦煌学十八讲》，北京大学出版社，2001 年

◎ 扬之水《曾有西风半点香：敦煌艺术名物丛考》，生活 · 读书 · 新知三联书店，2012 年

◎ 段文杰《佛在敦煌》，中华书局，2018 年

◎ 陈海涛、陈琦《图说敦煌二五四窟》，生活 · 读书 · 新知三联书店，2017 年

◎ 赵声良《敦煌艺术十讲》，文物出版社，2017 年

◎ 项楚《敦煌变文选注》，中华书局，2006 年

◎ 宿白《中国石窟寺研究》，生活 · 读书 · 新知三联书店，2019 年

大英博物馆

引路菩萨图

莫高窟第 17 号洞窟 （藏经洞）出土

851～900 年，绢本设色，纵 80.5 厘米，横 53.8 厘米

描绘菩萨引领一信女前往往生极乐世界，右上方的榜题框中有“引路菩”三字。引路菩萨信仰在唐代开始流行，在敦煌藏经洞便曾发现数幅此题材的绘画，但这幅是唯一带有题字的。

1907 年，斯坦因在敦煌向发现藏经洞的王圆箓购买了藏经洞部分文物，并将其运回英国。斯坦因当年考察的经费由大英博物馆和印度政府提供，因此回到英国后，一批藏品被转运到印度，现藏印度国家博物馆。留在英国的敦煌文物，除了现藏大英博物馆的文物外，手稿和经文（包括唐代《金刚经》）现藏于大英图书馆，维多利亚与阿尔伯特博物馆亦藏有部分纺织品。

敦煌博物馆

北凉石塔

菱形网纹彩陶盆

鸟型红陶罐

牵驼花砖

铜雕龟

铜牛车

唐代彩绘天王俑

唐代镇墓兽

铁剑

莫高窟 第254窟 北魏

洞窟位于莫高窟崖面中层，是莫高窟最早的中心塔柱式洞窟。

中心柱四面开龛。东向面开一大龛，内塑交脚弥勒佛像，佛两侧原各有胁侍菩萨二身，现南侧残存一身，北侧存二身。洞窟四壁最上层绕窟一周画天宫伎乐，中段画大量千佛，千佛旁均以榜题标明佛的名号。

南北壁的西侧与中心柱相对的位置各画说法图一铺。西壁中央画白衣佛说法图一铺。洞窟前部南北壁中段绘本生和佛传故事，南壁前部阙形龛下绘降魔变，紧邻降魔变的西侧，绘本生故事画“萨埵舍身饲虎”；北壁前部阙形龛下，绘大幅因缘故事“难陀出家因缘”，西侧绘本生故事“尸毗王割肉贸鸽”。

莫高窟 第420窟 隋朝

该窟创建于隋，宋、西夏重绘部分壁画。主室为覆斗形顶，南、西、北壁各开一龛，被称为“三龛窟”。主室窟顶为斗四莲花藻井，四边垂幔铺于四披，四披绘有大幅的经变场画，各场面间以树石花卉、塔庙寺院、流泉莲池、行云飞花等景物作为分隔。但由于四披画面稠密繁杂，加之变色严重，其中一些画面识读起来十分困难，因此学术界对该窟四披内容的认识也存在争论，主要分为“法华经变说”和“法华经变与涅槃经变说”。

莫高窟 第23窟 盛唐

位于莫高窟崖面南区中部，创建于盛唐，中唐、五代重修，清重修塑像。主室为覆斗形顶。窟顶藻井莲花井心，西披画弥勒经变，南披画观音普门品，北披画阿弥陀经变，东披画佛顶尊胜陀罗尼经变。东、南、北三壁壁面采用北壁—东壁—南壁的叙事顺序，全部表现《法华经变》的情节。甬道南壁存五代画不知名密教经变中的日天，余全被毁。

莫高窟 第285窟 西魏

敦煌石窟中最早有确切开凿年代的洞窟。主室为覆斗顶形窟，平面为方形。窟室中央现存一元代所建的方形坛台，南壁和北壁对称开凿四个小禅室。窟顶中心方井画华盖式藻井。四披绘中国传统神话诸神与佛教护法神形象，有摩尼宝珠、力士、飞天、雷公、乌获畏兽、伏羲、女娲等。主龛内为倚坐说法佛，小龛内各一身戴风帽禅僧塑像。

莫高窟 第322窟 初唐

此窟建于初唐，五代重修。属覆斗形殿堂式小型窟，主室西壁开双层龛，内塑一佛、二弟子、二菩萨、二天王，塑像共七身。天王像鼻高翼宽，浓眉大眼，类似胡人形象。窟顶藻井绘缠枝葡萄纹井心，井心最外层绘飞天十六身，环绕藻井飞行。窟顶四披均绘千佛，四披与四壁之间连接处镶于藤枝。南壁绘千佛，千佛中央绘有弥勒说法图一铺。北壁绘千佛，千佛中央绘阿弥陀经变一铺。

莫高窟 第61窟 五代

归义军节度使曹元忠夫妇于10世纪中期所建的功德窟，宋代重修了部分壁画。位于莫高窟南区中段下层，莫高窟大型洞窟之一。覆斗形殿堂窟，窟中央有二层台式中心方坛。四披中心绘说法图，周围满绘千佛。南壁、北壁和东壁上部总共绘有十一铺大乘经变，西壁上部通壁绘长13米、高3.6米的大幅《五台山图》。在东壁、南壁、北壁还保存了数十个曹氏家族女供养人图像和题记。

后　　记

这本书是在“中读”同名精品课的基础上完善而成的。纸刊时代，三联记者们为了一个选题付出的诸多努力，只能化为纸刊上的一篇报道，受制于杂志的“时效性”概念而被大家逐渐淡忘。而“中读”这个老牌出版社旗下的新媒体品牌，则致力于把整个知识生产过程大量的背景阅读、信息采访都掰开来给大家看，满足大家在新场景下的求知需求。

策划《了不起的文明现场》这个选题的缘起，起初是因为三联过去一直有出版和报道考古现场的传统。2018 年初，我们和前秦始皇陵考古队长段清波沟通，尝试从他的新书《秦陵——尘封的帝国》中挑选精华素材，来做一期音频线上小课。6 月，周刊做了一期封面故事——《寻找夏朝》，其中有一篇对二里头考古队长许宏老师的专访。我们便顺着这个思路想了下去，能不能集齐十位考古队长来做一个考古精品课呢？通过一线考古队长的鲜活讲述，使人们更深入全面地了解最新的考古研究成果，进而勾起对中华大地上历史文明的兴趣。

我们邀请了正在北大考古文博学院攻读公共考古方向博士的前同事奚牧凉来做前期的框架策划，把一个模糊的想法转换成一个具有可操作性的方案；三联本部编辑曾诚邀请到李零先生来做课程总序；而方案最终能够落地则要归功于课程编辑尤帆，她成功说服了十位考古队长参与这个项目，并在负责音频制作的编辑汤伟的配合之下，完成了整个课程的详细策划、采录，以及音频与文案的后期制作；设计、运营和市场团队也分别从各自的专业角度为课程提供了诸多建设性意见，并执行了相应的工作。精品课能够顺利上线，是我们团队的成果，是合作的结晶。

但是，音频上线还不是我们的终点。经过与店本部图书编辑的碰撞，我们希望能把课程内容发展成为一本经得起推敲和阅读的书。在我们看来，这不是快餐化的副产品，而是正如“中读”品牌所界定的，旨在向大众提供一种介于流行普及阅读和专业学术阅读之间的中层读物，真正做到把新媒体高效便捷的创新能力和传统出版深入扎实的优势相叠加，为读者提供升级迭代的知识内容。因此，除了音频课程的主线，三联学术的编辑们还费了很多功夫做文字加工和重点提炼，并查阅大量考古报告和最新研究，为正文补充了发掘历史、文献资料、名词解释、博物馆指南等信息；在版式设计中将实物图片与考古位置图、说明性指示图相结合，特别是每一讲都选取了一个有代表性的考古现场作为专页，使读者能够既宏观又微观地感受考古和文物的魅力。对于深度内容生产来说，不同产品形态的开发实际上促进了整个原创内容的生产。

最后，要特别感谢李零先生以及十位参与了我们项目的主讲老师。他们几十年如一日地工作在考古一线，用点滴积累的成果丰富着我们对于古代文明的认知，每一位都令人肃然起敬。其间有太多感人的故事。段清波老师在化疗过程中欣然接受邀约，为我们讲述了他担任秦始皇陵考古队长十年间的发现与思考。之后他的病情继续恶化，但是因为“喜欢三联”，再次接受了我们兄弟部门“松果生活”的线下讲座邀约，到了活动当天，同事才知道段老师已经连续卧床三个月，身体非常虚弱，但是他在讲座现场坚持要站着跟大家分享，这一站就是一个多小时……2019年10月13日23时13分，段老师在西安逝世，享年55岁。他曾说“考古是我生命中的光”，希望《了不起的文明现场》能让这束光照进更多人的心里。

俞力莎

“中读”内容总监

图书在版编目（CIP）数据

了不起的文明现场：跟着一线考古队长穿越历史 / 李零等著. —北京：生活 · 读书 · 新知三联书店，2020.7 （2024.7 重印）
（三联生活周刊 · 中读 · 文丛）
ISBN 978－7－108－06796－8

Ⅰ. ①了…　Ⅱ. ①李…　Ⅲ. ①考古发现－中国　Ⅳ. ① K87

中国版本图书馆 CIP 数据核字（2020）第 022354 号

责任编辑　杨　乐　钟　韵
装帧设计　蔡　煜
责任印制　卢　岳
出版发行　生活 · 讀書 · 新知　三联书店
（北京市东城区美术馆东街 22 号　100010）
网　　址　www.sdxjpc.com
经　　销　新华书店
印　　刷　天津裕同印刷有限公司
版　　次　2020 年 7 月北京第 1 版
2024 年 7 月北京第 7 次印刷
开　　本　720 毫米 × 1020 毫米　1/16　印张 20.25
字　　数　268 千字　图 463 幅
印　　数　43,901－46,900 册
定　　价　88.00 元
（印装查询：01064002715；邮购查询：01084010542）